設計者主婦が教える
片づく収納アイデア

伊藤茉莉子＋工藤絵美子＋三木嘉子
Ito Mariko　Kudo Emiko　Miki Yoshiko

X-Knowledge

家族と過ごす時間を大切にしたい

はじめに

片づけを始める前に、理想のゴールをイメージしましょう

家を片づける時、新しい収納を買って、物をしまい込むだけで満足していませんか。収納の中にあれこれ詰め込んで物を見えなくしているだけでは、しまう場所が混乱してしまいます。すると、使ったあと元に戻せず、きれいは長続きしません。

　片づけを始めようとする前に、まずは、あなたがどんな暮らしがしたいのかを考えてみましょう。

緑に囲まれて一人の時間を楽しみたい

友人を招いて
ホームパーティがしたい

仕事で疲れているので
家ではできるだけ
楽がしたい

理想の暮らしのイメージがあれば、そのためにはどう収納するのがいいか、具体的な対策を立てられます。たとえ、どう片づければよいかわからなくなったとしても、ゴールに向かうベストな方法が選択できるようになります。片づけのモチベーションも維持できて、片づけは失敗しにくくなるのです。

おしゃれな物に
囲まれて
素敵な暮らしがしたい

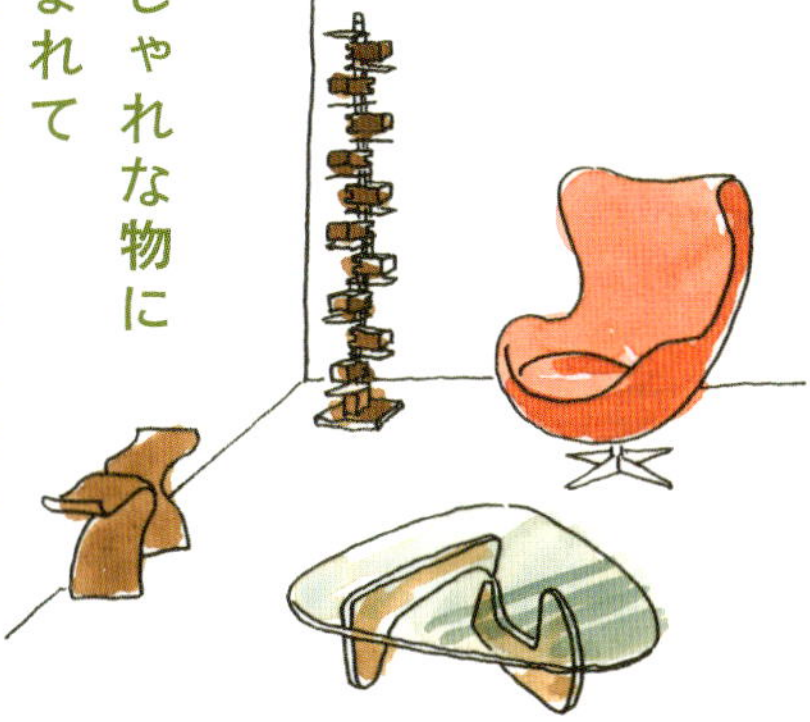

片づけって
けっこう
むずかしい…

解決法は
こちら！

カバー・本文デザイン
米倉英弘（細山田デザイン事務所）

DTP
株式会社明昌堂

印刷・製本
シノノ書籍印刷株式会社

編集協力
小林綾華、戸辺千裕（キャデック）

設計者主婦が教える片づく収納アイデア

目次

COLUMN

1章 片づく家のヒミツ

気がつくと、家が散らかってしまう。普通に生活しているだけなのに……。そんな悩み、設計者主婦が解決します！片づく収納術で、美しい家にしましょう。

部屋と行為と収納物の関係

気になる部屋の不便さは、使う物にあった収納で解決！

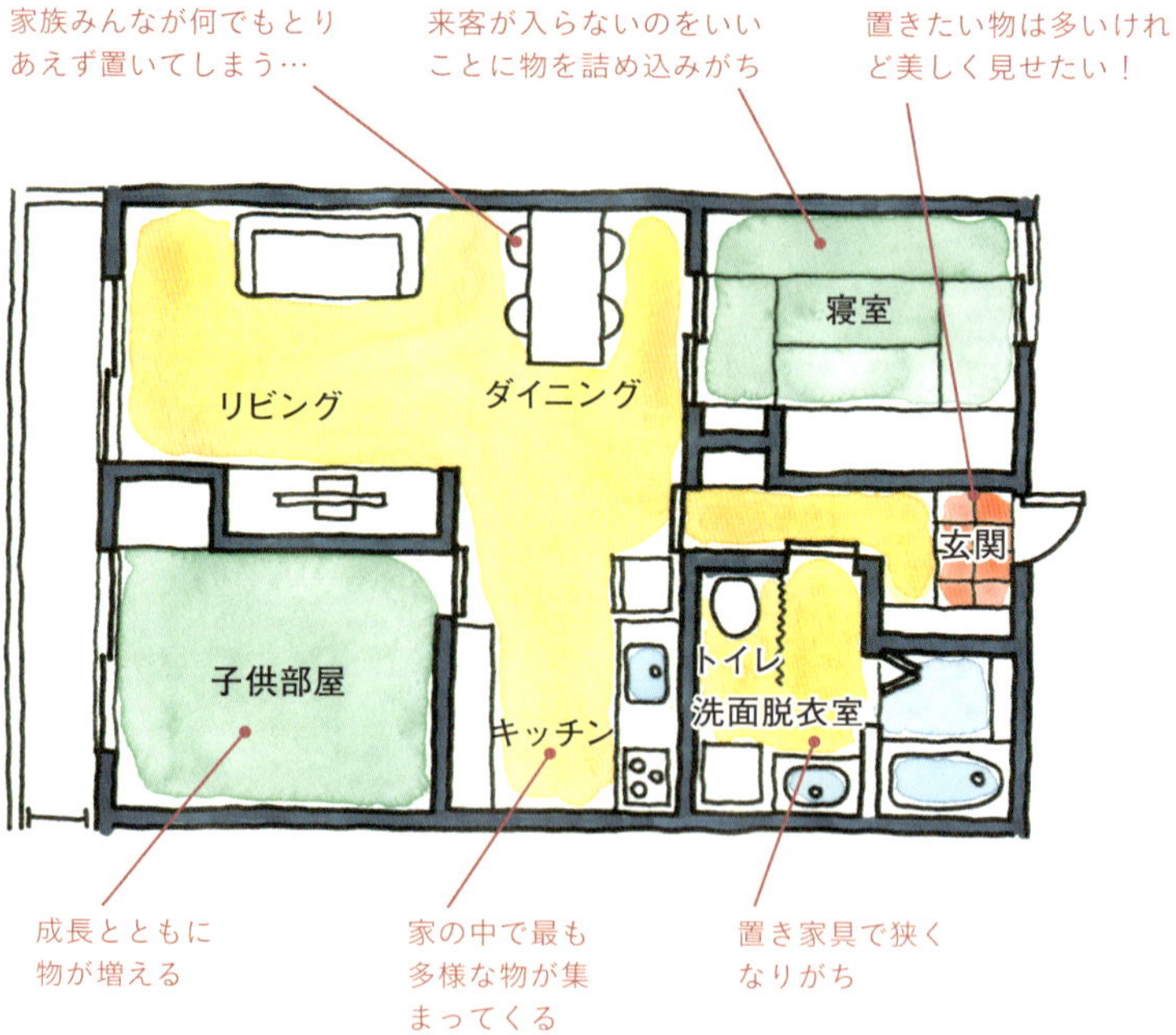

家族みんなが何でもとりあえず置いてしまう…
来客が入らないのをいいことに物を詰め込みがち
置きたい物は多いけれど美しく見せたい！
寝室
リビング
ダイニング
玄関
子供部屋
トイレ
洗面脱衣室
キッチン
成長とともに物が増える
家の中で最も多様な物が集まってくる
置き家具で狭くなりがち

毎日生活していると、慣れたり忘れたりしてしまいがち。
ふとした瞬間の「ここがもっとこうなったらいいのに」を見逃さないで。

あなたが今、家の中で不便に感じている場所、困っていることは何でしょうか。生活していると、住まいに何かしらの不便さを感じるものです。家の中での引っかかりがある部屋を、まずは洗い出すことから始めてみましょう。

次に、そこが何をする部屋なのか、その行為に必要なものは何なのかを整理してみましょう。洗面所で化粧をする人もいれば、ダイニングテーブルで化粧をする人もいますね。

このように、住む人によって部屋での行為は異なります。自分がそこで使う物を把握することで、どんな収納が必要かわかるようになるのです。

収納は、しまう物のサイズにあっているものを選びます。

基礎知識

部屋でするコト、使う物

玄関

［人を招き入れる、送り出す］

靴、ほうき、ベビーカー、スポーツ用品、傘、ガーデニンググッズ、郵便物

キッチン

［料理をつくる］

調理家電、タオル、食器、調味料、保存食、野菜、米

洗面脱衣室

［身だしなみを整える］

化粧品、ケア用品、コップ、バス用品、洗剤類、ドライヤー

リビング・ダイニング

［ご飯を食べる、ゆっくりと過ごす］

リモコン、ティッシュ、爪切り、ボールペン、新聞、スマホ、タブレット PC

トイレ

［用を足す、一人になる］

トイレットペーパー、掃除道具、芳香剤、タオル、ケア用品、本

寝室

［眠る、着替える］

服、鞄、スーツケース、アルバム、本、寝具、布団乾燥機、タブレット PC

子供部屋

［遊ぶ、勉強をする、眠る］

服、学校鞄、おもちゃ、外遊びグッズ、勉強道具、本、パソコン

片づかない原因とその対策

片づけても、すぐにもとの位置に戻ってしまうのはなぜ？

原因と対策1

収納サイズに対して物が多すぎる

「いつか着る」は「一生着ない」。

今の暮らしの適正量を把握しましょう！

原因と対策2

片づけの順番が間違っている

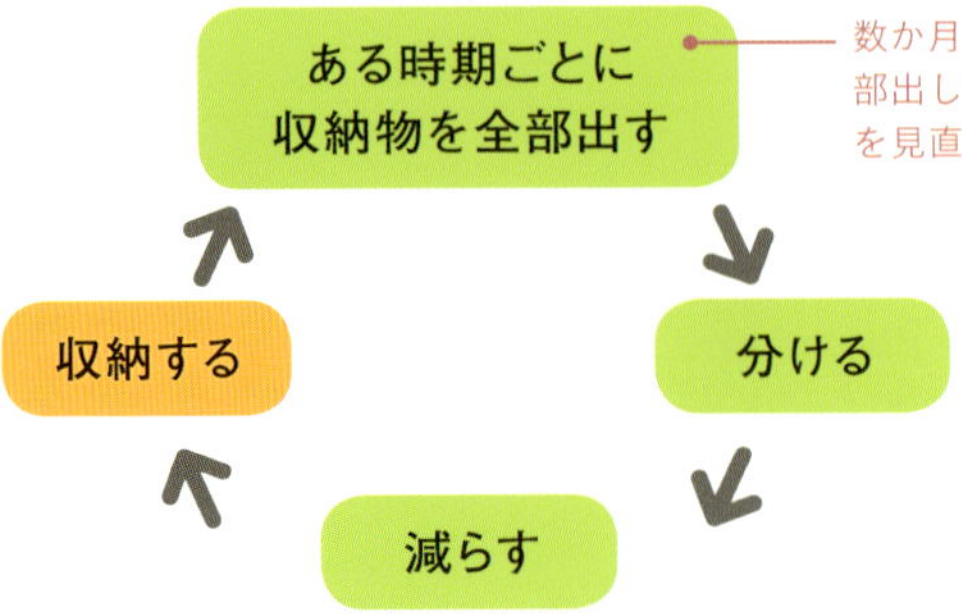

数か月に1回、収納物を全部出してみる。片づけは物を見直すことから始めよう

「何でもかんでも入れたらおしまい」では物は増える一方です。

「収納」の前に「整理」しましょう！

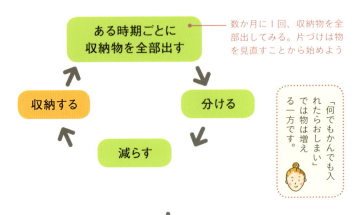

原因と対策3

動線や行為にあう場所に収納がない

使う場所のそばに物の定位置を決めましょう！

原因と対策4

収納と物のサイズがあっていない

物のサイズにあわせた収納術を学びましょう！

収納は部屋の中につくるもの？

収納のための部屋、という選択肢も

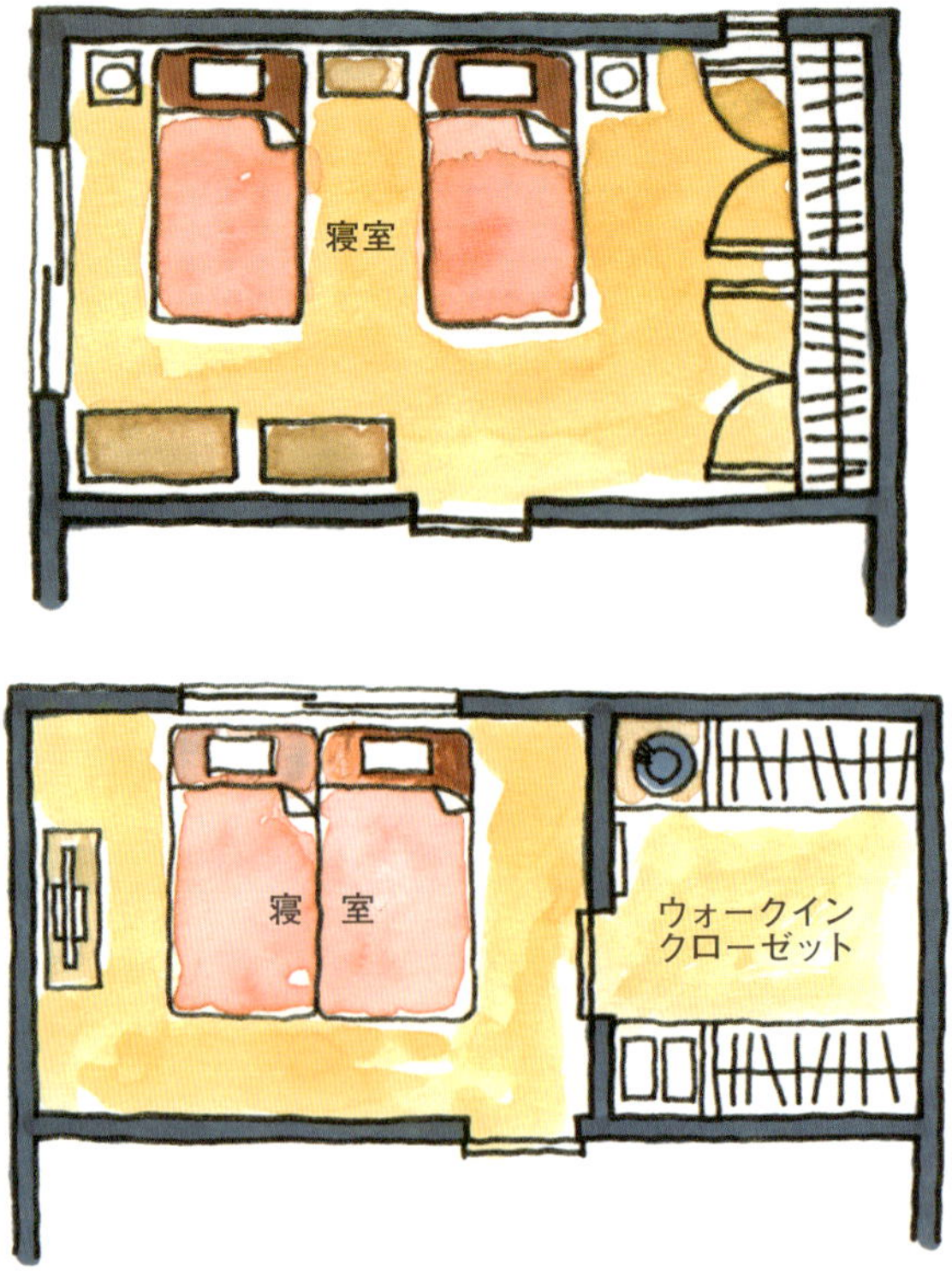

「寝室の中にクローゼットを設ける」のと
「寝室のほかにウォークインクローゼットという部屋をつくる」
のでは何が違うのでしょうか？

部屋に置いたタンスやつくりつけのクローゼットなどを「分散収納」といいます。一方、ウォークインクローゼットやパントリー（食品庫）など、収納することを目的とした部屋は「集中収納」と呼びます。それぞれメリット・デメリットがあり、物によって収納を使い分けることが重要です。

頻繁に使う物は、それを使う部屋の中に置き場所をつくる、つまり分散収納が向いています。すぐ使えて、すぐ片づけられるようにしておけば、物が散らかりません。

反対に、たまに使う物、洋服やバッグ、客用座布団、季節家電などは収納専用の部屋にまとめる、集中収納が向いています。そうすることで、リビングや寝室など家族の居場所となる部屋をすっきりと保ちやすくなります。

基礎知識1

【分散収納】【集中収納】を使いわける

**集中収納と分散収納をうまく利用し、
部屋をすっきりとさせるだけでなく、使いやすくしましょう。**

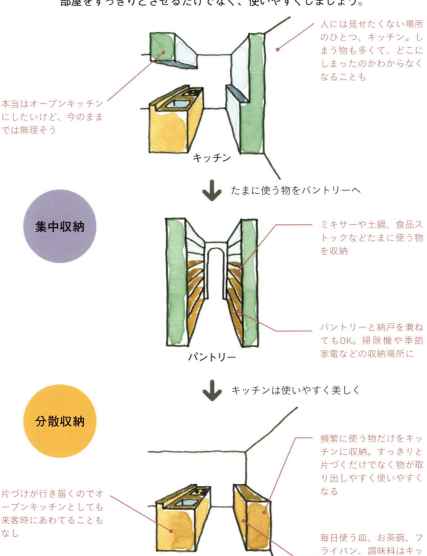

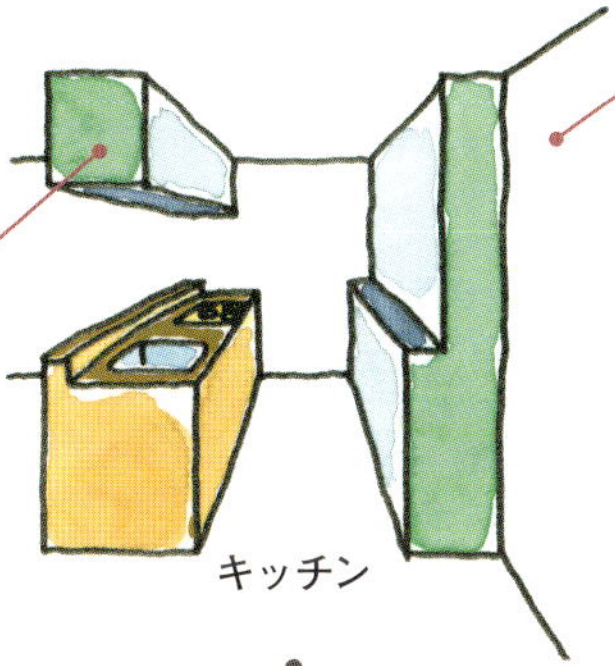

↓ たまに使う物をパントリーへ

集中収納

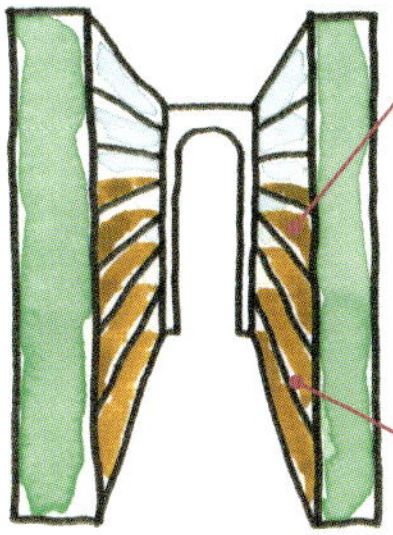

↓ キッチンは使いやすく美しく

分散収納

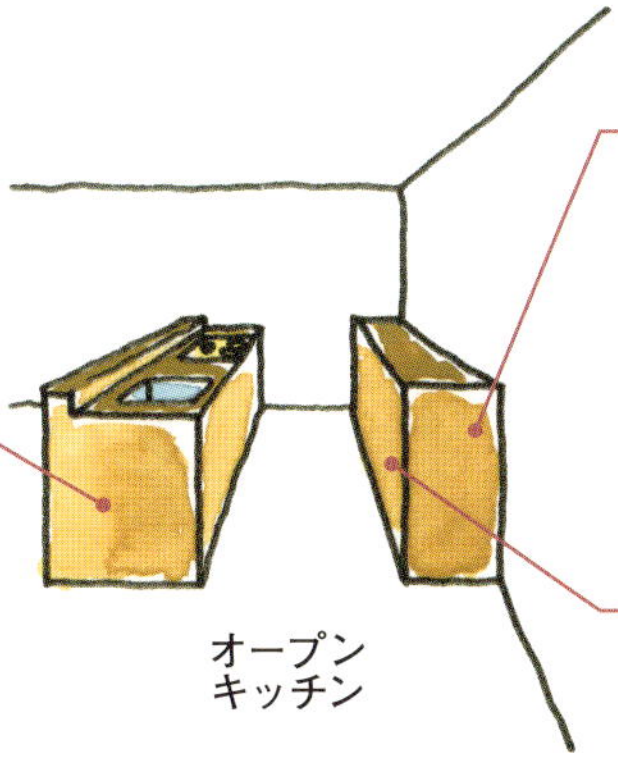

基礎知識2

【分散収納】【集中収納】のメリット・デメリット

良い点があれば、悪い点もあり。
何を優先させて収納を採用するのか、今一度検討してみましょう。

分散収納

寝室のクローゼットは、忙しくて開けっぱなしになってしまうことも

寝室の壁面収納

メリット

・使いたい時すぐに取り出せる
・スペースをあまり必要としない

デメリット

・部屋がごちゃごちゃしやすい
・物が出しっぱなしになりがち
・収納量を増やすと部屋が狭くなり圧迫感がでる

集中収納

無計画に詰め込むと物を取り出すのが至難の業に……

ウォークインクローゼット

メリット

・収納量が多い
・急な来客時に部屋の物をしまい込める

デメリット

・通路スペースが必要なので面積をとる
・通路に物が置かれると使いづらくなる

基礎知識3

夢を叶える集中収納

家のあちこちに集中収納を設けることは難しいもの。
理想のくらしを考えて、それを叶える集中収納を作りましょう。

オープンキッチンを叶えるパントリー

キッチン脇にパントリーをつくれば、キッチンがものであふれることはなくなる

片づいた寝室にはウォークインクローゼット

大容量のウォークインクローゼットを寝室脇につくれば、寝室はベッドのみ置けばOK。物が少ないシンプルな寝室で休める

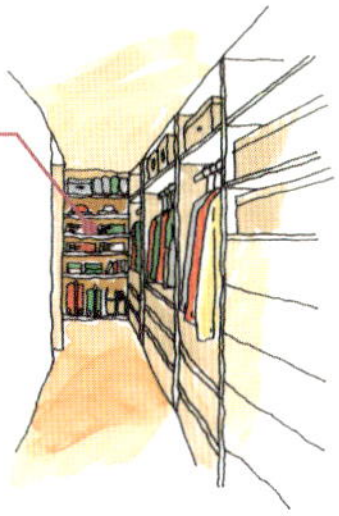

美しい玄関を維持するならシューズクローク

玄関脇にシューズクロークをつくれば、玄関はいつもすっきり。来客時も安心

すっきりリビングにはリビングクローク

リビング脇につくった納戸（リビングクローク）のおかげで、リビングはいつもすっきりとした空間に

基礎知識4

【集中収納】のつくり方

物の出し入れのしやすさが最優先。棚に扉はつけません。
天井までの壁面いっぱいを棚にしましょう。

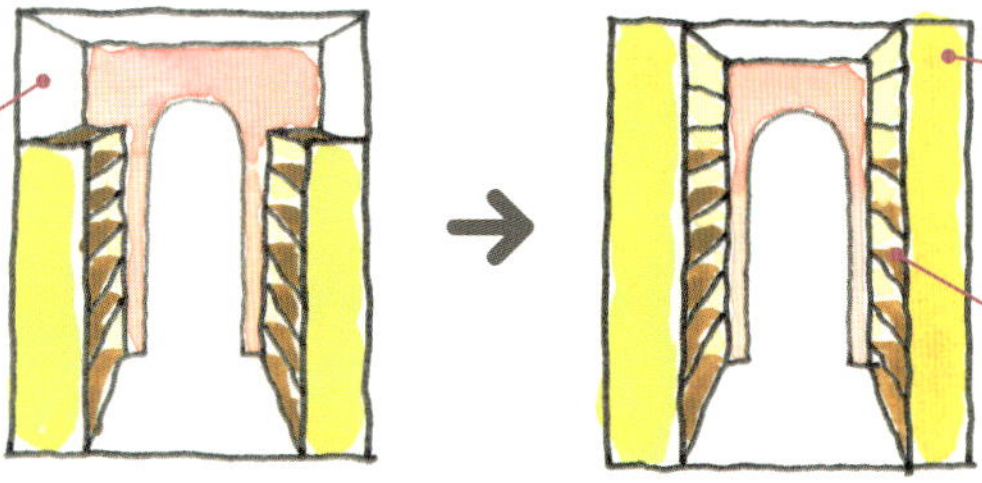

無駄なスペースをつくるのはNG

壁面いっぱい使って収納力アップ

何をどこにしまったか、ひと目でわかるようオープン棚に

収納を奥行きから考える

収納する物のサイズにあった収納をつくりましょう。ポイントは「奥行き」です

奥行き 150㎜

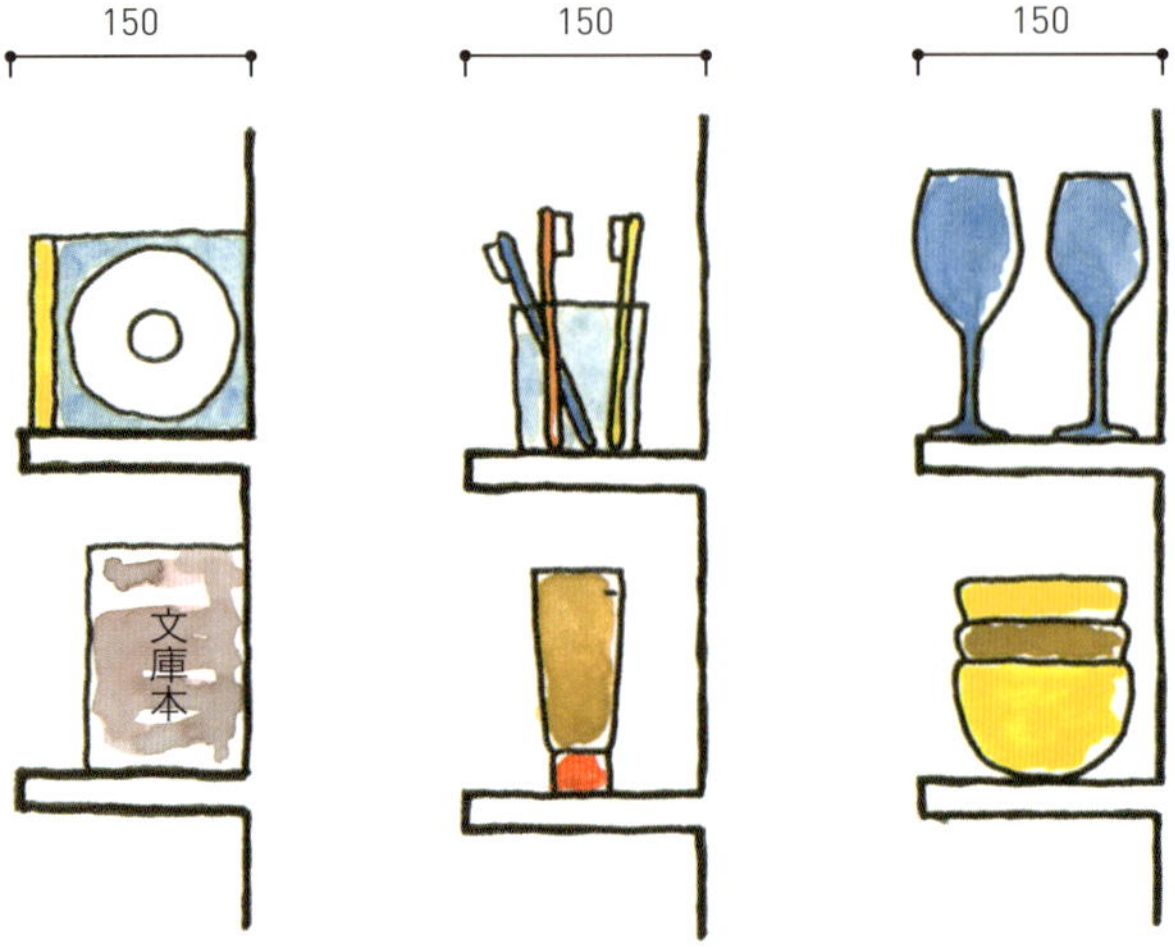

CD や文庫本
リビングなど

ケア用品やバス用品
洗面所など

グラスや器
キッチンなど

（本書内、単位の記載のないものは全て㎜）

**日常で使う物のサイズを考えたことはありますか？
収納したい物のサイズと、置きたい場所にある収納の奥行きを、
見直してみましょう。**

物にはサイズがあるように、収納にも、しまう物に適した「奥行き」があります。あたりまえのことなのに、見ないふりをしてしまいがちなポイントです。部屋を見渡してみてください。違うサイズの物が、同じ棚に並んでいませんか？

物との奥行きがあった収納を選ばないと、余った空間に別の物を置いて奥の物が出し入れしにくくなるなど、不便がうまれます。まずは、物にあった収納を選ぶことから始めましょう。

すでにある収納が、物のサイズとあっていなければ、改善すべき場所です。DIYや便利グッズで、収納と物のサイズのミスマッチを改善できます。

奥行き 350mm

ハイヒールや革靴
靴棚など

奥行き 300mm

FAX やアルバム
リビングなど

ティーセットや皿
キッチンなど

奥行き 400〜500mm

調理家電
キッチンの棚など

ハンガー類
洗濯室の棚など

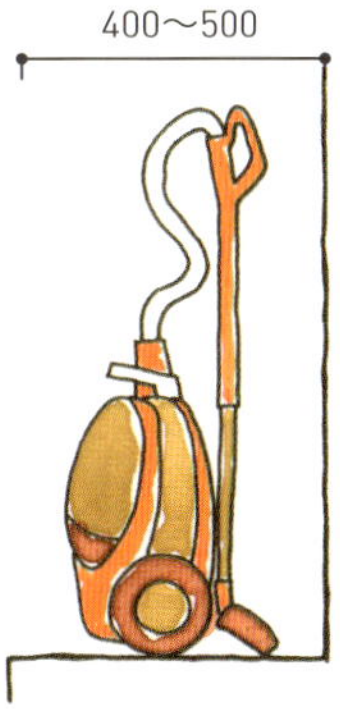

掃除道具
廊下収納など

奥行き 800mm

季節の飾り
階段下収納など

寝具
押入れなど

奥行き 600mm

服やコート
クローゼットなど

暮らしと物と、収納の関係

生活動線にあった理想の収納のカタチは……？

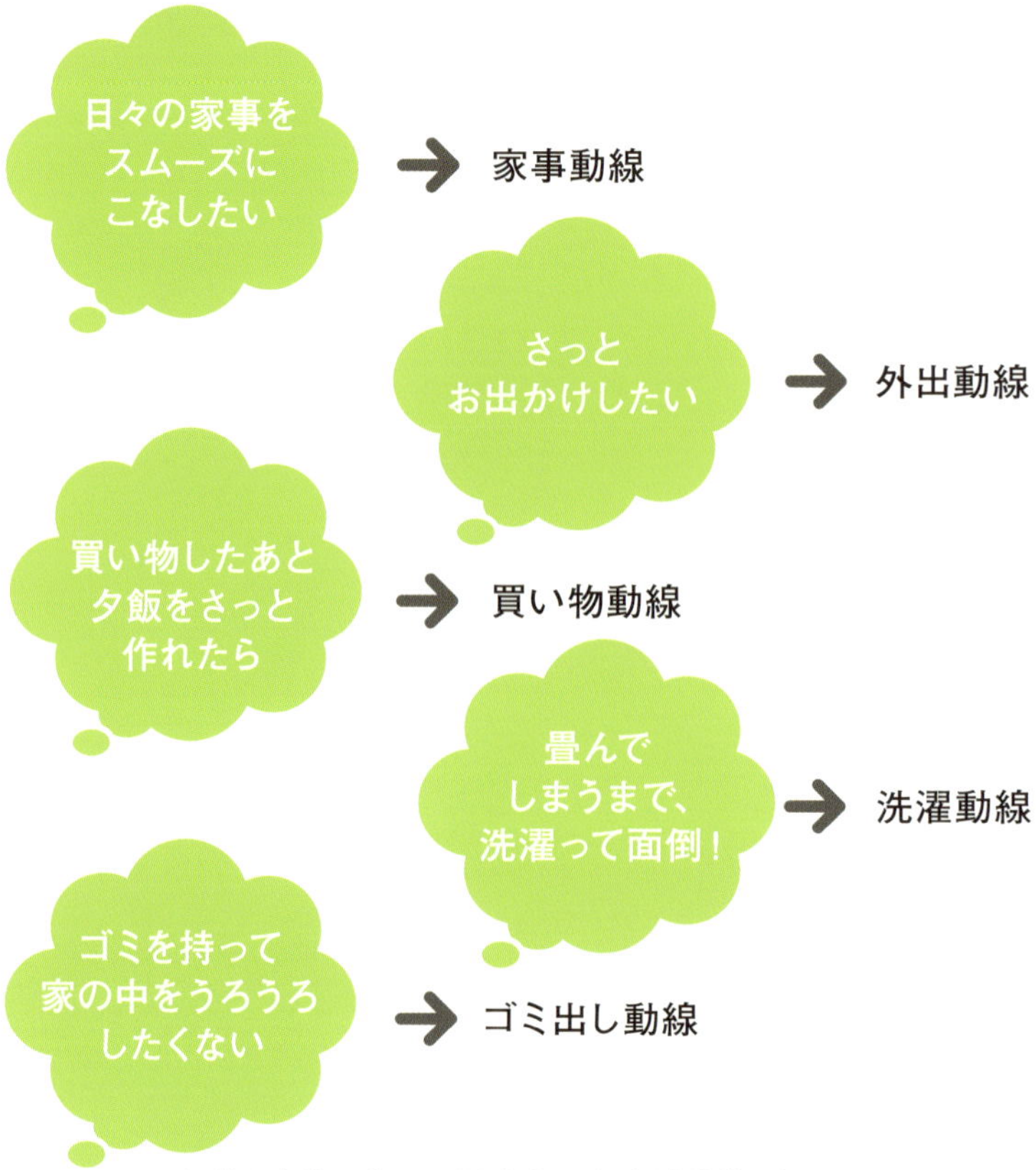
日々の家事をスムーズにこなしたい
家事動線
さっとお出かけしたい
外出動線
買い物したあと夕飯をさっと作れたら
買い物動線
畳んでしまうまで、洗濯って面倒！
洗濯動線
ゴミを持って家の中をうろうろしたくない
ゴミ出し動線

まずは自分にとって最も大切な生活動線は何か、
日頃の悩みや希望から考えてみましょう。

家に帰って靴を脱ぎ、コートや帽子を脱いでカバンを置き、手を洗い、部屋着に着替えてリビングへ……。住まいの中では、さまざまな暮らしのアクションと物との関わりがあります。

生活の動線上に、ウォークインクローゼット（W・I・C）などの集中収納があることは、片づく住まいにとって重要なことです。しかし現実的には、家の面積や、金額的な問題など、さまざまな制約があります。そのため、すべての生活動線上に、理想的な集中収納を計画することは難しいのです。

そこで、理想の暮らしのイメージが大切になります。理想にあわせて優先順位をつけることで、「自分にとってもっとも大切な生活動線は何か」を考え、その動線上に、物と収納の関係をつくっていきましょう。

動線①家事動線

パントリーを取り入れて

家事動線がスムーズな家では、毎日の家事もストレスなし。
自分の行動パターンを分析してみましょう。

食材を出す → 料理をする → 洗濯をする → 干す

パントリー　キッチン　家事室　物干し場

集中収納

↓ 間取り化すると

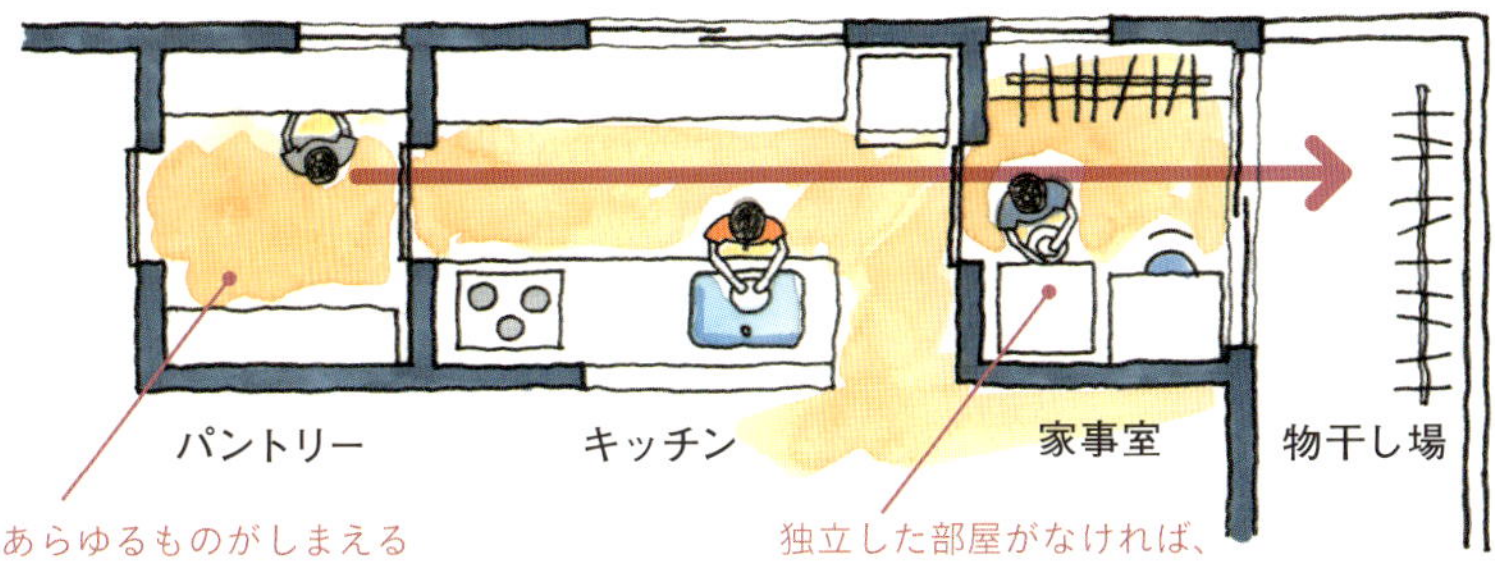

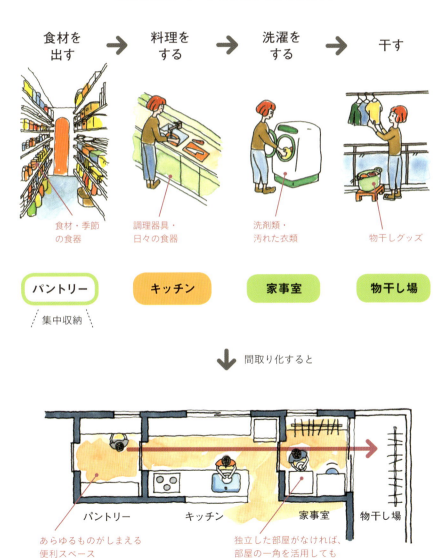

動線②外出動線

出かける動線を楽にしたい

忙しい朝でも、動線がしっかりしていれば、
まごまごせずに出かけられます。必要な物の置き場所を見直してみて。

服を着る → 歯磨き・メイクをする → コートを着る → 靴を履く

W.I.C（集中収納） → 洗面所 → シューズクローク（集中収納） → 玄関

↓ 間取り化すると

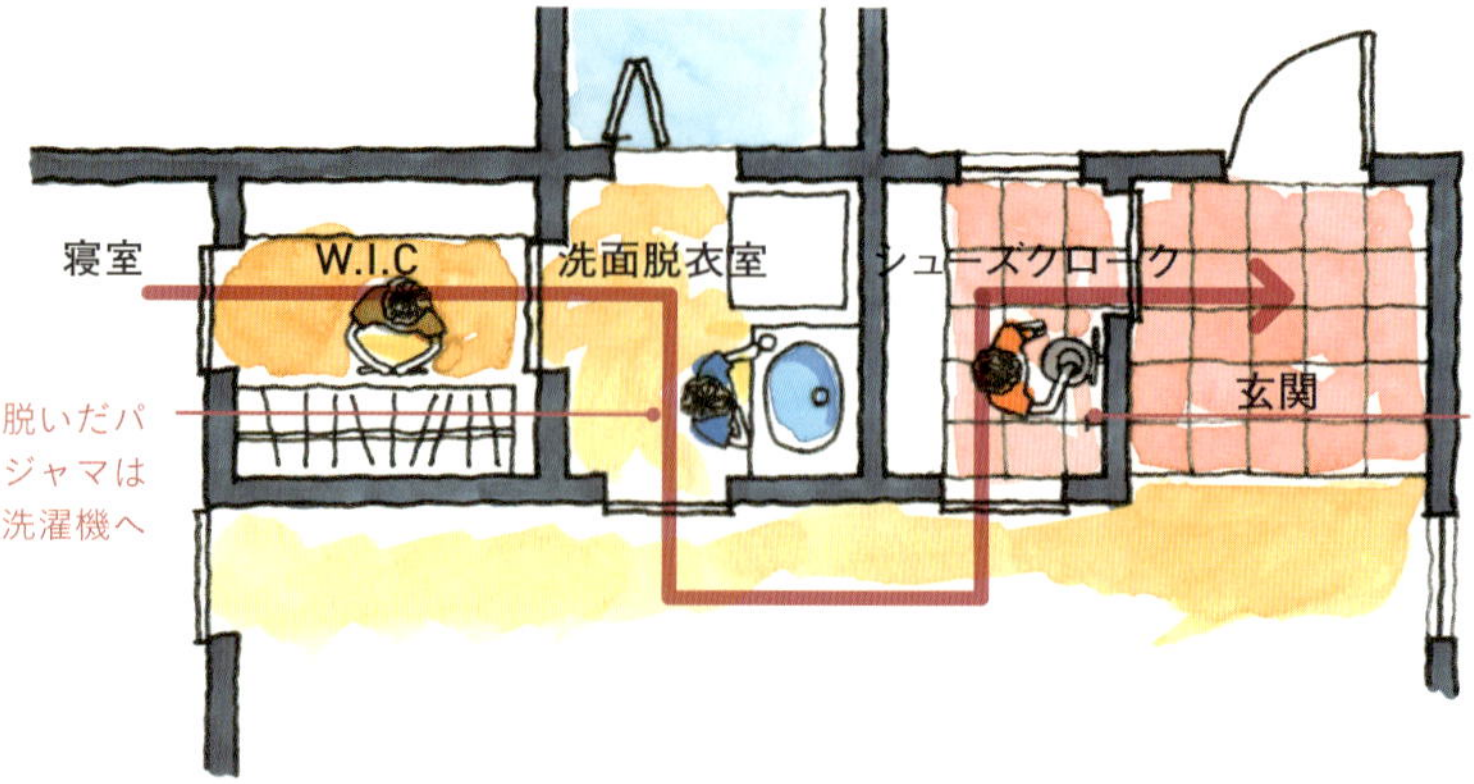

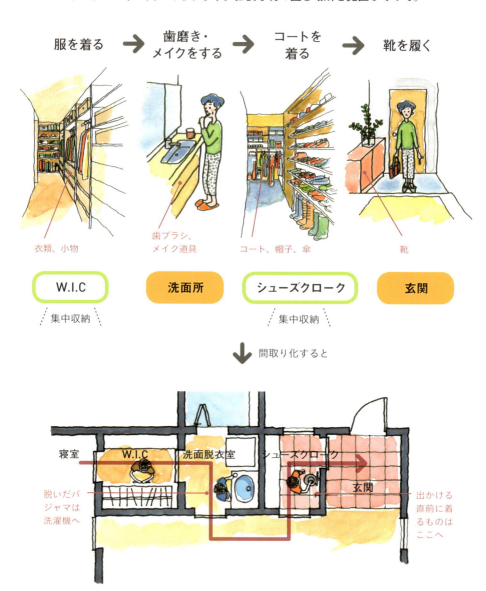

動線③買い物動線

買い物帰りからスムーズに家事へ

コートを脱いだらすぐ、両手いっぱいの買い物袋を
片づけられるとしたら、便利だと思いませんか。

靴を脱ぐ → 食材を置く・コートを脱ぐ → 料理をする

靴

コート、帽子、傘、
食材、季節の食器

調理器具、食器

玄関

シューズクローク×パントリー

集中収納

キッチン

↓ 間取り化すると

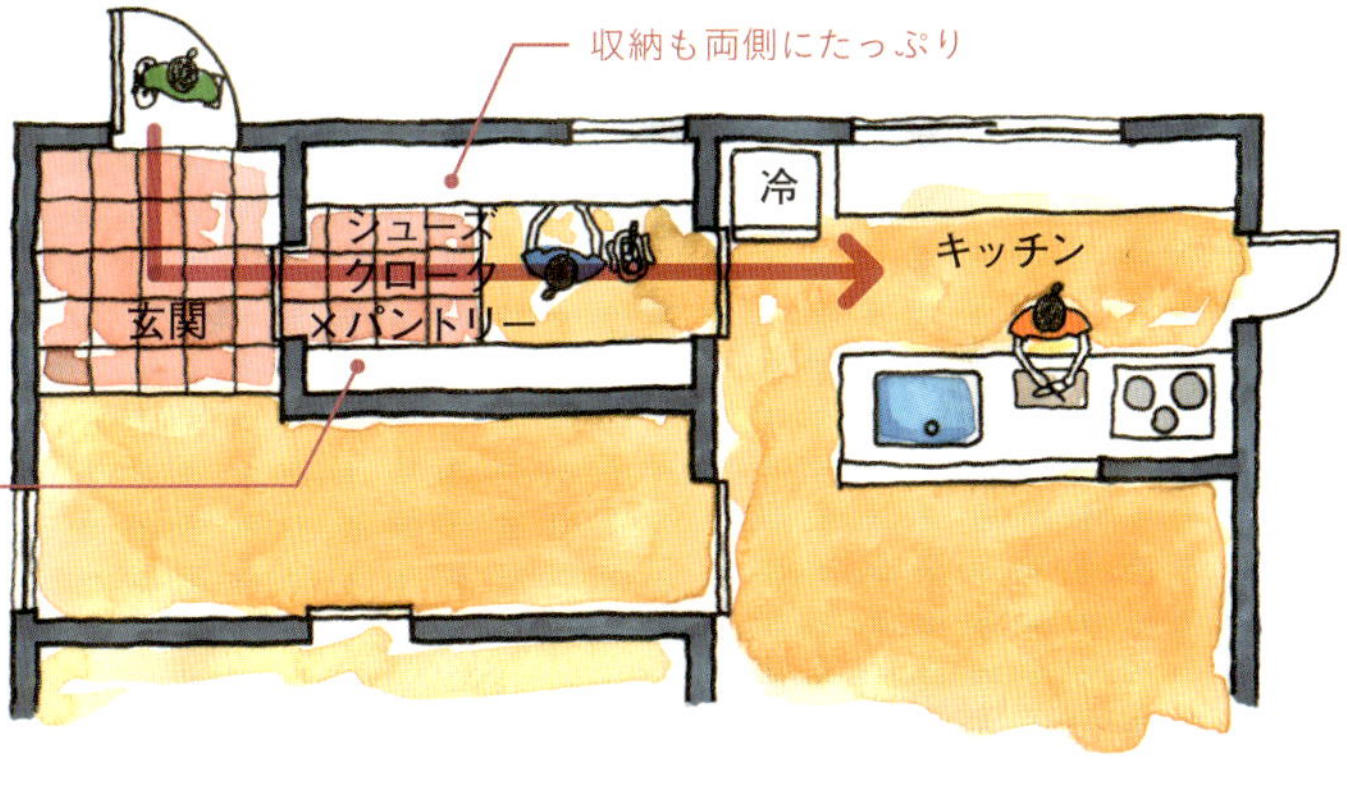

パントリーと
シューズクロ
ークを兼ねる
ことも可。お
客様の通路は
別に確保

動線④洗濯動線

洗濯のしやすさが重要

洗濯は、工程が多くて面倒な家事のひとつ。
一番面倒に感じる家事の動線を重視して間取りを選んでも◎。

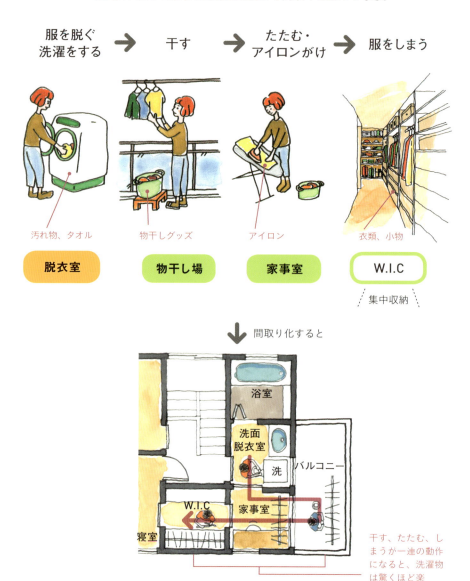

服を脱ぐ 洗濯をする → 干す → たたむ・アイロンがけ → 服をしまう

汚れ物、タオル
物干しグッズ
アイロン
衣類、小物

脱衣室　物干し場　家事室　W.I.C

集中収納

↓ 間取り化すると

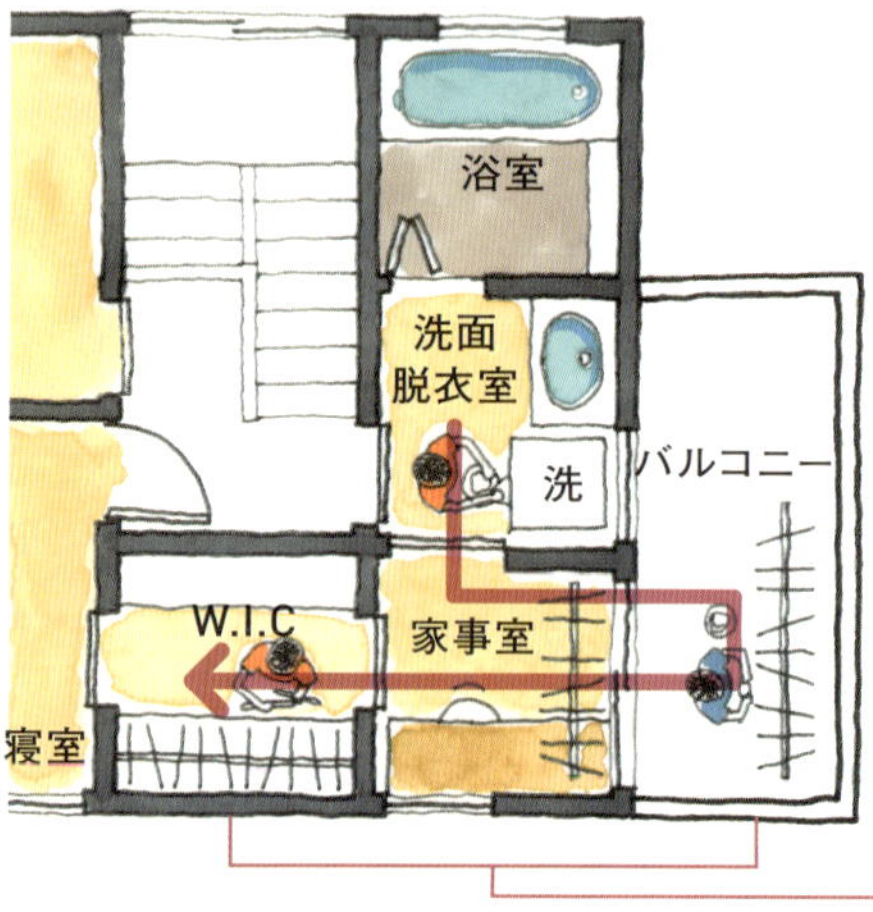
浴室
洗面
脱衣室
洗
バルコニー
W.I.C
家事室
寝室

干す、たたむ、しまうが一連の動作になると、洗濯物は驚くほど楽

動線⑤ゴミ出し動線

ゴミ出しのストレスをなくしたい

ゴミの一時保管場所を外につくると、ニオイもこもらず衛生的。
量が多くても、サッとまとめて一気に出せるのが魅力です。

ゴミが出る → ゴミの日まで保管する → ゴミを出す

ゴミ袋、ゴミ箱

キッチン

ゴミ箱

ゴミ置き場

集中収納

玄関

↓ 間取り化すると

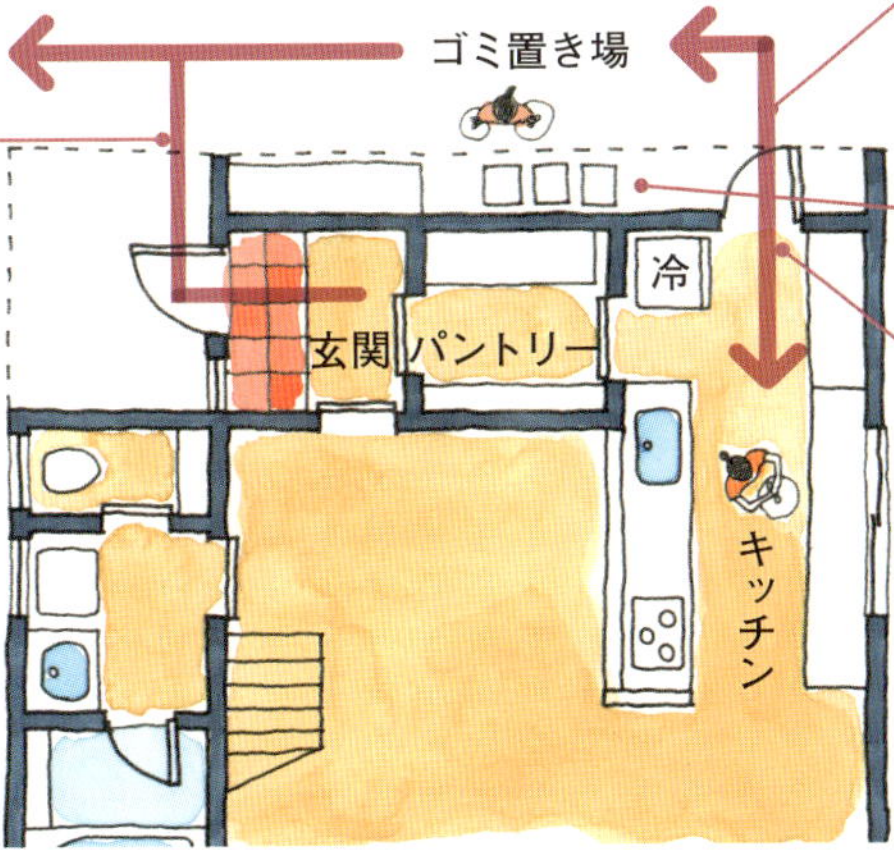

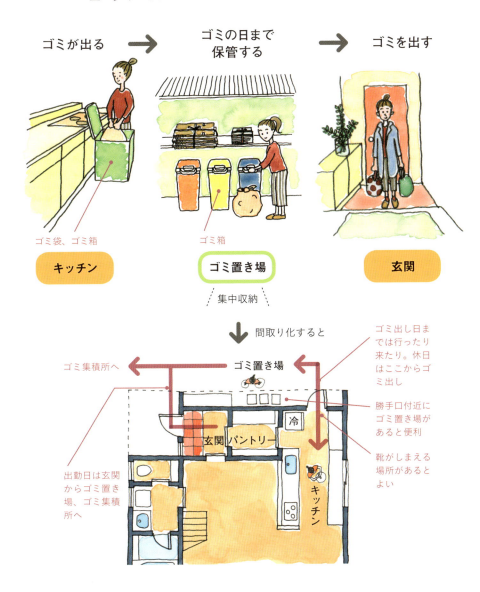

設計者主婦が収納術を教えます！

片づけ嫌いの3人が、カリスマ設計者主婦になったワケ

カリスマ設計者主婦

便利グッズ収納のカリスマ エミコ

夫と 2人暮らし。
賃貸マンション住まい、共働き。一級建築士。
趣味：テニス、キャンプ。
100円均一やホームセンターなどで手軽に手に入る便利グッズを利用し、安くて簡単、かつ素敵な収納づくりが得意。

DIY収納のカリスマ ヨシコ

夫と子供 3人の 5人暮らし ＋ ペット：犬（雑種）。
持ち家住まい、専業主婦。建築学科卒業。
趣味：写真、お菓子づくり。
三男坊の子育てと日々の家事に追われながらも、趣味の DIYを楽しむ。
下町の建売住宅を 10年前に購入し、自分で手を加えて、片づけやすい家づくりをするのが得意。

間取り収納のカリスマ マリコ

夫と子供 1人の 3人暮らし。
分譲タワーマンション住まい、共働き。
趣味：料理、ホームパーティー、ヨガ。
一級建築士。数々の住宅設計を手がけた経験から、使いやすい収納の設計が得意。
最近自分の住まいを片づけしやすい家にリフォームしたばかり。

便利グッズ収納のカリスマ　エミコの場合

私はもともと、片づけが嫌いでした。持ち物が把握できないせいで、同じものを買ってしまうことが多くて……。でも夫はきれい好き。結婚をきっかけに、自分も片づけを心掛けるようになったんです。

夫婦の休日の過ごし方は、ホームセンターなどでの便利グッズ探しです。はじめに手をつけたのは、キッチンのシンク下。便利グッズを利用して片づけたところ使いやすさが倍増。日々のちょっとしたストレスがなくなりました。

それから片づけにハマったんです。物の管理がしやすくなったので、二度買い・無駄買いもなくなりました。自然と節約になるので、いまでは夢のマイホーム購入まであともう一歩です。

片づけには『経済効果』がある

DIY収納のカリスマ　ヨシコの場合

私は片づけること自体は嫌いではありません。でも、子供が1人、2人と増えるにつれて、物がどんどん増えていって、いつの間にか散らかり放題に。どこに何があるのかわからず、探すことが多くなって……。なんとなく不便さを感じていたのです。

あるとき、家の収納が少ないことがその不便さの原因だと気がついたのです。それで、もともと好きだったDIYで、少しずつ収納を手づくりしました。

使いやすい収納をつくって、物が把握できるようになったので、探し物や片づけをする時間が減って大助かり。今はその時間で、子供のおやつづくりに力を入れています。

片づけには『時間的効果』もある

間取り収納のカリスマ　マリコの場合

設計事務所に勤めている私。家を建てる施主の多くが、収納で困っていることを肌で感じていました。私自身も、特に仕事が忙しい時期は片づけができず、家が散らかることがストレスでした。

最近思い切って、住宅設計の知識を生かして、自邸を片づけしやすい家にリフォームしたんです。それを機に、本当に必要な物だけを厳選して、不要な物は処分しました。いらない物って、結構あるんですよね。

物が減り、家が片づけやすくなって、心にゆとりが生まれました。家事や仕事へのモチベーションもアップ。今ではすっきりと片づいたリビングで、趣味のヨガをするのが日課です。

片づけには『精神的効果』もある

2章

脱・汚部屋テクニック

部屋ごとに、散らかるポイントを見直していきましょう。使いづらい所や困っていることを収納で改善すれば、おのずと部屋は片づきます。一番片づけたい部屋はどこですか？

リビング・ダイニング①

小物が出しっぱなしのダイニングテーブル

家族みんなで集まれるリビングって、すてきですよね。
でも、さっきまでの作業で使っていた物が、
食事のときにそのまま散らかっていませんか？

この前、友達のうちに届け物があってお邪魔したんだけど、ダイニングテーブルの上に物がいろいろ置いてあったわ。どこの家も同じなのねって思っちゃった。

わかる！　ダイニングテーブルは家族みんなで使うから、自然と物が集まって来ちゃうよね。

食事以外でも、ちょっとした書き物とか子供の宿題とか、色んなことで使うし。

食事のたびに、物をどこかに移動しないといけないのも手間だし、いつも整頓できればいいのだけど。

急な来客に備えて、いつもスッキリさせておきたい！　やっぱり収納から見直さなきゃ。

基礎知識1

ダイニングテーブルの大きさ

家族が集まるダイニングテーブル。用途はさまざまですが、
まずは食事のしやすさで、サイズを決めましょう。

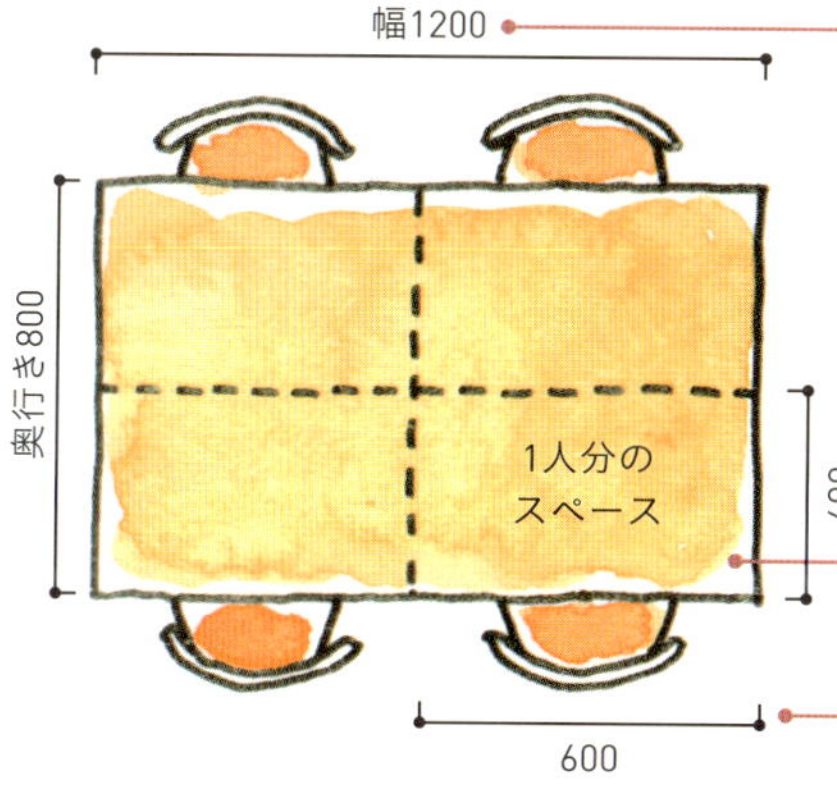

4人用のダイニングテーブルで一番コンパクトなサイズ。大人2人＋子供2人にはちょうどよいが、大人4人がゆったりと使うには、幅1350〜1500㎜はほしいところ

隣とぶつからない幅と、1人分の食器を並べる奥行きが基準

幅が広がると、その分、のびのび使える

取り分け料理をきれいにレイアウトするには

取り分け料理をきれいにレイアウトするには、奥行き1000㎜はほしい。中央に大皿を置き、各席に取り皿を置くゆとりがあれば、食事もしやすく、美しい食卓を演出できる

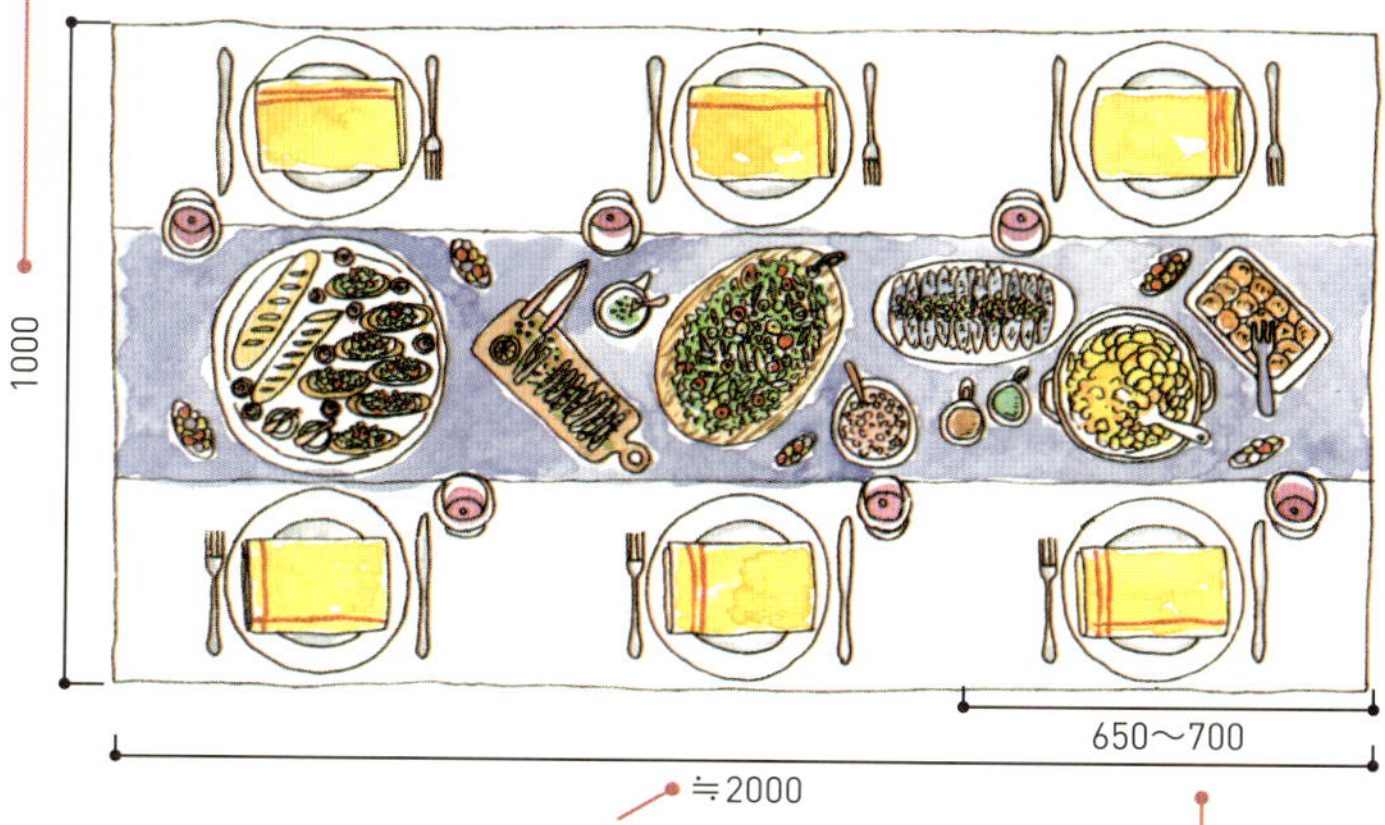

テーブルは大きければよいというわけではない。テーブルが大きくて部屋が狭く見えてしまうなんてことにならないよう、部屋とのバランスをよく考えて

1人分の横幅600＋50〜100㎜だとゆとりができる

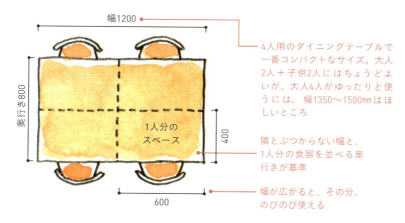

基礎知識2

ダイニングテーブルの高さ

食事やお茶を楽しむテーブルは座面を基準に高さを考えます。
作業用なら用途に応じて。作業がぐっとしやすくなります。
使う人の身長にあわせてサイズを決めましょう。

ダイニングチェアで食事をする

座面とテーブルは一般的に250～300mm差が適当。
計算式で表すと座高 × 1/3 － 2～3cm

ソファーで食事をする

リビングで食事ができれば、ダイニングテーブルも不要に。結果リビングが広々とする

床に座って食事をする

身長×0.2に近い高さがほどよいと言われている

ソファーでお茶を飲む

座面より少し高くすると、極端に前かがみになることがなく使いやすい

パソコンをする

ディスプレイと目の距離は400mm以上確保。上端が目より下になるように。ひじが90度程度になるとベスト

ミシンをかける

前かがみにならずに作業ができる高さに設定する

ダイニングテーブルでの作業と、散らかりがちな物

食事以外にもさまざまな役割をもつダイニングテーブル。
勉強、読書、家事など、ダイニングで行う作業を見直し、
どんな物を広げているか考えてみましょう。

食事の場
カトラリー

勉強の場
文房具、本、ノート

家事や仕事の場
郵便物、めがね、携帯電話、ノートパソコン

くつろぎの場
ティッシュ、リモコン、新聞

ダイニングテーブルに置きっぱなしになりがちな物

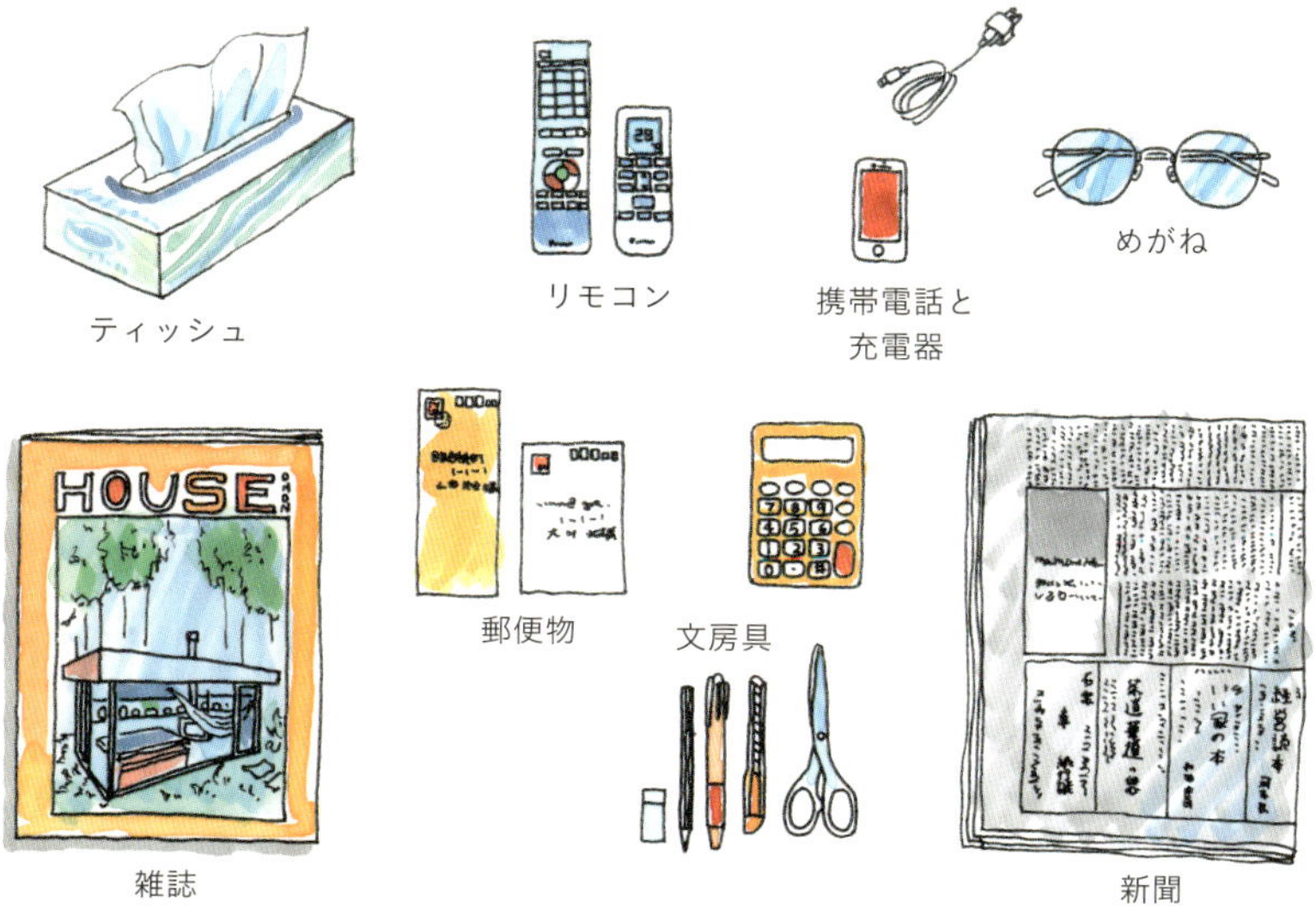
ティッシュ
リモコン
携帯電話と
充電器
めがね
HOUSE
雑誌
郵便物
文房具
新聞

→ これらの行き場所を、あらかじめ考えておくのがポイント

簡単アイデアでスッキリ

テーブルまわりに収納しよう！

物が集まるダイニングテーブルは、天板の下も大いに活用しましょう。
引き出しのあるテーブルならすぐに片づけられます！

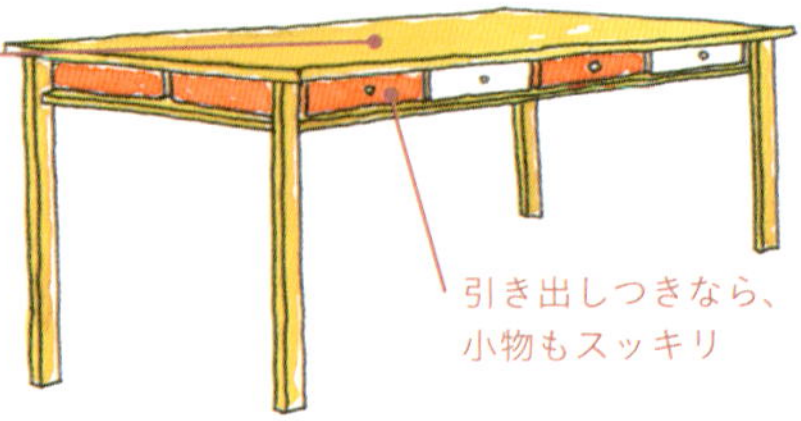

テーブルの上に散らかってしまうなら天板下に収納できるタイプを
引き出しつきなら、小物もスッキリ

↓ 種類ごとに収納すれば、サッと取り出せる

仕事用
勉強／くつろぎ用
食事用
くつろぎ用
文房具
ノートパソコン
爪切り、耳かき、ハンドクリームなど
カトラリー、コースターなど
リモコン、ティッシュなど

↓ ワゴンなら引き出しがないテーブルでも OK

大切なのは、ダイニングテーブルのそばに小物の居場所をつくること。
テーブルと物との距離の近さがポイント！
引き出しの代わりに、近くの壁に棚を設置したり、壁がなければ、ワゴンを置いたりするのもよい

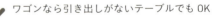

DIYでスッキリ

収納つきテーブルをつくろう！

収納スペースをもつ6人掛けテーブルを、自分好みに手づくりしましょう。

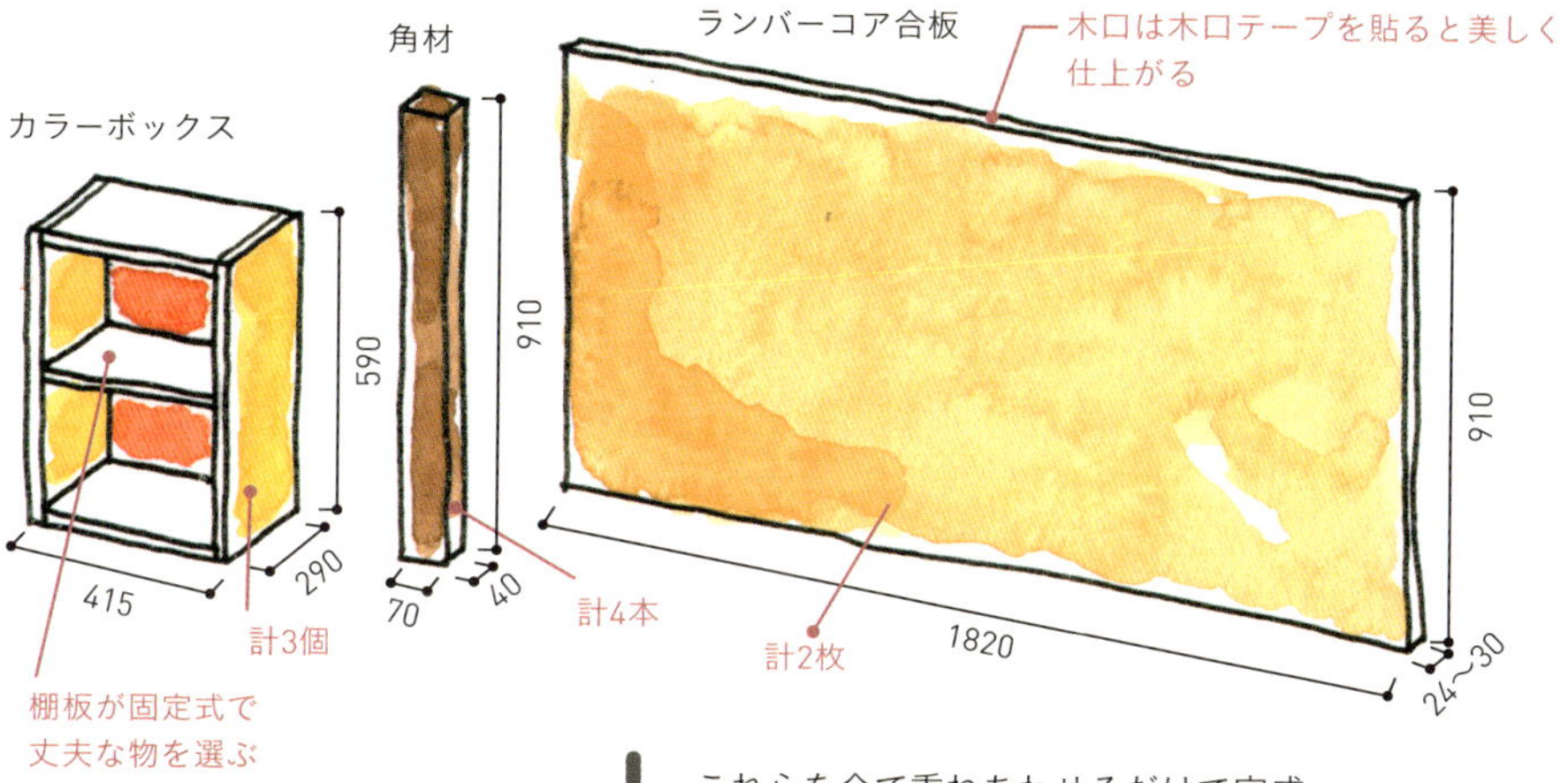

これらを全て重ねあわせるだけで完成

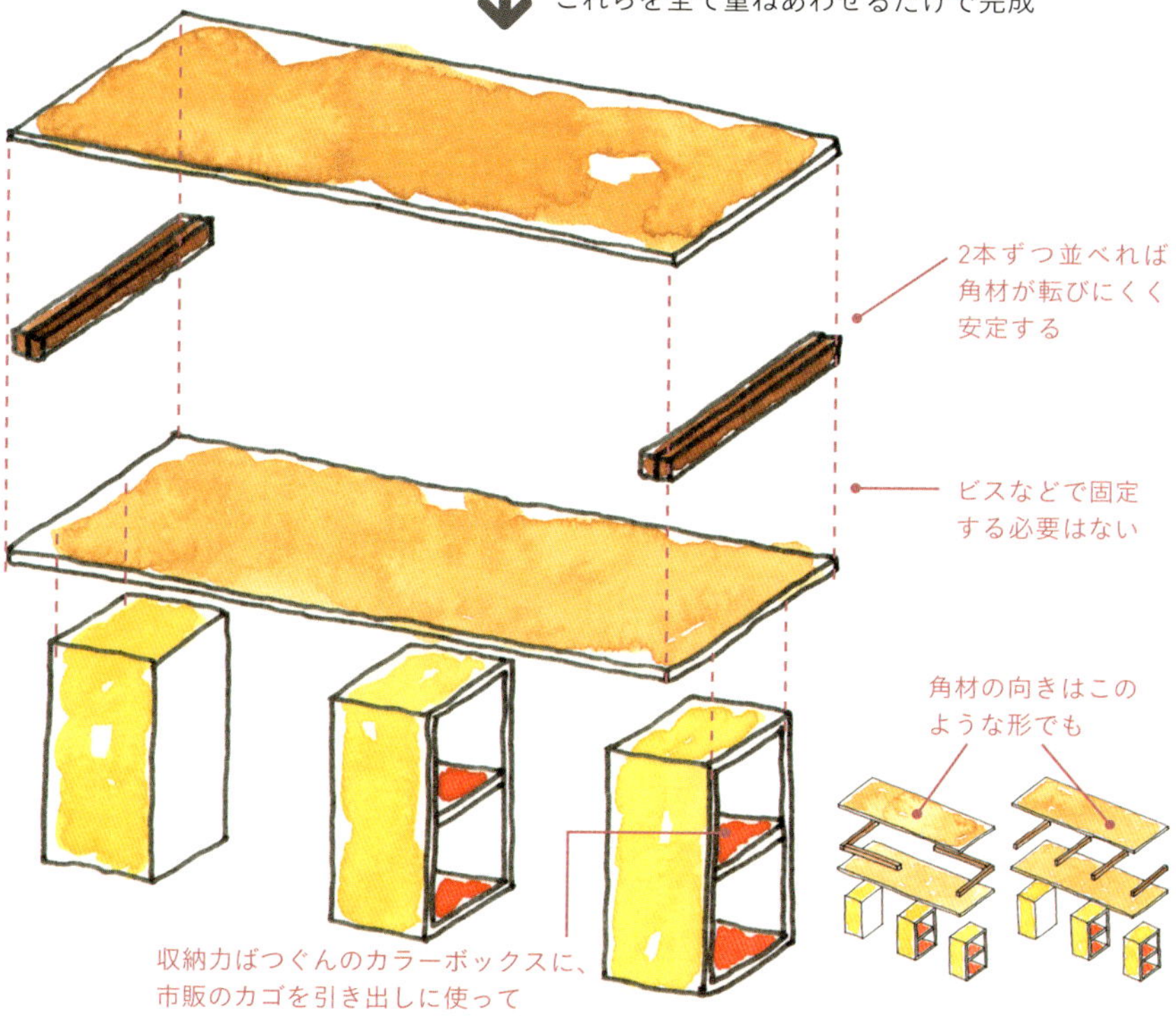

DIYでスッキリ

収納つきテーブルに引き出しを追加する

039頁で紹介した収納つきテーブルに、
市販の薄型トレーを 6個セットして引き出しとして使います。

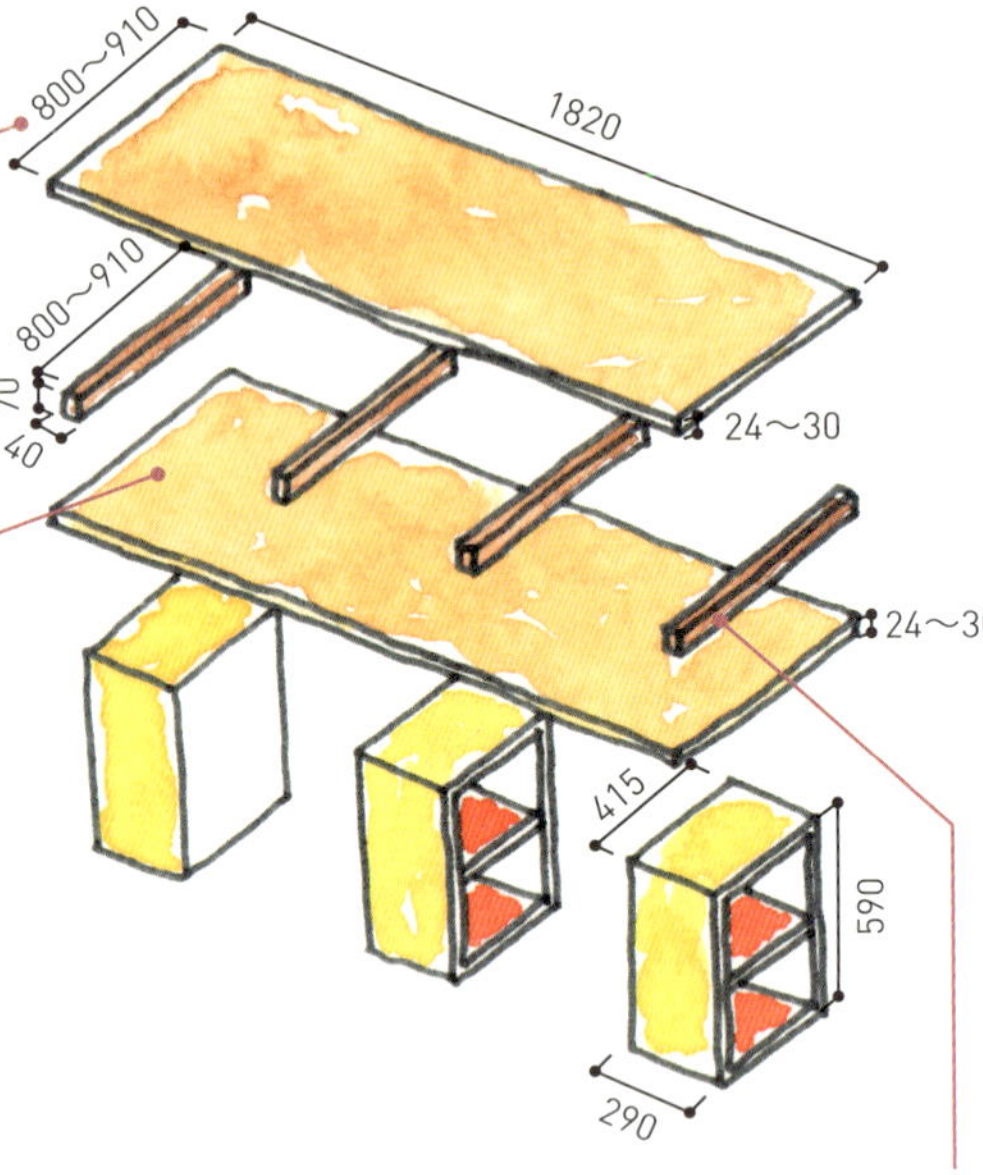

800〜910
1820
部屋のサイズや使い勝手に応じて奥行きは狭くしてもOK！
800〜910
70
40
24〜30
角材はティッシュの箱が収まる高さ
24〜30
415
590
290
中に引き出しを入れれば角材が転ぶ心配はないので、1本づつ均等に配置してもOK！

さっと片づけられるから、食事のときも広々使える

角材のすきまに引き出しをセット

トレーを入れ、引き出して使う
種類ごとトレイに入れれば取り出しやすい。家族それぞれの場所を決めて専用にしても！

ダイニングに集まりがちな物は、新聞やリモコンなど細々しているため、薄い収納が使いやすいです。

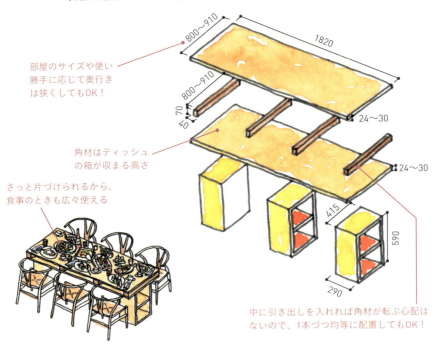

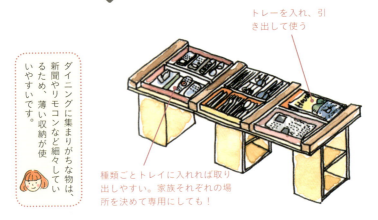

DIYでスッキリ

収納つきテーブルをお座敷スタイルに

大勢のお客様、いらっしゃい！
収納つきテーブル(039頁) はお座敷スタイルでも使えます。
脚の向きを変えて天板を広げれば、お座敷リビングのできあがり。

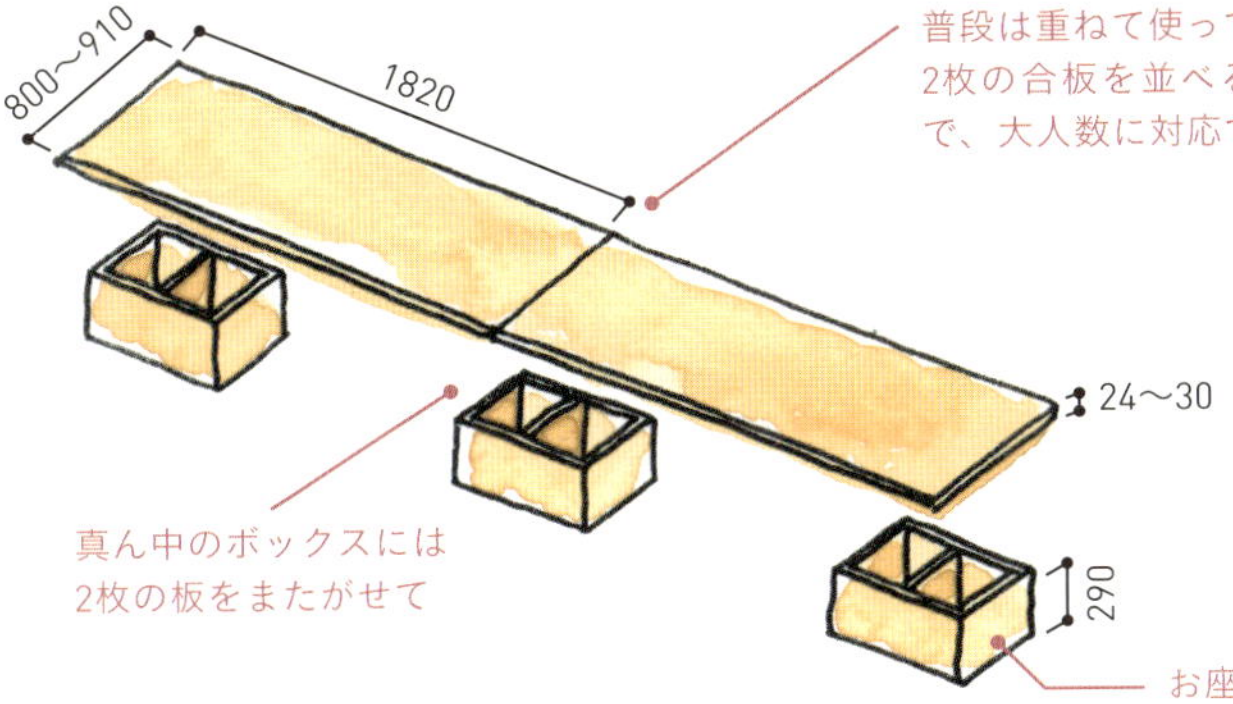

普段は重ねて使っている2枚の合板を並べるだけで、大人数に対応できる

真ん中のボックスには2枚の板をまたがせて

お座敷スタイルで使う場合は4本の角材は不要

こんな風に使う

お客様が多い家でも安心！いつでもパーティー会場に

お座敷スタイルなら16人も座れる

カラーボックスの向きを変えるだけで床に座って使うのにピッタリな高さに

地べたに座って大勢で囲む食卓は、大人も子供も気楽でよいものです。

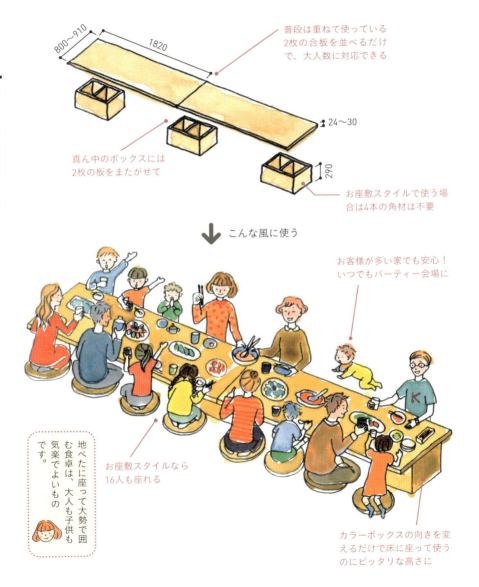

DIYでスッキリ

収納つきテーブルを多目的スタイルに

作業台として、広々使えます。
異なる高さを利用して、親子並んでの作業にもおすすめ。

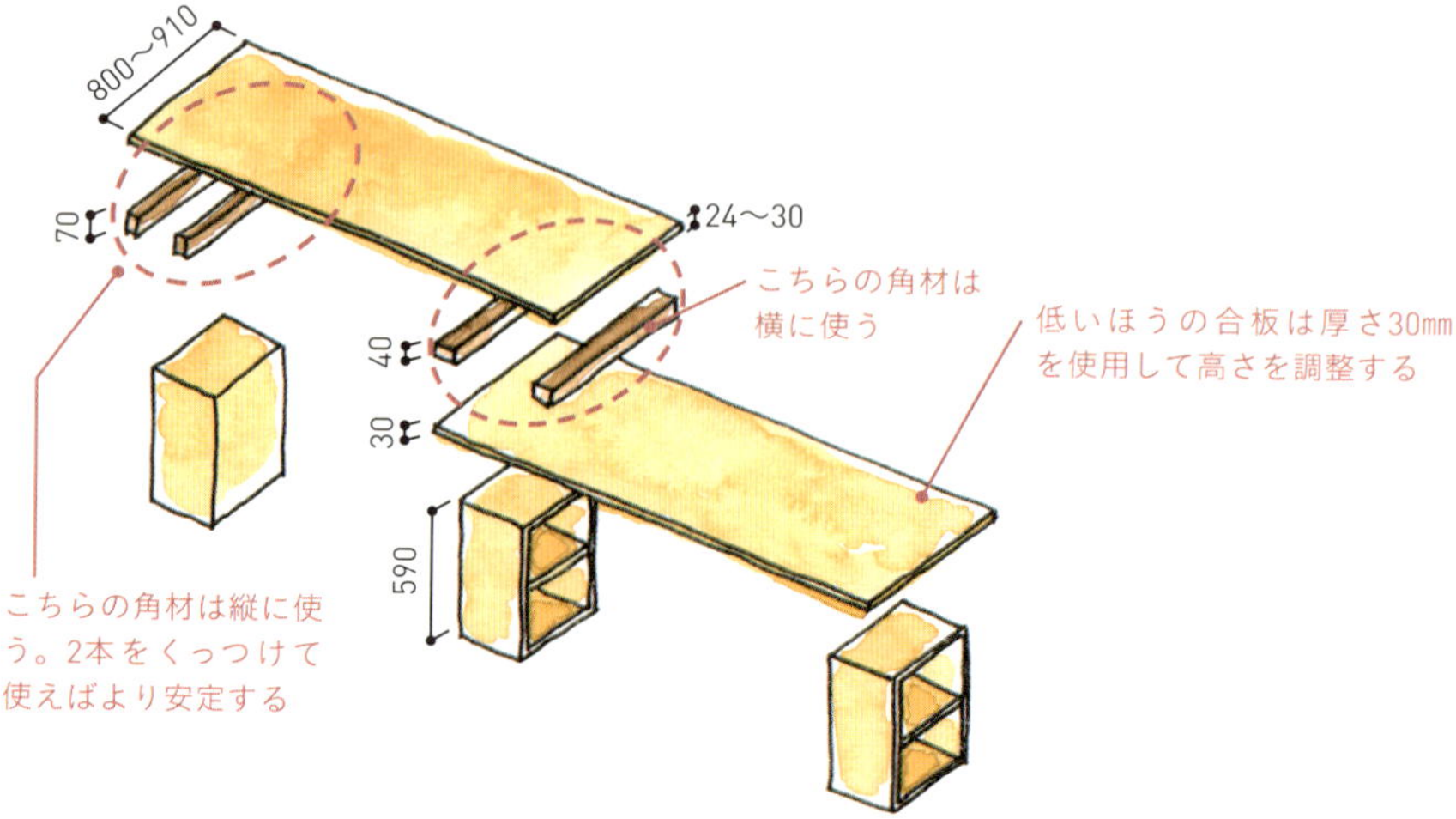
800〜910
70
24〜30
40
30
590
こちらの角材は横に使う
低いほうの合板は厚さ30mmを使用して高さを調整する
こちらの角材は縦に使う。2本をくっつけて使えばより安定する

こんな風に使う

高いほうのテーブルは高さ684〜690mm
高いほうは大人の家事に
低いほうは子供の勉強に
低いほうのテーブル高さは620mm
子供が小さい頃はダイニングテーブルで勉強をさせたいという家庭も多いはず
重なり幅を調整すれば、低いテーブルの範囲を小さくすることもできる
勉強道具やよく使う家事の道具を収納しておけば、片づけも楽々！

2人で並んで使っても、段差がスペースを区切るので、それぞれの作業がはかどります。

DIYでスッキリ

収納つきテーブルをオフィススタイルに

「く」の字に合板を重ねれば、仕事用のデスクに変身。
作業に必要な物が、手の届く範囲に無理なく並びます。

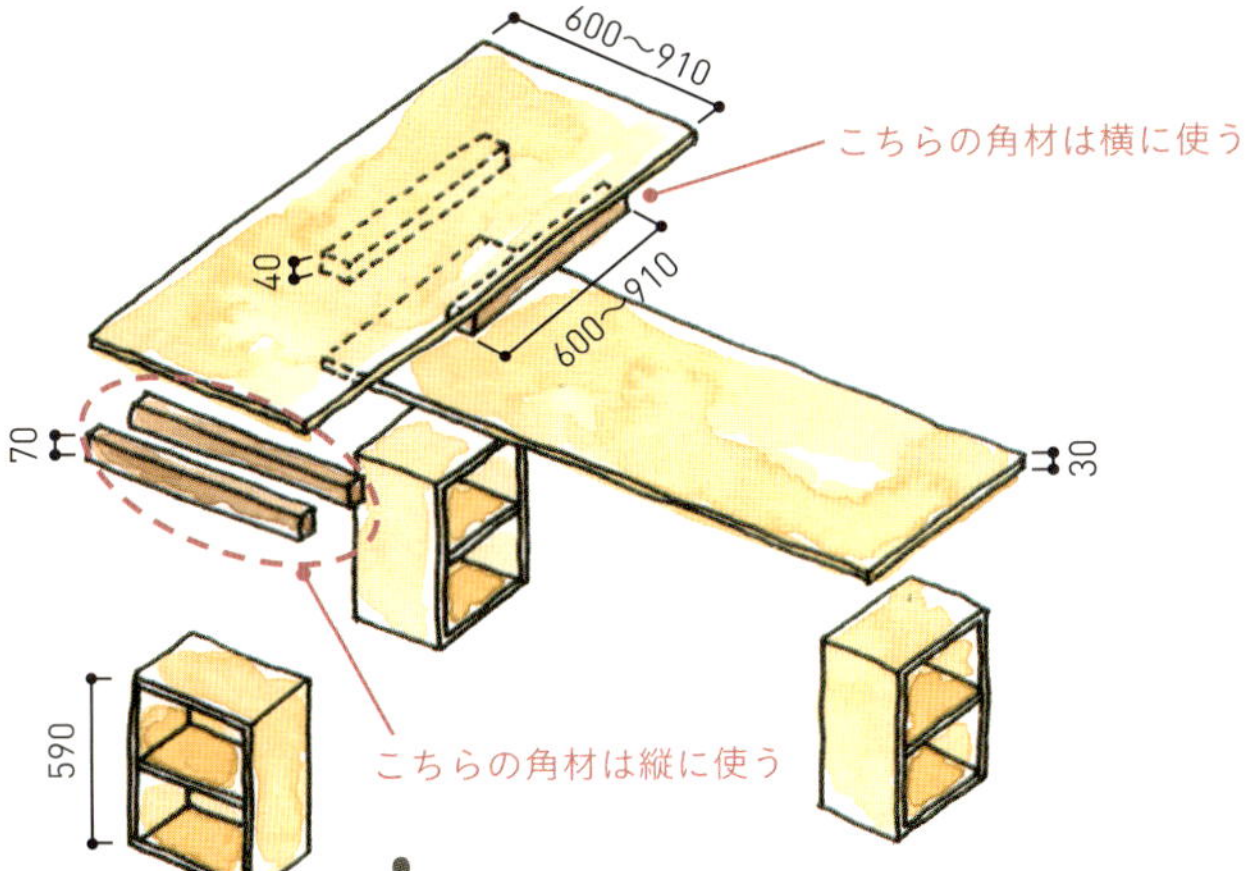

600〜910
こちらの角材は横に使う
40
600〜910
70
30
590
こちらの角材は縦に使う

こんな風に使う
最初から仕事用のデスクとして制作するのであれば奥行き600㎜でもOK
たくさんの資料や道具を広げて作業したいときに便利
複数人で使うデスクとしてもOK。部屋の形状にあわせてレイアウトも自由自在！
ディスプレイとの距離は400㎜以上確保。疲れにくい仕事机に

リビング・ダイニング②

読みかけの本も日用品も……物が散らかるリビング

使った物を、出した人が自分でしまってくれたら……
リビングは、収納とレイアウトで平和になります。

うちは子供も多いし、家族みんなが使ったら使いっぱなし。あっという間に散らかっちゃうよ。

いくら片づけてもキリがないよね。自分たちでちゃんと片づけられる、使いやすいリビングの収納はないかな。

家族それぞれが、使った物を元あった場所にちゃんと戻すようになったら、家事仕事がグンと楽になるよね。

私が一方的に言うだけじゃ、お互い疲れちゃうし、家族が無理なく自然に続けられる、片づけの方法があればいいな!

何ですぐ散らかっちゃうのかな。リビングの収納方法について考えてみよう。

基礎知識1

ソファーまわりに必要な寸法

リビングを大きく占めるソファー。
テーブルとセットで置くなら、さらにスペースが必要です。

ソファーのサイズ

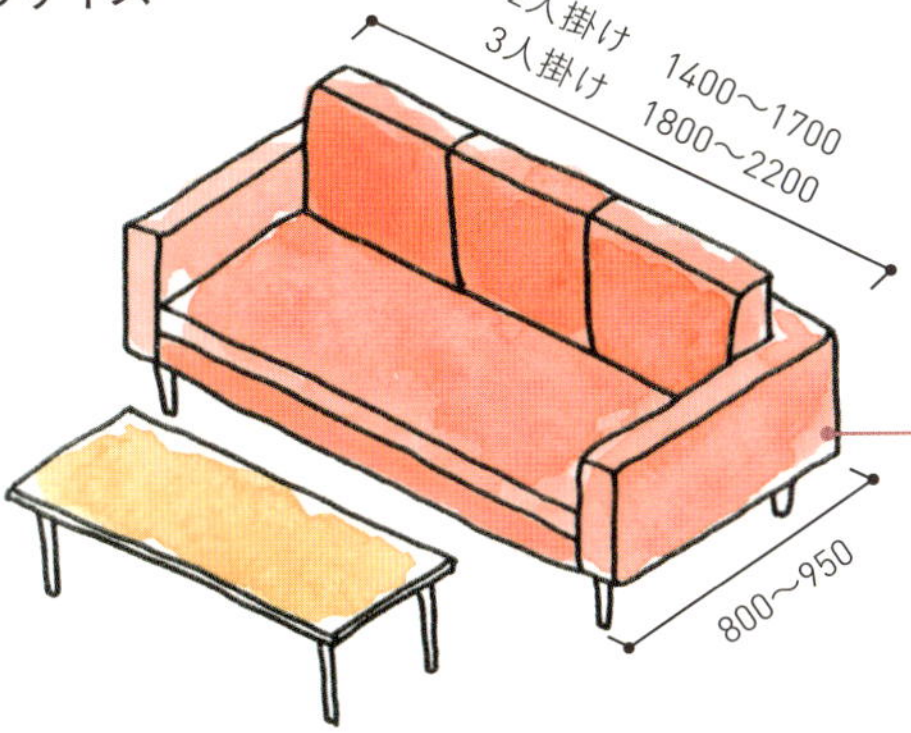
2人掛け 1400〜1700
3人掛け 1800〜2200
800〜950
同じ2人掛けでも、
デザインによって
寸法はまちまち

ソファーまわりに必要な寸法

ソファーとテーブル、その前にはテレビとテレビボード。この典型的なレイアウトは、通路幅を考えると、3m角のスペースを必要とします。

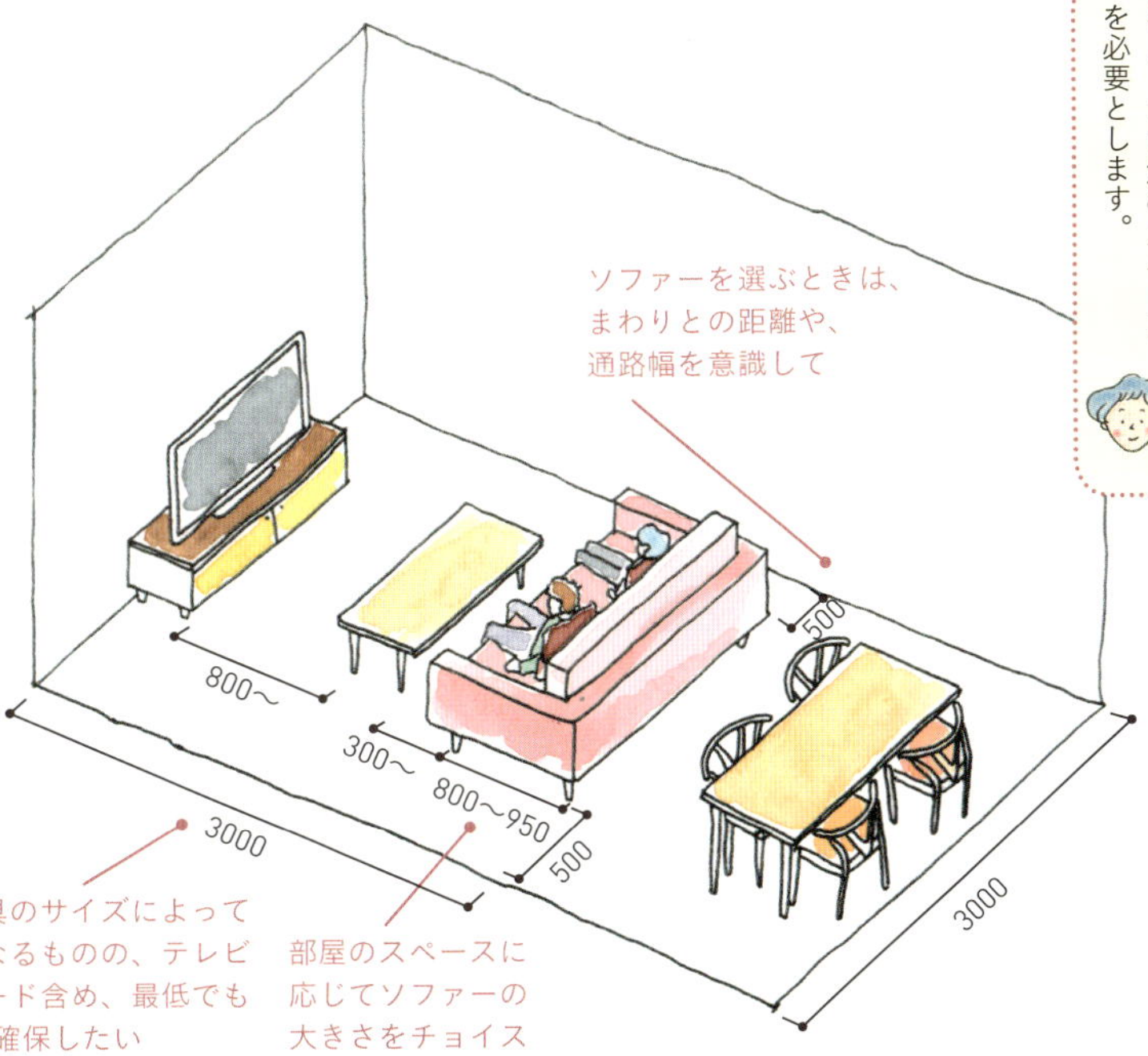
ソファーを選ぶときは、
まわりとの距離や、
通路幅を意識して
500
800〜
300〜
800〜950
500
3000
3000
家具のサイズによって
異なるものの、テレビ
ボード含め、最低でも
3m確保したい
部屋のスペースに
応じてソファーの
大きさをチョイス

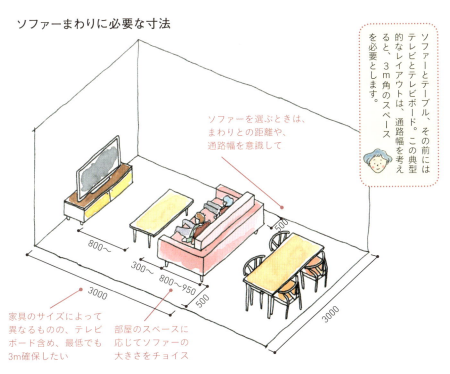

基礎知識2

話のはずむレイアウト

リビングは、家族との時間を過ごす場所。
良好な関係づくりに、ソファーのレイアウトが一役買います。

ソファーをテレビに向けるレイアウト

テレビが見やすいオーソドックスなソファーのレイアウト

ソファーを部屋の中心に向けるレイアウト

ソファーは壁に沿ってL形に
サイドテーブルで飲み物置場を確保
真向かいに座るより、直角の位置関係のほうがリラックスできて、話も弾む

オープンキッチンなら家事をしながらでも、家族を見守ることができる
ローテーブルをサイドテーブルに変えるだけで、スペースにもゆとりが
中央にゆとりができるので、子供も手足を伸ばして遊べる

簡単アイデアでスッキリ

ソファーの近くに収納を

ソファーまわりに物が出しっぱなし。気持ちよくくつろげないばかりか、掃除も大変です。ソファーの近くにチェストを置いて、生活用品のしまい場所に。物の定位置を決めることが大切です。

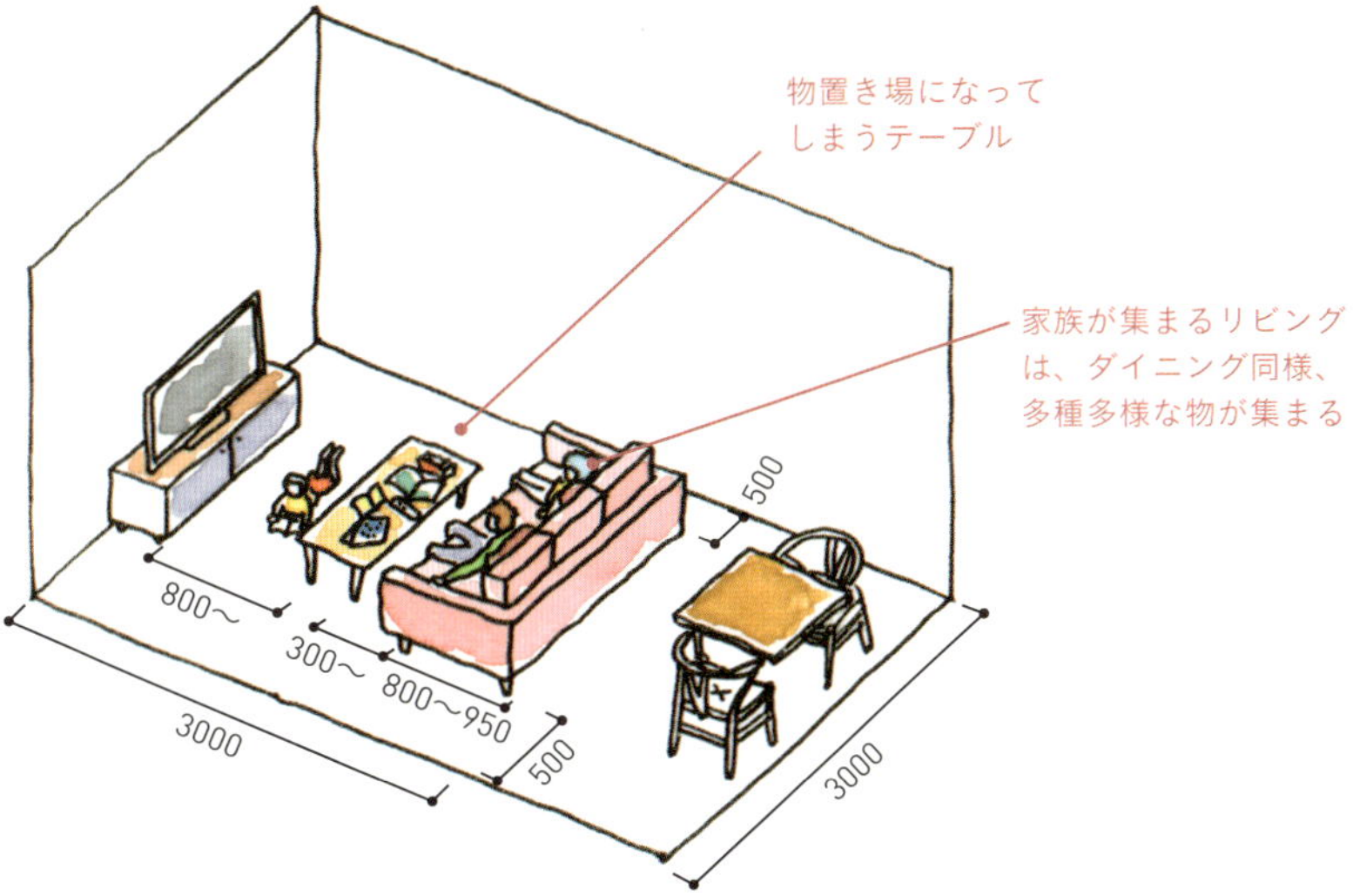
物置き場になって
しまうテーブル
家族が集まるリビング
は、ダイニング同様、
多種多様な物が集まる
800〜
300〜
800〜950
3000
500
500
3000

↓ チェストを置くだけで片づけしやすい

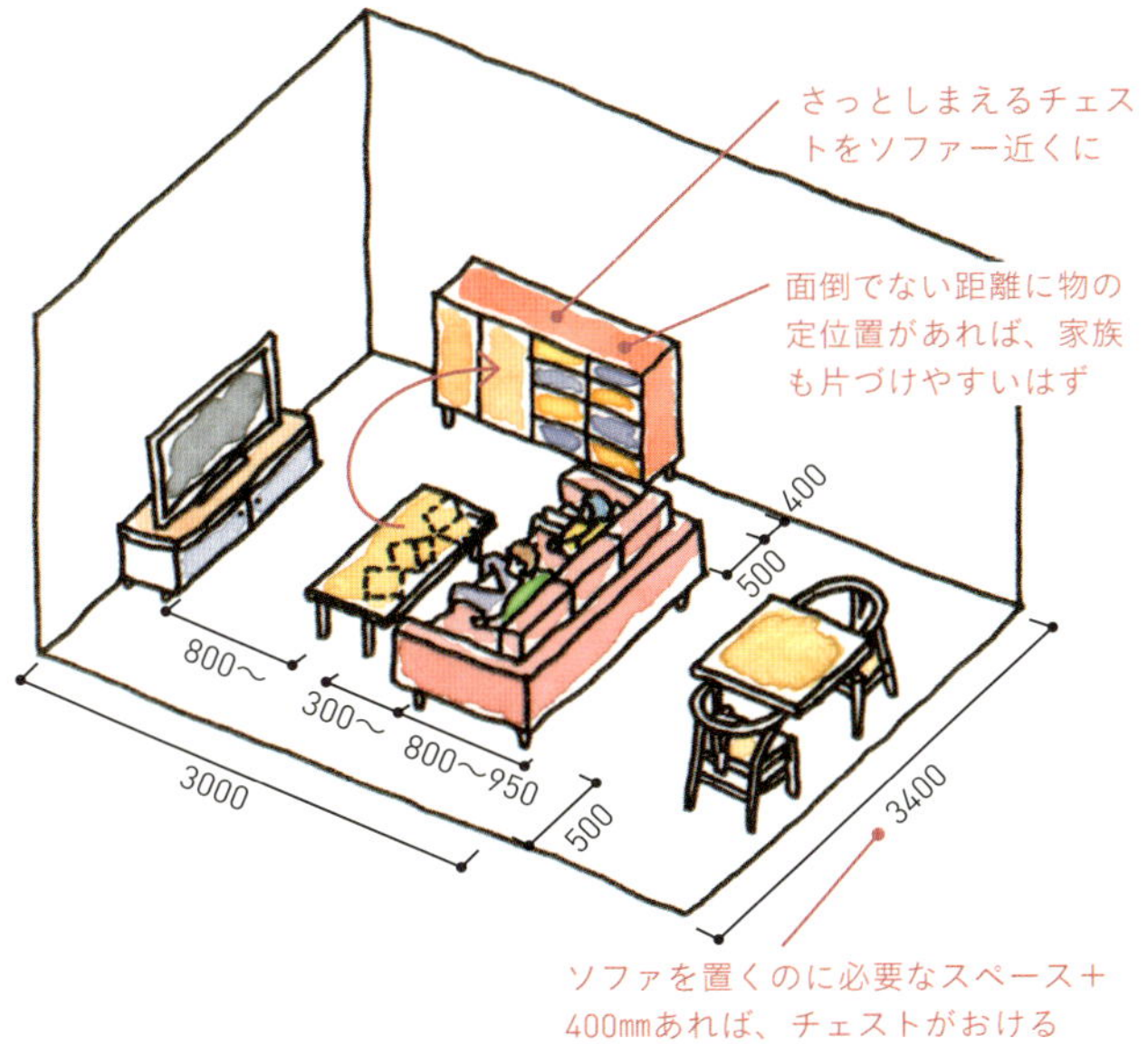
さっとしまえるチェス
トをソファー近くに
面倒でない距離に物の
定位置があれば、家族
も片づけやすいはず
800〜
300〜
800〜950
3000
400
500
500
3400
ソファを置くのに必要なスペース＋
400mmあれば、チェストがおける

すぐに使えて、すぐに戻せることが重要。スペースは必要ですが、チェストの位置はソファーから離れすぎてはいけません。

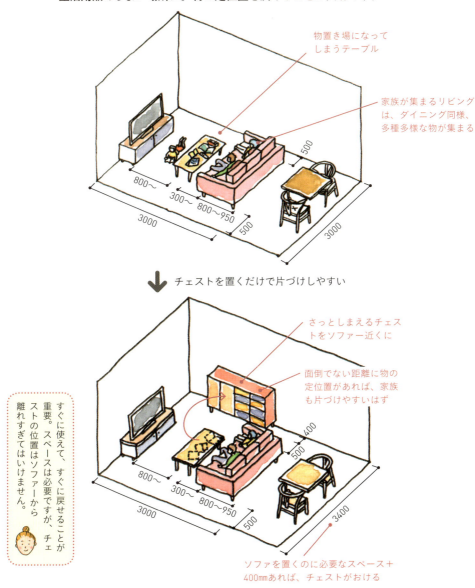

3段ボックスでつくる収納ソファー＋テーブル

収納つきのソファーとテーブルを、3段ボックスを使って簡単にDIY。
リビングに集まりがちの小物をサッとしまえます。

テーブル下は、
かごを入れて収納に
ソファーは
座面を開け
て収納

まずは収納つきソファーをつくる

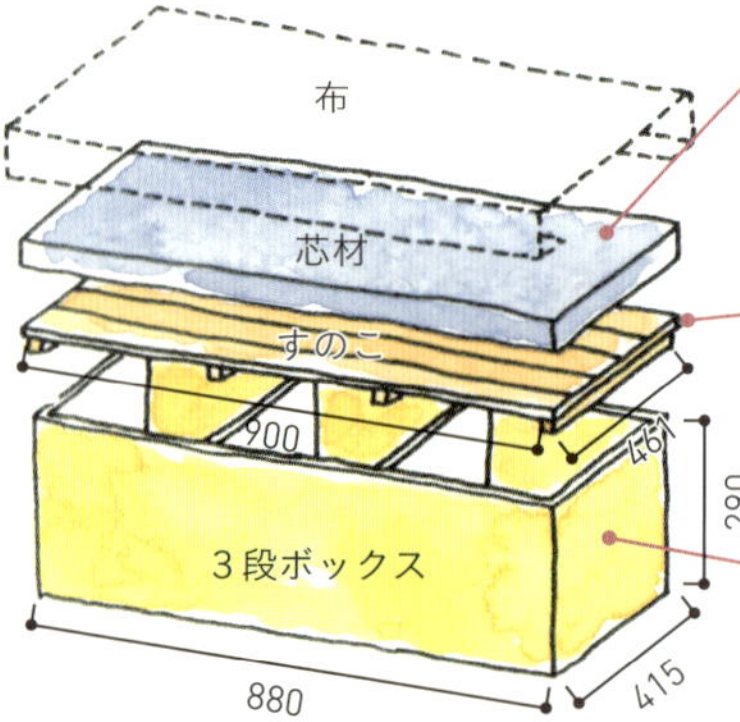
布
芯材
すのこ
900
461
290
3段ボックス
880
415

芯材はインターネット等で手に入る。すのこサイズにカットしたら、すのこと一緒に布でくるみ、裏側の布を、すのこにタッカーで固定

なるべくカットしないで使える、3段ボックスと同程度のサイズのすのこを選び、長いほうの1辺を蝶番で固定（下地の各か所）。多少大きくても問題ない

出し入れする側が天井に向くようにして使う。3段ボックスを選ぶポイントは①材料が肉厚の物、②棚板が固定されている物、③強度がある物

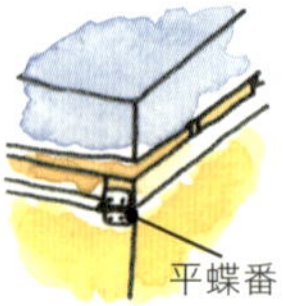
平蝶番

次に収納つきテーブルをつくる

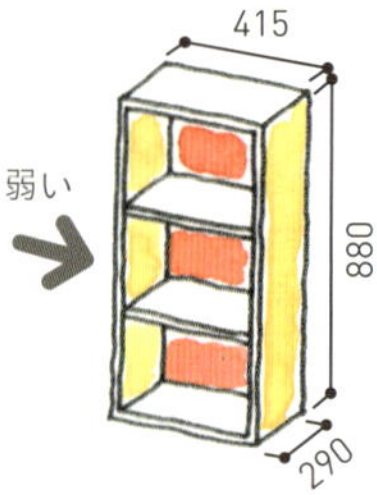
415
弱い
880
290

テーブルとして使う場合は、荷重があまりかからないので、加圧に弱い向きにボックスを設置しても問題ない

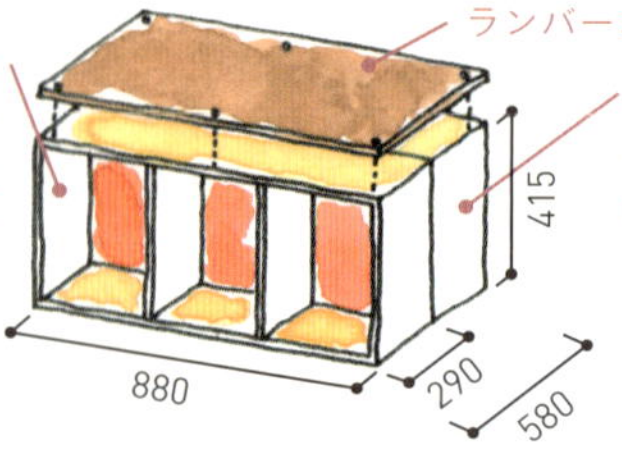
415
880
290
580

ランバーコア合板12㎜厚

ボックスを2つあわせて天板を乗せ、収納テーブルにする

間取りでスッキリ

収納力のあるつくりつけソファー

壁に沿ったレイアウトなら、ゆとりスペースが広がります。
スペースを有効活用して収納を増やしましょう。

端にテレビボード
テレビを見るだけでなく、会話を楽しめる空間に

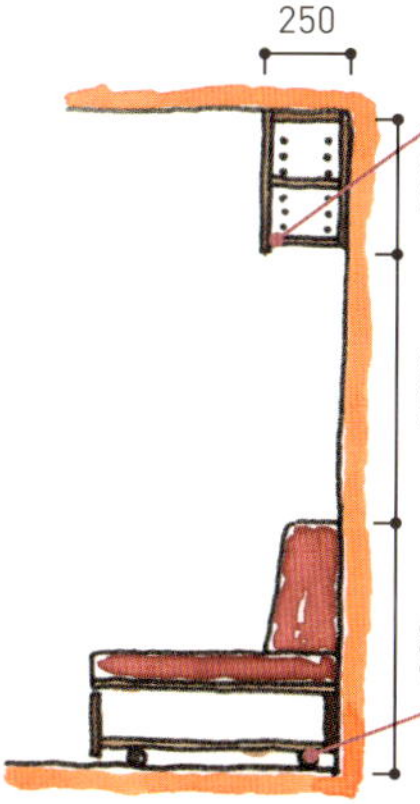
250
500
1000
900
ソファー上収納は、高さと奥行きに要注意。立ち上がるときにぶつからない寸法に
ソファー下にはキャスター付きの収納を

上から見ると……

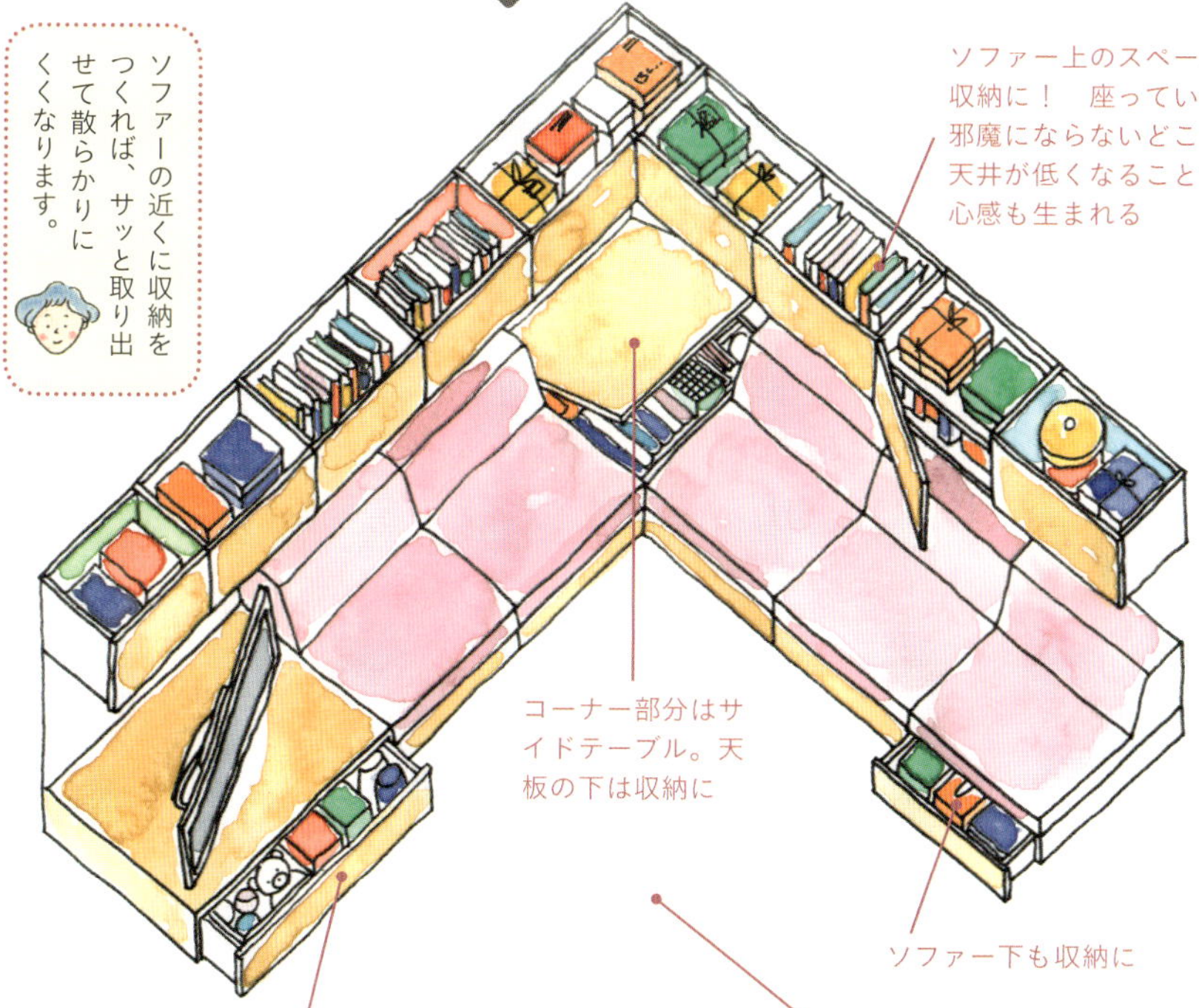
ソファーの近くに収納をつくれば、サッと取り出せて散らかりにくくなります。
ソファー上のスペースも収納に！　座っていれば邪魔にならないどころか天井が低くなることで安心感も生まれる
コーナー部分はサイドテーブル。天板の下は収納に
ソファー下も収納に
普段は見えないのでスッキリ！開けるとビックリの大収納
ソファー前のローテーブルがない分、ゆとりスペースが生まれる

リビング・ダイニングの収納部屋をつくろう！

リビングで使うさまざまな物と、細かい物の収納をまとめて収める「リビングクローク」をリビング・ダイニングの脇にしつらえましょう。

基本のリビングクローク

リビング側には家族共有の細々した物を収納し、リビングクローク内からもリビング側からも使えるように

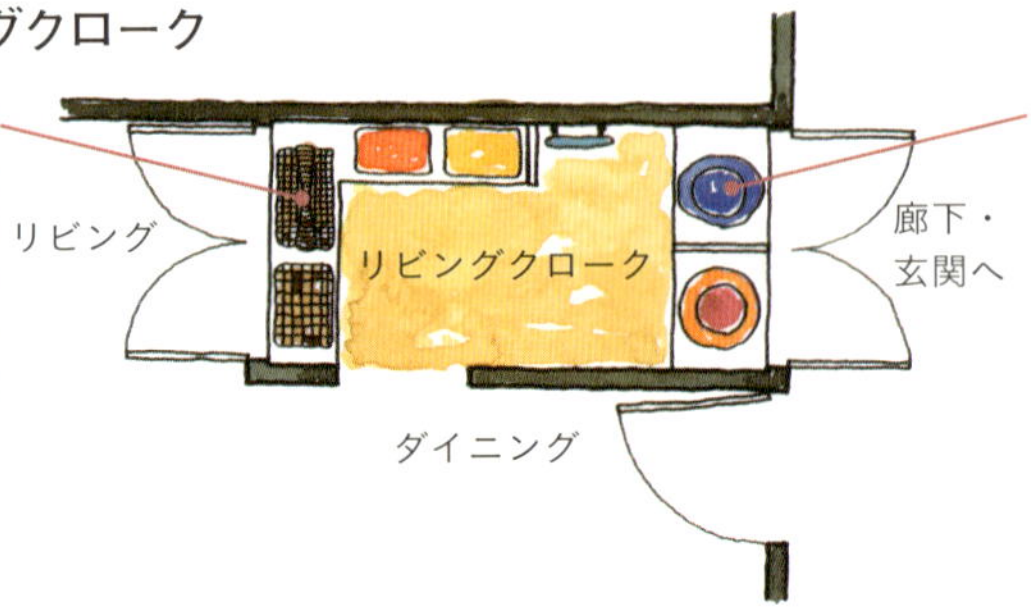

玄関側には外出時に必要なコートや帽子などを。掃除道具は玄関や廊下と面しつつ、室内からでも取れるように

「TVを見てリラックスをする」だけではないリビング。リビングですること、使う物をよく考えて、まとめて収納できる部屋をすぐそばにつくる。収納場所を離れた所に設けるのも、散らかりの原因

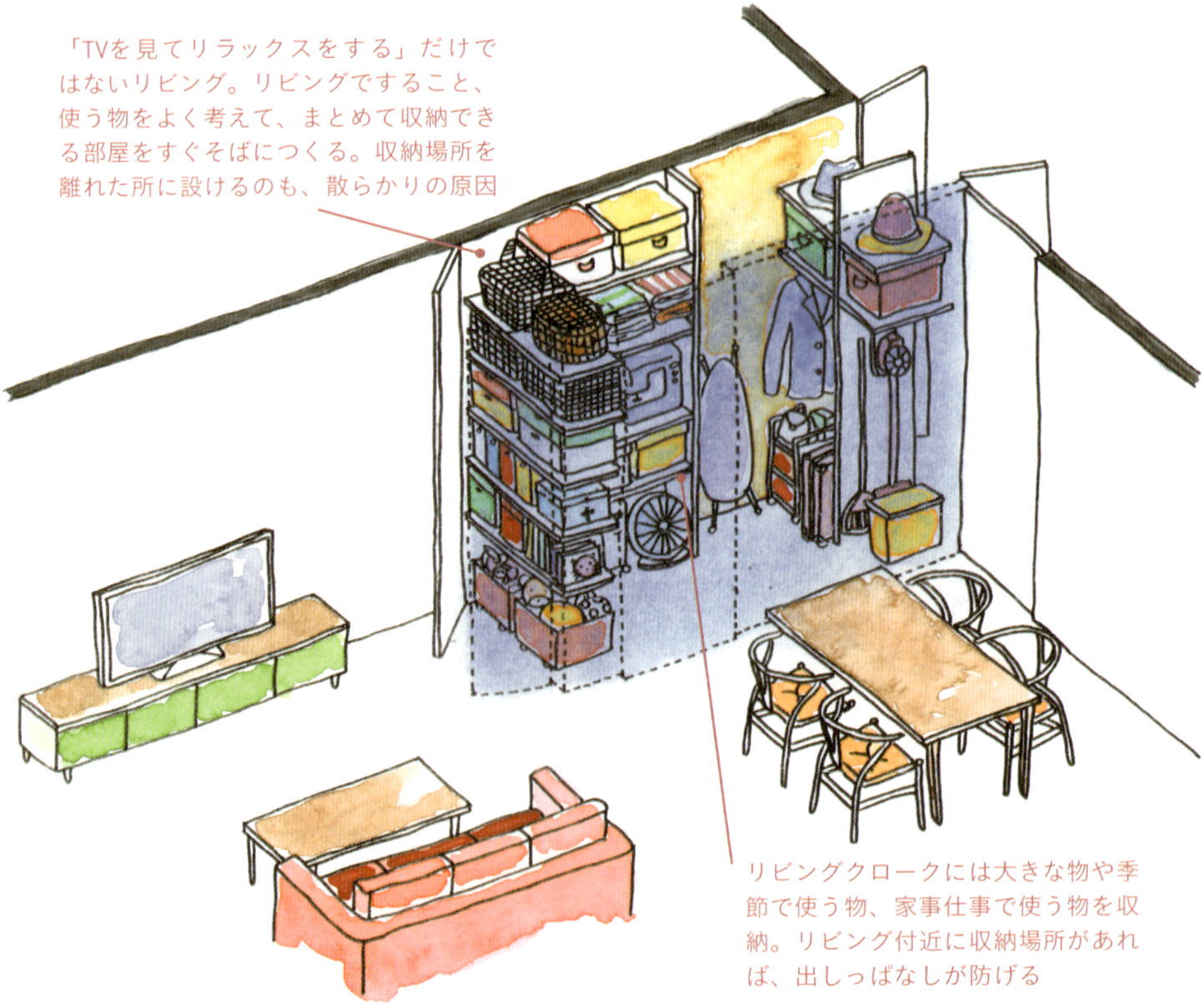

リビングクロークには大きな物や季節で使う物、家事仕事で使う物を収納。リビング付近に収納場所があれば、出しっぱなしが防げる

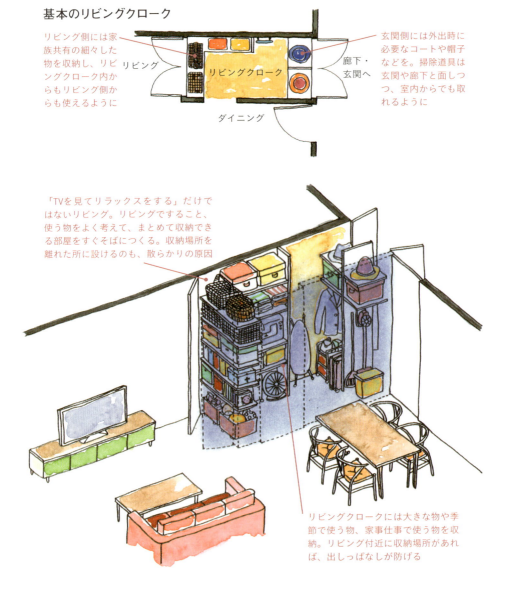

リビングクロークの一部に家事スペースをつくる

散らかりの原因の1つは、家族みんなで持ち寄ったいろいろな物を、定位置へ戻さないから。片づけには「物の住所の明確化」が重要です。

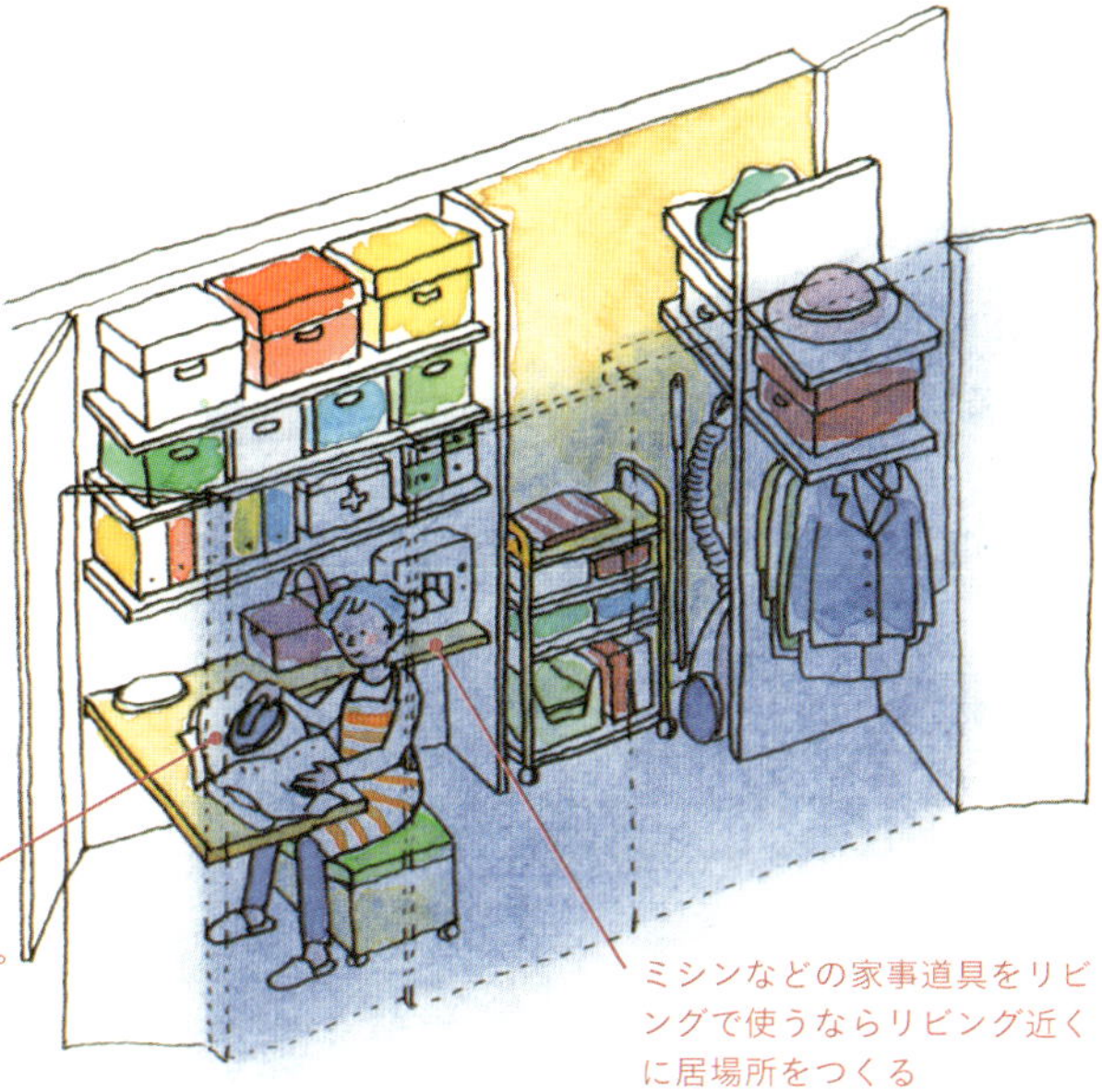

アイロン掛けなどのちょっとした家事が行えるカウンター。リビング側の扉を開けておけば、ながら家事ができ、リビングを散らかすこともない

ミシンなどの家事道具をリビングで使うならリビング近くに居場所をつくる

リビングクロークを家族共有の書斎型に

リビング脇のリビングクロークに机をつくりつける。リビングを散らかすような「作業」はすべてここで行う

壁面にはガラスなどを使うことで、作業中も窮屈にならないように。ブラインドをつければ、ここにこもることもできる

子供の勉強、PC作業などを、リビングにいる、家族との程よい距離感を保ちながら、集中して行うことができる

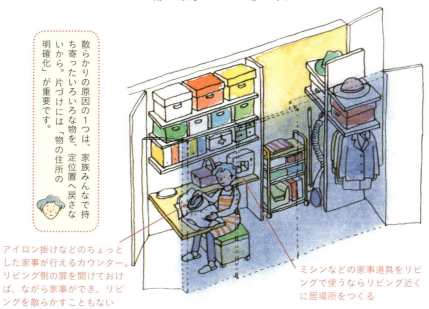

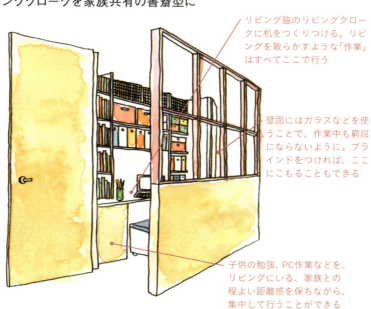

リビング・ダイニング③

子供のおもちゃが散らかりまくり

細々とした子供のおもちゃ。リビングで遊んで散らかると、片づけるのが大変。それなら、遊ぶスペースを限定してみては？

子供のおもちゃの収納ってどうしてる？子供部屋があっても、遊ぶ場所はリビングだったりするよね。

うちの子はまだ小さいから、リビングにおもちゃ棚を置いてるよ。遊びはじめると、あれもこれもといろいろ気移りして、部屋中めいっぱい散らかっちゃう。

そうなると、片づけが大変ね。気づかない所に入り込みそうだし、子供のおもちゃって、踏むとすっごく痛いよね。

遊んでいるうちに大人も疲れてくるじゃない？　ちょっと横になろうとしたらおもちゃでソファーが埋まってたり（笑）。

散らかりにくいリビングにしたいなあ。

簡単アイデアでスッキリ

遊ぶスペースをゆるく区切ってみる

スペースがある限り、遊びの範囲はどんどん広がります。
家具などで、遊ぶスペースをゆるく区切ってみましょう。

いつの間にか部屋全体が遊び場に。あちこち
に散らばったおもちゃを集めるのは一苦労

↓ 低い棚で区切るだけで……

遊ぶスペース
おもちゃを出していいのは
ここまで、と子供に伝える。
子供も、自分のスペースが
できたように感じて、その
中で遊ぶようになる
子ども用のテーブルや低い
棚を置くと、そこが境界線
となり、おもちゃの越境を
防ぐことができる
くつろぐスペース

間取りでスッキリ

段差で区切ろう

段差を利用して、子供のテリトリーを決めましょう。
リビングの一角に遊び場として小上がりをつくり、日常と遊びを切り離します。

リビングの一角につくった小上がり。4.5帖程あれば立派な遊び場に。お母さんの目の届く位置なら、大人も子供も安心

床材は畳やカーペット。お昼寝スペースにもできる

小上がりの高さは300mm。子供が自分で乗り降りしやすい

小上がりの下をおもちゃ用の収納に。引き出しを開けてそのまま入れれば、片づけも簡単！

ブラインドで区切れば……

急な来客や、子供に遊びを忘れさせたいとき、ブラインドを降ろして隠すこともできます。

散らかっている小上がりも、ブラインドで隠せば気にならない。子供が大きくなったら、この小上がりを客間にしても

子供のカラフルなおもちゃが目に入らないだけでも、部屋が落ち着いた印象に

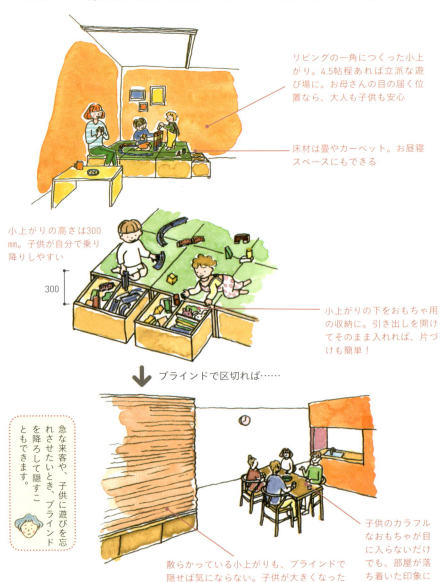

COLUMN

おもちゃを選ぶときには片づけやすさも意識して

子供のいるご家庭では、おもちゃの収納場所も悩みの種です。子供のおもちゃはカラフルで細々している物が多く、大人の持ち物より散らかって見えがち。親だけでなく、祖父母からも貰ったりしていると、家はあっという間におもちゃで溢れかえります。

☑ リビングには、つくりつけの引き出し収納があると便利

我が家では、ソファー下におもちゃ収納スペースをつくりました。大きな引出しはキャスターつきで、小さい子でも引き出すことができます。一般的な収納をおもちゃ置き場にすると、扉を開けて棚からおもちゃを降ろすことになります。一方、ソファー下から引き出せる収納であれば、子供でも取り出しやすく、おもちゃも上からパッと見ることができます。

結果、これは大正解でした。今では遊びに来たお友達も自分でおもちゃを出して片づけてくれます。このような形でなくても、本文中で紹介しているような子供が片づけやすい収納の仕組みをつくってみてください。子供も含め、家族の協力なしでは、美しい住まいは維持できません。

☑ おもちゃ選びは片づけやすさも考慮して

また、あらかじめ「物は収納に入るだけ」と決めておけば、必要以上に増えることもありません。出しっぱなしのおもちゃもなくなります。

おもちゃは、なるべくシンプルで丈夫、そして色々な遊びに発展できるもの、この条件にあう物を選んで購入します。ある程度子供が大きくなってきたら、よく話し合ってお互い納得のいくものを選びましょう。本当に欲しいものなのか、どのように遊ぶのか、どれだけ強い意思で欲しいと思っているのかを確認し、何度か話し合いを重ねてから購入します。これなら、際限なくおもちゃが増えることはないはずです。子供のプレゼンテーション能力も身につく、そんなおまけもうれしい我が家の一石二鳥のルールです。

リビング・ダイニング④

脱いだコートや鞄が置き去り

帰ったら、まずくつろぎたい。脱いだコートを部屋へ持って行くのは面倒。
そして次の行動を始めて。あれ？　コートは？　そのまま？

日中はスッキリ片づいているのに、子供や夫が帰った途端、急に家が散らかるなんてこと、ない？

あるある！　子供も夫も、鞄やコートをリビングに置き去りにするの！

まあ気持ちはわかるんだけど。私も帰宅後すぐにクローゼットにしまう気にはなれないから……。あと、収納場所がリビングから離れていると、しまいに行くのが面倒よね。

玄関付近に一時的に置ける場所があれば、このモヤモヤから解放される気がする。

家族みんなが自然と、いつも同じ場所に置けるようにしたいよね。習慣になるような定位置を決めるのがいいかも！

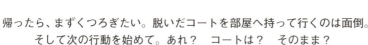

簡単アイデアでスッキリ

コートや鞄の一時置き場をつくる

脱ぎっぱなし、置きっぱなしが散らかりの原因。
家族ひとりひとり専用の、一時置き場をつくりましょう。
一時置き場は、散らかしてしまう場所の付近か、そこに行くまでの動線上に。
習慣づけられることがポイントです。

すっきりした
リビングで
リラックス

リビングに
鞄やコートは
持ち込まない

鞄やコートは一時置き場に。
ただし、あとでしまう所へ
移動させることを徹底する

コートや帽子、
鞄を持って帰宅

どんな一時置き場が使いやすい？

リビングなどに持ち
込まないことで、花
粉症対策にもなる

おすすめはワンアク
ションで、片づけら
れる引っ掛け収納！

着ていた湿気や外気の
汚れを逃がすには、引
っ掛けておくのが一番

下部は子供用。
自分専用の場所は
うれしいもの

家族それぞれの専用
ロッカーをつくるの
もおすすめ

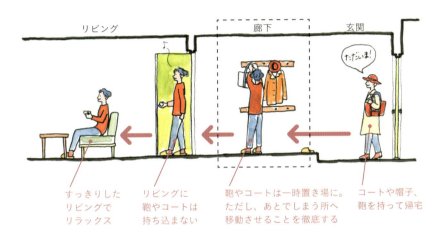

玄関とリビングの間のウォークスルー収納

玄関からリビングに行く間に、リビングクロークを設けてみましょう。
鞄やコートの一時置き場にすれば、廊下もリビングも、いつもスッキリです。

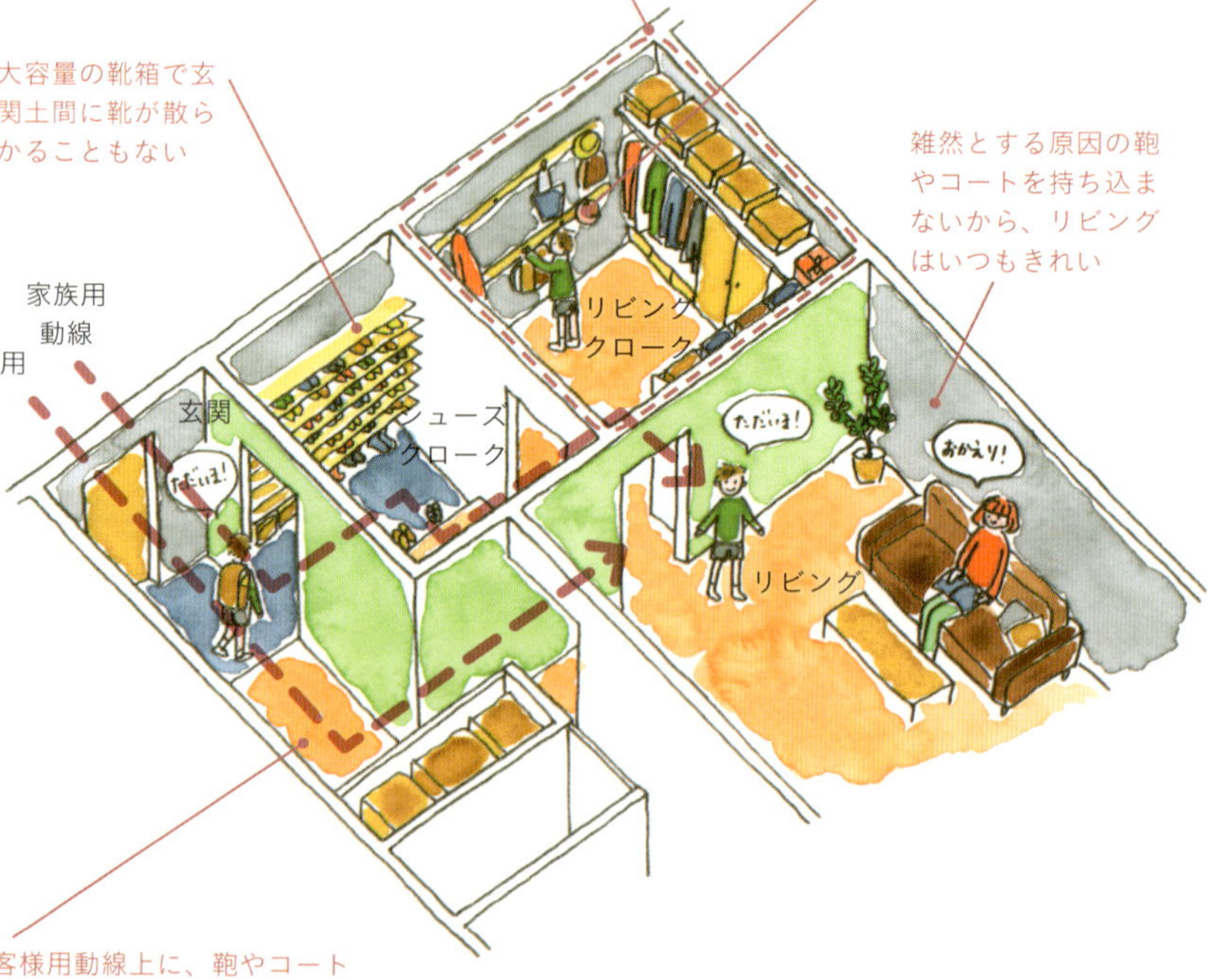

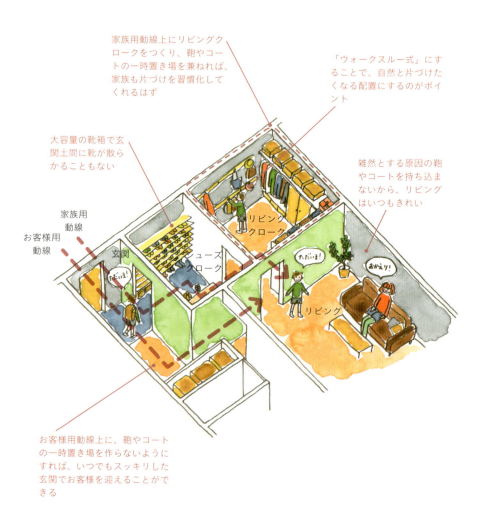

COLUMN

片づけ・掃除を楽しみに変える方法

毎日の家事は大切。でも本音をいえば、「面倒くさい」「毎日同じ作業の繰り返しで嫌」など、ちょっと辛く感じるときもありますよね。毎日のことだからこそ、ストレスなく行いたいもの。次のように、ちょっとした工夫をしてみると、片づけや掃除が楽しみに変わります。

☑ ものに対して、感謝の気持ちを込める

「いつもありがとう」と心を込めて掃除をしよう。そんな気持ちは、物だけでなく自分の心も清らかにしてくれます。

☑ 早起きは三文の得、早朝掃除のススメ

早朝に掃除をして代謝を上げると、一日が気持ちよく過ごせます。朝食前の一仕事はいかがでしょう。空腹時に身体を動かすのが、ダイエットにもっとも効果的だとか。

☑ 力の入れどころ、抜きどころを分ける

部屋の床掃除は週一回だけなどと、手を抜くところを決めましょう。そのかわり、玄関だけは毎日きれいにするなど、力を入れるところをつくることで、家事に対する罪悪感が減ります。

☑ 音楽をかけてノリノリで

好きな音楽を聴きながら行うと、苦手なことも楽しい時間に。アップテンポの曲を選べば、おのずとテキパキ動けます。

☑ ローテーションを決めて「考えない」掃除

月曜日は風呂、火曜日はトイレなど、曜日を決めてしまえば、「お風呂掃除はいつしたかな？」などと、いちいち考えずに済みます。

キッチン①

なぜか料理に時間がかかる……

料理をしながら、キッチンを行ったり来たりしていませんか？
適材適所の収納ができれば、毎日の調理時間短縮にも繋がります。

我が家は育ち盛りの男子が3人いるから、料理に時間がかかっちゃって……。

毎日の掃除や片づけはサボれても、料理はしないわけにはいかないものね。短時間でパパッと済ませられるといいなあ。

料理をしていて、キッチンに何となくストレスを感じることもあるよね。

そうそう！　でも毎日何度も使っている場所だから、体が慣れてしまって、自分では不便さに気づきにくいのよね。玄関やリビングと違って、私以外はあまり使わないから、誰かに指摘されることもないし。

気づけていない不便さを改善して、料理がスムーズに楽しめるキッチンにしたいな。

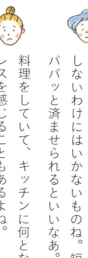

基礎知識1

システムキッチンの寸法

一般的なキッチンを例に、まずは寸法を知りましょう。

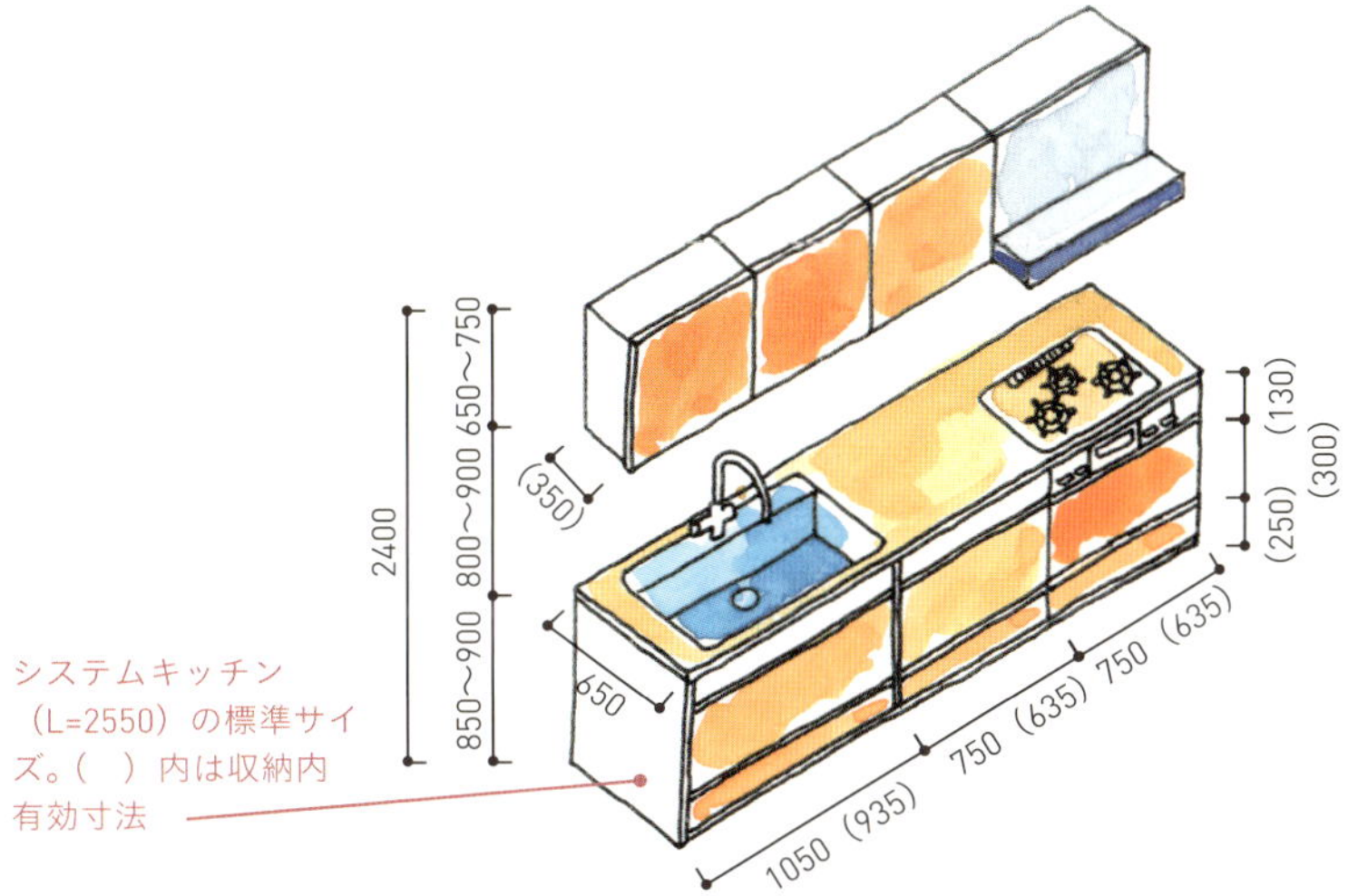

基礎知識2

ワークトライアングルを適切に

スムーズに動けるかは、
コンロ・シンク・冷蔵庫の距離で決まります。

シンク、コンロ、冷蔵庫の3点を結ぶ動線を、ワークトライアングルと呼びます。

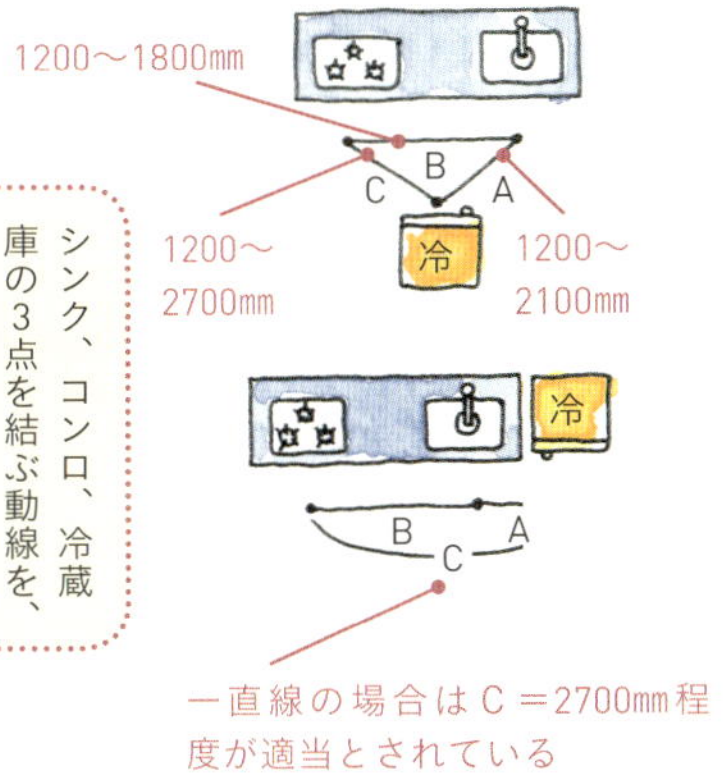

基礎知識3

キッチン収納の高さ

どこに何を収納するか考えましょう。

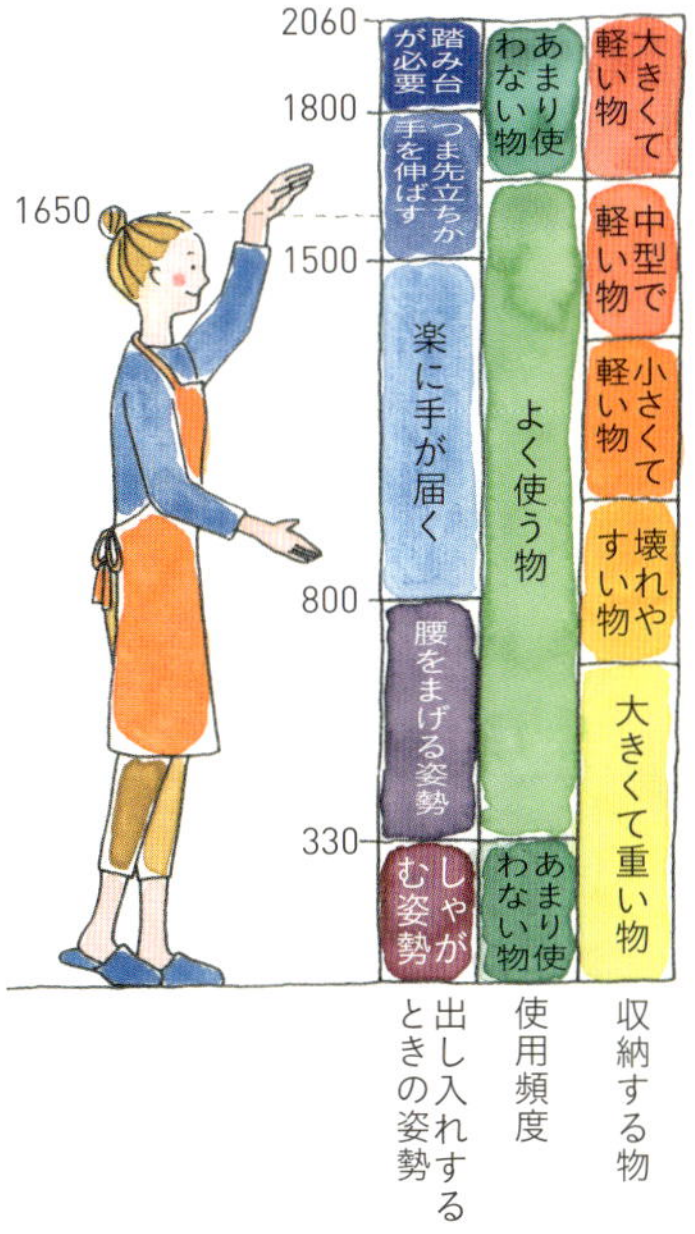

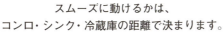

基礎知識4

調理スペースを確保

一般的なまな板の長さは360㎜。調理スペースは600㎜以上あると、
まな板の他に食材も置くことができます。

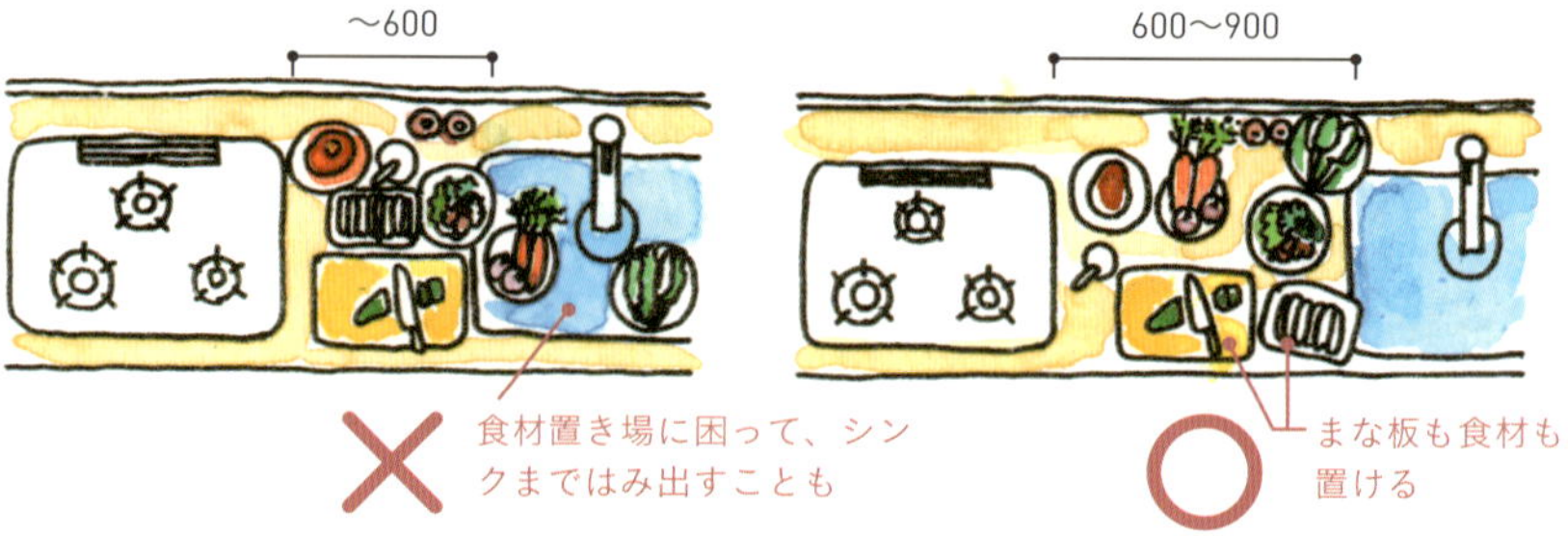

〜600
600〜900
食材置き場に困って、シンクまではみ出すことも
まな板も食材も置ける

基礎知識5

通路幅は使用人数に応じて

同時にキッチンに立つ人や来客の有無など、
家庭ごとの利用人数に応じた通路幅を考えましょう。

1人で調理する場合

幅が900㎜前後あると引き出しを開けても取り出しやすい
800㎜前後あれば配膳も問題なくできる

週末に夫が料理を手伝ってくれるけど、通路が狭くてぶつかることが多いなぁ。

2人で調理する場合

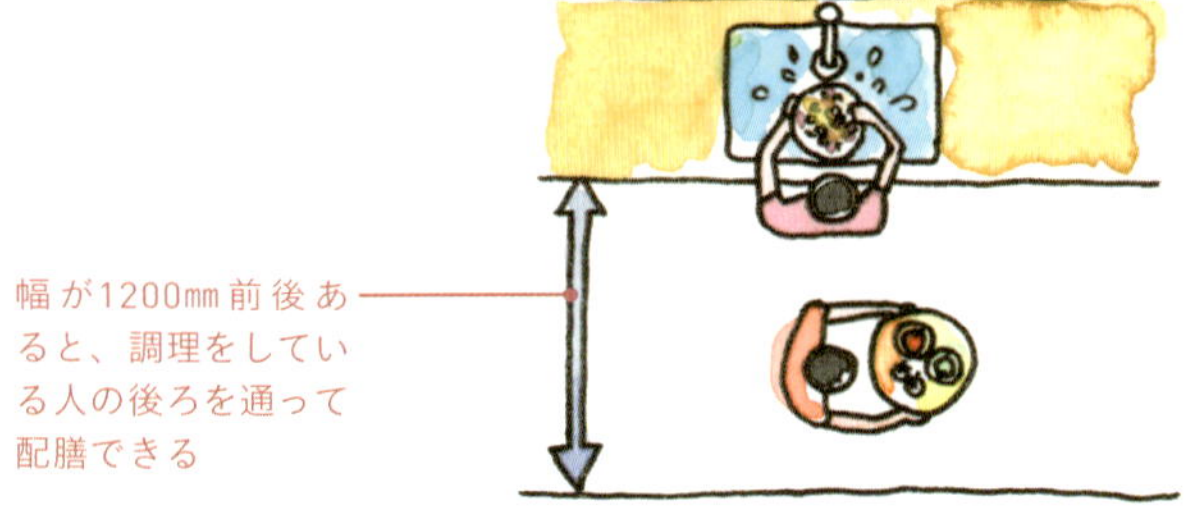

幅が1200㎜前後あると、調理をしている人の後ろを通って配膳できる

通路幅が広すぎると、キッチンの背面に収納がある場合、物が取りづらくなることも。適切な通路幅にすることで、無駄な動作が減り、料理時間も短縮できます。

基礎知識6

使いたい物と使う場所の関係

何をどこで使うか見直しましょう。使用する物を厳選し、
使う場所ごとに収納することが、使い勝手のいいキッチンの基本です。

基礎知識7

物のグルーピング

キッチンにある物をグループ分けしてみましょう。
おのずと、どこにしまえば使いやすいキッチンとなるのかが、見えてきます。

調理中によく使う物は工程順にグルーピング

下ごしらえやシンクでよく使う物（包丁、まな板、ボウル、ざる、ラップ、計量カップなど）

シンク下へ

主に混ぜたり調味したりするときに使う物（小さな道具、乾物、液体調味料など）

調理台下へ

加熱調理に使う物（フライパン、鍋のほか、加熱のときに使う油や調味料も近くにあるとよい）

コンロ下へ

ときどきしか使わない物やストック品は重量別に

軽い季節用品やストック品（キッチンペーパー、プラスチックパック、重箱など）

吊り戸棚へ

重いストック品、季節の物（カセットコンロ、土鍋など）

キッチン収納の最下部へ

基礎知識8

使う場所に使う物を収納

コックピットのように、手を伸ばすとすべての物が取り出せて、
スムーズに作業に入れるキッチンなら、料理時間が短縮できます。

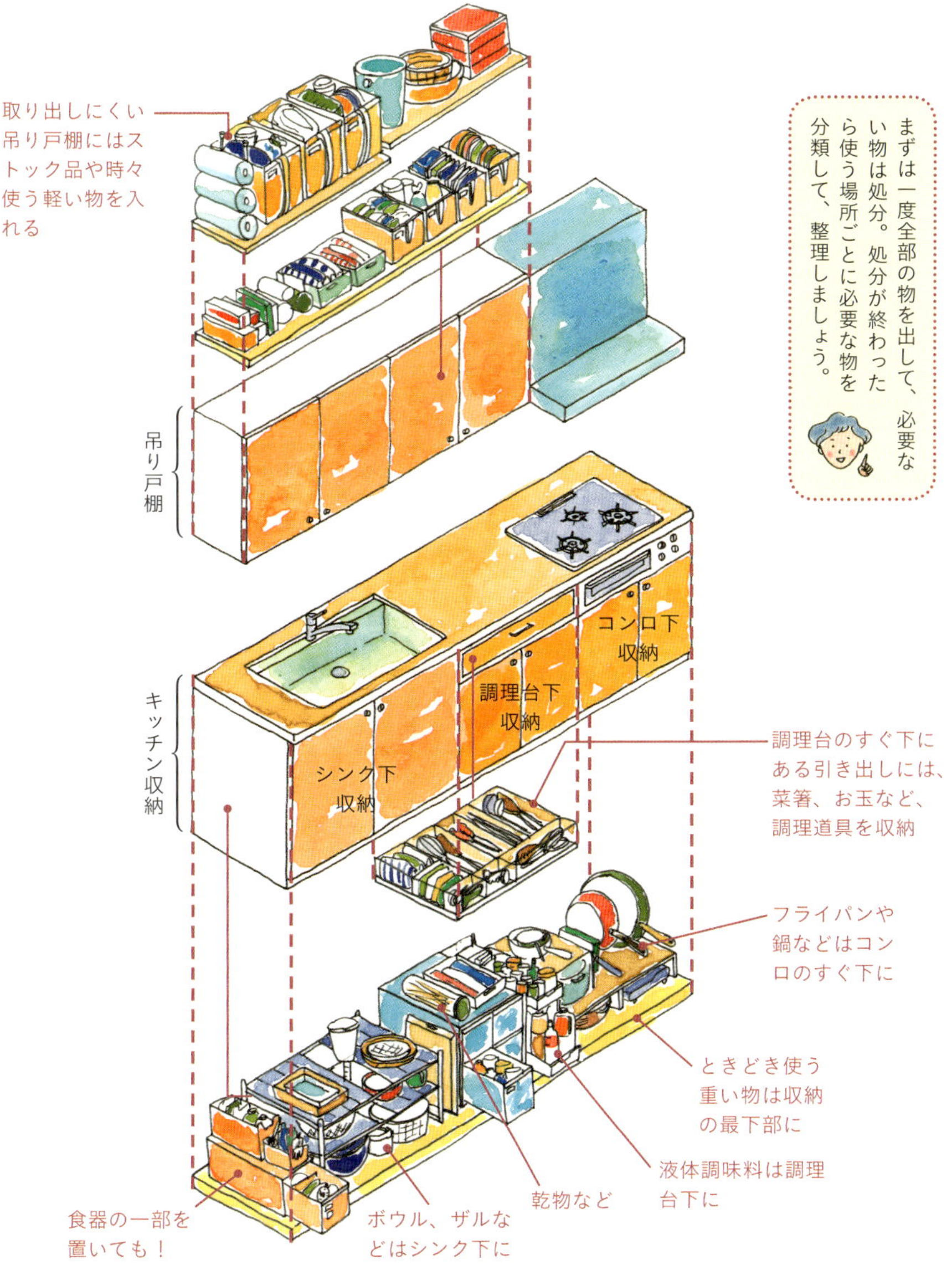
取り出しにくい吊り戸棚にはストック品や時々使う軽い物を入れる
吊り戸棚
キッチン収納
コンロ下収納
調理台下収納
シンク下収納
調理台のすぐ下にある引き出しには、菜箸、お玉など、調理道具を収納
フライパンや鍋などはコンロのすぐ下に
ときどき使う重い物は収納の最下部に
液体調味料は調理台下に
乾物など
ボウル、ザルなどはシンク下に
食器の一部を置いても！

まずは一度全部の物を出して、必要ない物は処分。処分が終わったら使う場所ごとに必要な物を分類して、整理しましょう。

キッチン②

シンク下の奥行きが深くて使いづらい

あれー？スポンジのストックがあったはず…
ゴンッ

奥が深く、配管もあるシンク下。収納する物は小物も多いため、便利グッズを活用しましょう。

うちのシステムキッチンは、シンク下収納が使いづらくて困っているの。

扉タイプのシンク下収納って、奥行きも高さもあるから、効率的に使うのが難しいよね。私も仕事で、扉タイプの収納を使いこなせていない住宅をよく目にするよ。

最近のシステムキッチンは、引き出しタイプの収納になっていることが多いけれど、賃貸は扉タイプがほとんどよね。

ザルやボウルはサッと取り出したいな。

シンク下にしまう物

洗剤類

スポンジ

まな板

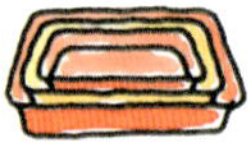

トレー

ボウル

ザル

基礎知識

シンク下収納

シンク下収納はシンクや配管類があるので、使えるスペースは限られています。

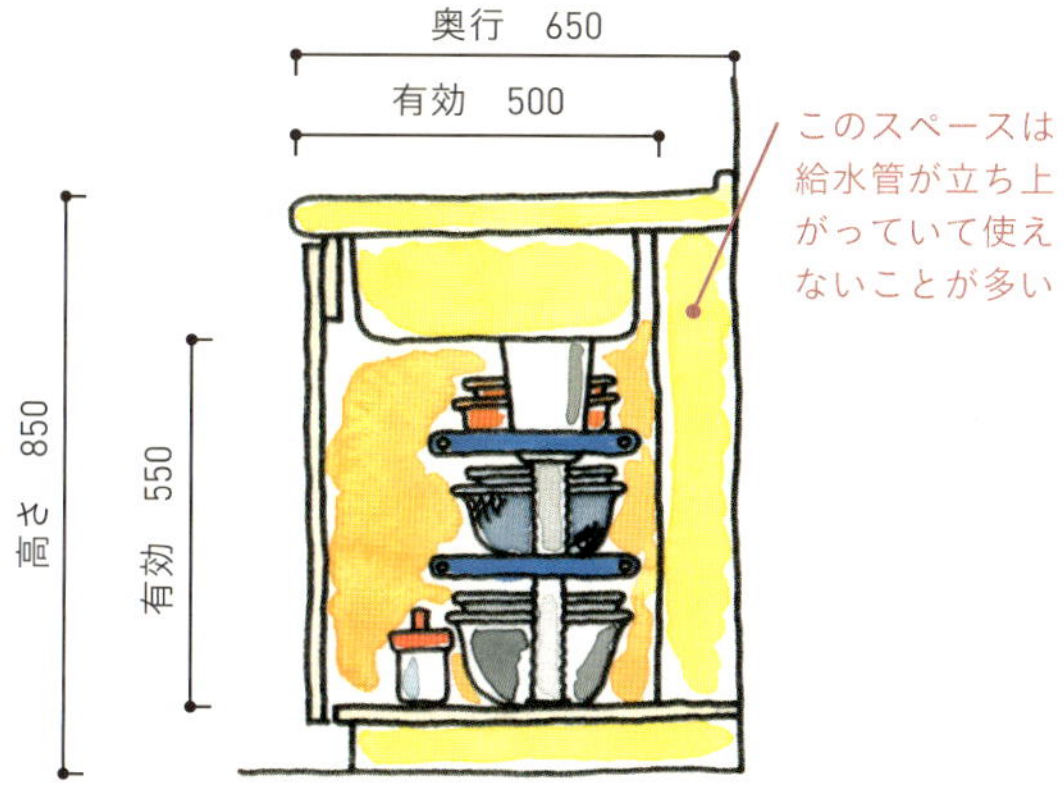
奥行 650
有効 500
高さ 850
有効 550
このスペースは給水管が立ち上がっていて使えないことが多い

シンク下は湿気がある場所なので、食品は置かないようにするとよいでしょう。

便利グッズでスッキリ

シンク下専用のラックを使おう！

ボウルや洗剤など、シンク下の高さを生かして
たくさん収納できる専用ラックを選びましょう。

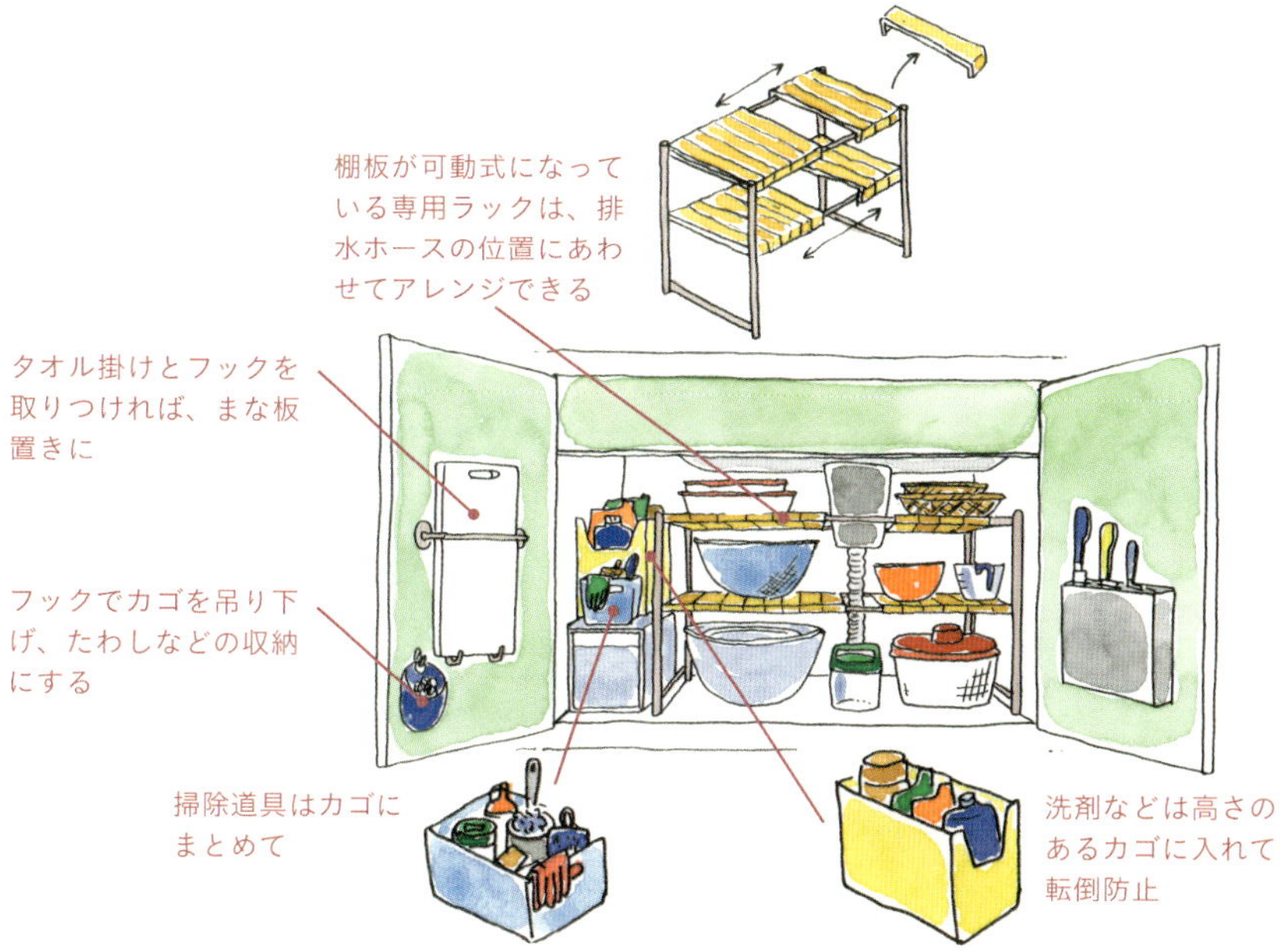
棚板が可動式になっている専用ラックは、排水ホースの位置にあわせてアレンジできる
タオル掛けとフックを取りつければ、まな板置きに
フックでカゴを吊り下げ、たわしなどの収納にする
掃除道具はカゴにまとめて
洗剤などは高さのあるカゴに入れて転倒防止

キッチン③

鍋やフライパンが出し入れしにくい

フライパン出すだけで重労働なんだよなあ
ガチャ
ガチャ

重たくてかさばる鍋やフライパン。
重ねて入れたら取り出すだけで一苦労。

鍋やフライパンって、形がいろいろあって収納しづらいよね。重たいから、重ねると取り出しにくいし。気に入って買ったホーロー鍋も、出番が遠のいてるよ……。

ほんとにそう！　コンロ下収納は、シンク下と同じで奥行きも高さもあるから、うまく収納しないと空間が余ってもったいないしね。

サッと出せれば、料理の幅が広がるんだけどなあ。もっと使いやすい収納にしたーい！

コンロ下にしまう物

鍋蓋

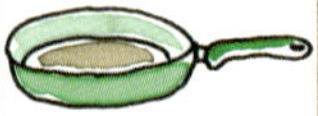
フライパン

雪平鍋

揚げ物鍋

エッグパン

土鍋

ホーロー鍋

カセットコンロ

基礎知識

コンロ下収納

コンロ下も見かけより、ずっと収納スペースが少ないのです。

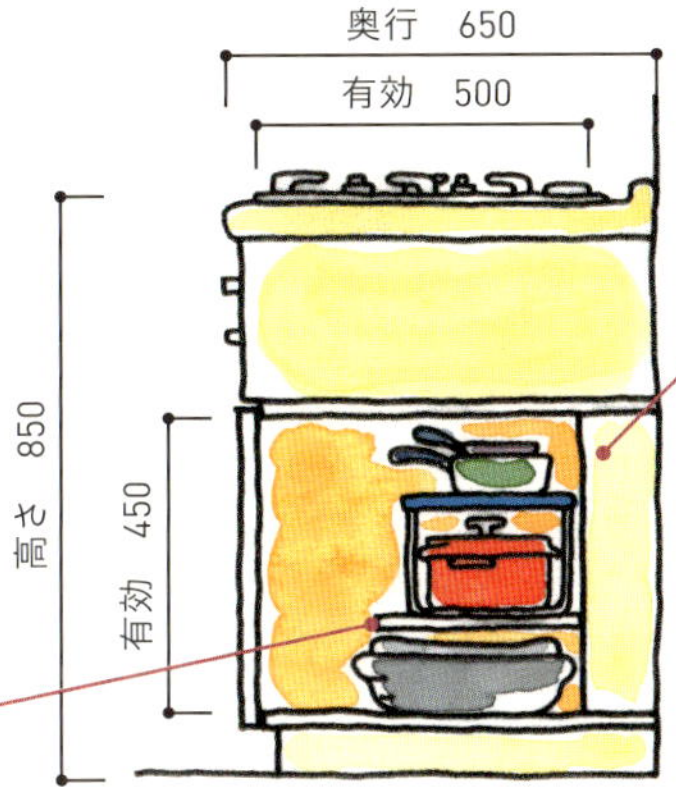

DIYでスッキリ

重い物用の棚をつくろう！

低い位置に棚をつくって、スペースを有効活用しましょう。

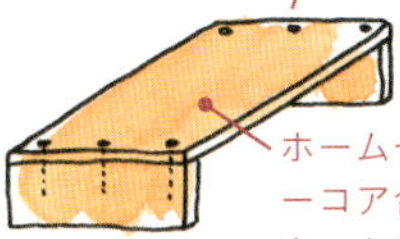

材料はこちら

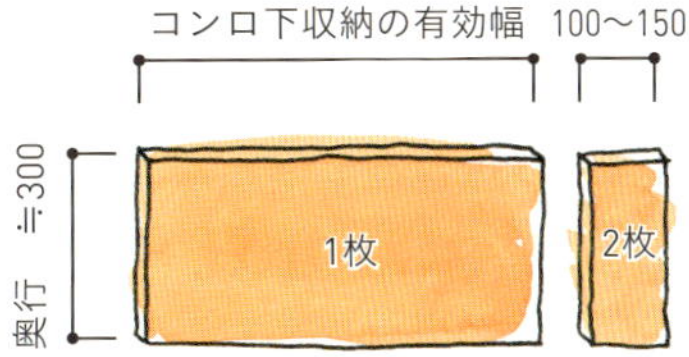

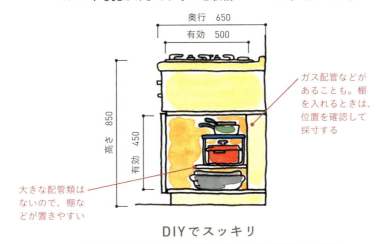

キッチン④

調理器具、調味料がサッと出せない

いっぱい取れちゃった……

調理道具を入れる引き出しが、開け閉めのたび、ぐちゃぐちゃに。ちょっとの工夫で改善できます。

我が家は調理道具を、調理スペース下の引き出しに入れているのだけれど、ゴチャゴチャしていて、使いたい物がすぐに取り出せないのよね。

うちは、菜箸とかよく使う物だけをおしゃれなマグカップに入れて、コンロ脇に置いているよ。

さっと取り出せて使いやすそう！

揚げ物を頻繁につくるから、コンロ脇は油ハネが心配。引き出しの中に、取り出しやすく収納できるといいんだけど……。

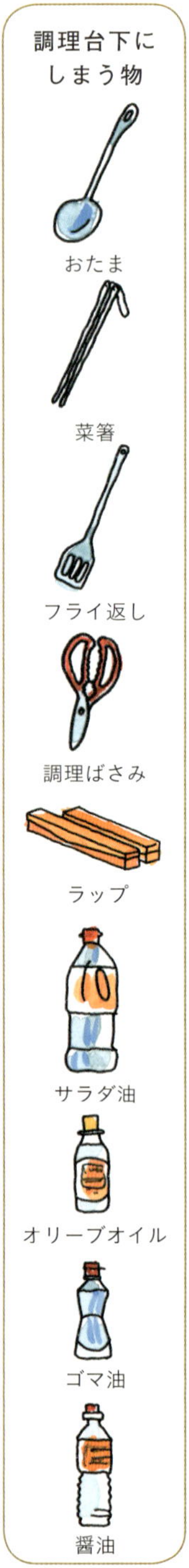
調理台下にしまう物
おたま
菜箸
フライ返し
調理ばさみ
ラップ
サラダ油
オリーブオイル
ゴマ油
醤油

基礎知識

調理台下収納

配管類がない調理台下には、奥行きを生かせる引き出し収納を使いましょう。

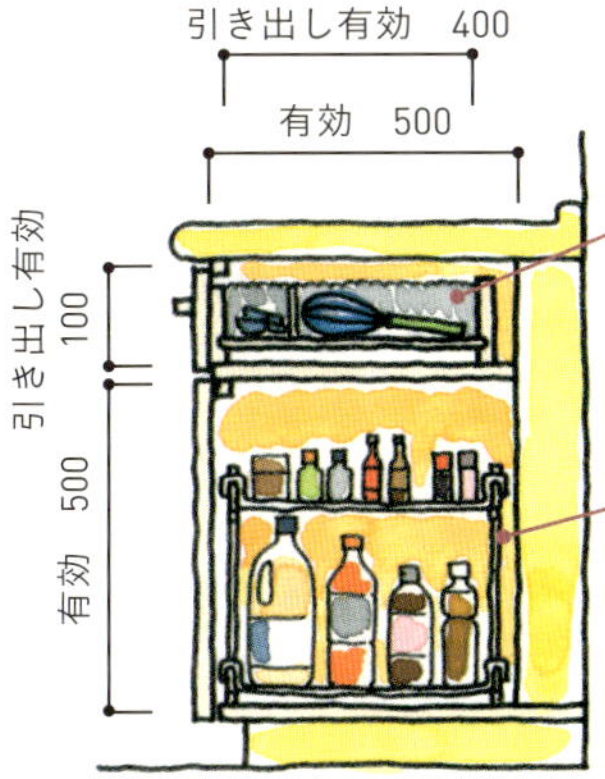
引き出し有効　400
有効　500
引き出し有効　100
有効　500
引き出しがついているキッチンも多い
市販の引き出し型ラックを設置。配管類がないので、置きやすい

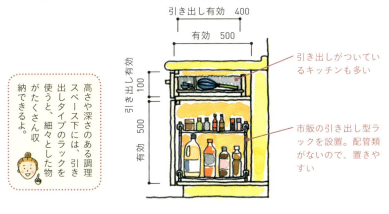

高さや深さのある調理スペース下には、引き出しタイプのラックを使うと、細々とした物がたくさん収納できるよ。

便利グッズでスッキリ

細々した物をまとめよう

調理スペース下には、料理中によく使う調理器具や、調味料を収納しましょう。

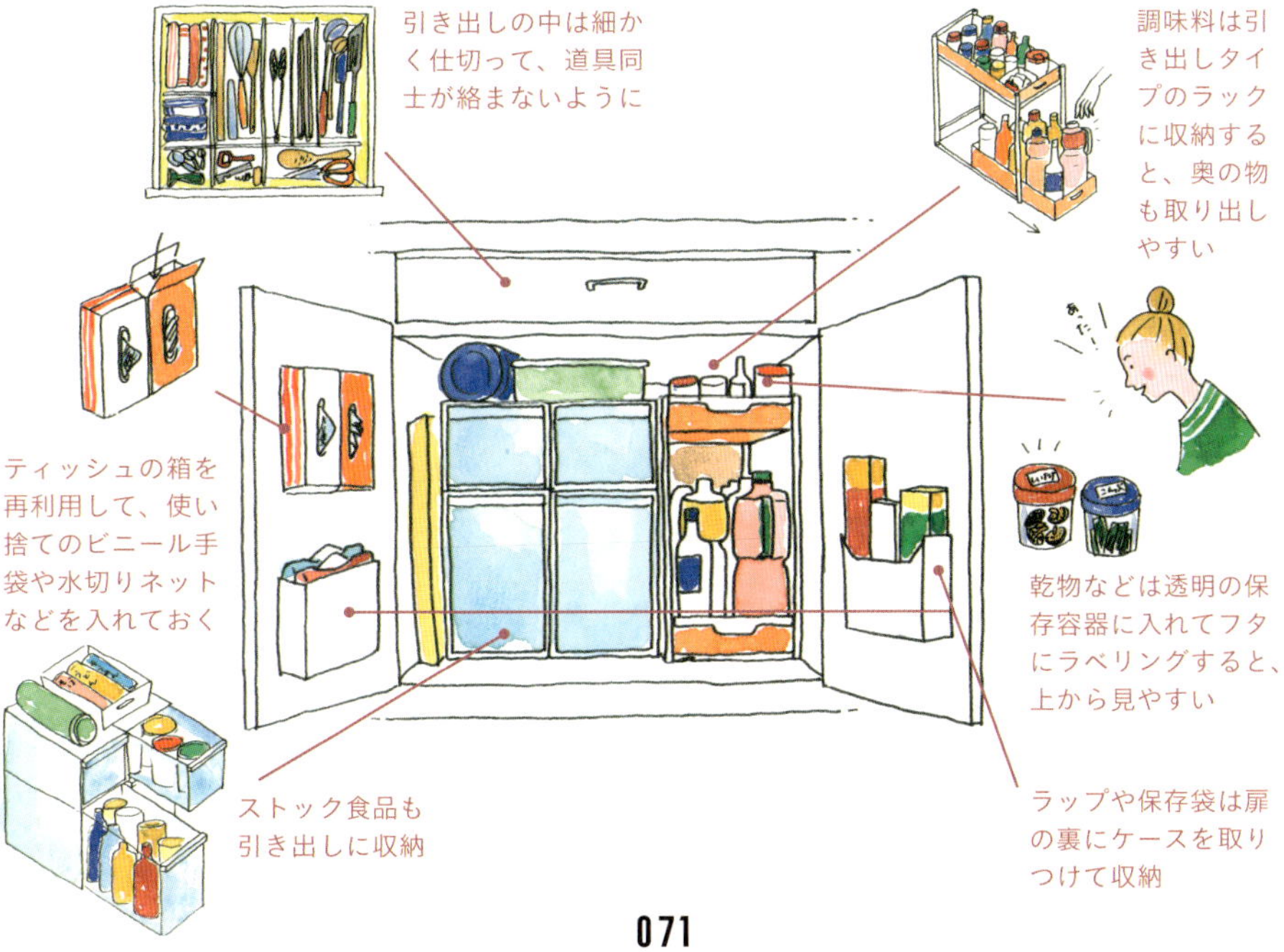
引き出しの中は細かく仕切って、道具同士が絡まないように
調味料は引き出しタイプのラックに収納すると、奥の物も取り出しやすい
あった！
ティッシュの箱を再利用して、使い捨てのビニール手袋や水切りネットなどを入れておく
乾物などは透明の保存容器に入れてフタにラベリングすると、上から見やすい
ストック食品も引き出しに収納
ラップや保存袋は扉の裏にケースを取りつけて収納

キッチン⑤

吊り戸棚の物の出し入れが大変

取り出しづらい吊り戸棚は、入れる物を厳選し、取り出しやすさ重視で収納しましょう。

吊り戸棚って、収納力はあるけど物が取り出しづらくない？

私もこの間、吊り戸棚から物が落ちてヒヤッとしたよ。

我が家は、食器棚に収まりきらない食器を吊り戸棚に入れてあるんだけど、地震のときに扉が開いて落下しないか、不安なの。

陶器なんかが降ってくると危険だから、軽い物を収納したほうがいいよ。

吊り戸棚も、収納次第で使いやすくなるのかな……。

吊り戸棚にしまう物

寿司桶

タッパー

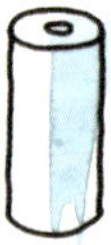

キッチンペーパー

のり

お茶

コーヒー

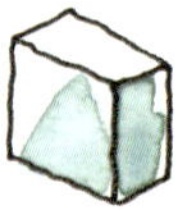

紅茶

基礎知識

吊り戸棚

キッチンの吊り戸棚には、ときどきしか使わない軽めの物や、ストック品を入れるのが基本です。

立ったままで手の届く下の段には、調理中にさっと取りたい物を収納しましょう。

キッチンの吊り戸棚の奥行きはほぼ一定。高さは、450㎜、600㎜、900㎜などがある

飲み物、食べ物、キッチンまわりで使う日用品のストックを分類して収納

上段には主に、年に数回しか使わない物を。取り出すときはイスを使って

便利グッズでスッキリ

仕切りを工夫して上部収納を使いやすく

吊り戸棚は便利グッズで仕切って、まとめて、取り出しやすく。

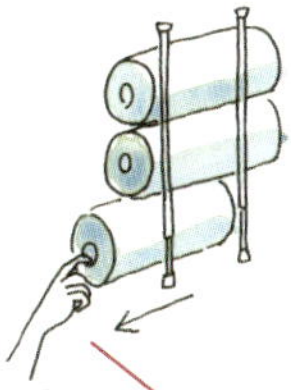

①突っ張り棒
キッチンペーパーは、突っ張り棒で支えて、縦に積み重ねると取り出しやすい

②ジップロック
製菓用品など細々した物はジップロックなどの袋に入れて、取っ手つきのケースへ

年に数回しか使わない重箱や寿司桶なども、上の段に収納

③本立て
筒状の物は、本立てなどで仕切ると、崩れず収納できる

④取っ手つきのケース
お茶やコーヒーなど、ストックはひとまとめに

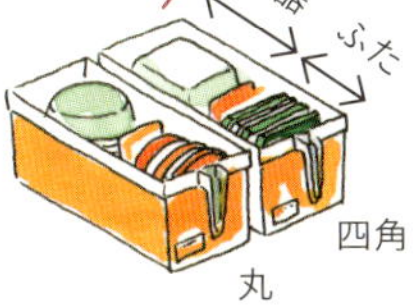

プラスチック製の密封容器は、形で分けて収納。容器は取り出しやすいようにスタッキング

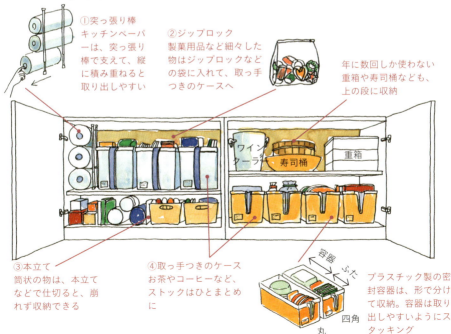

キッチン⑥

食器棚が使いづらい

真ん中のお皿が欲しいんだけど…

せっかく大きな食器棚があっても、食器がうまく収まっていなければ、使うたびに不安を感じてしまいます。

我が家では、ホームセンターで買った食器棚をずっと使ってるんだけど、重ねたお皿から使いたい物を取り出すのが大変で。

食器棚は、いろいろな形の食器を収納するのに、棚の奥行きはほとんど一緒よね。

奥にしまい込んだものは取り出しづらいし。

でも食器は、衣替えのように一気に整理することが少ないから、不便さを我慢して使い続けちゃうのよ。

思いきって棚卸しして、収納を見直そう!

食器棚にしまう物

カトラリー

箸

グラス類

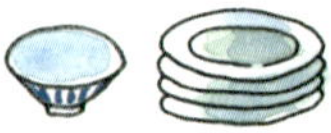
皿・どんぶり類

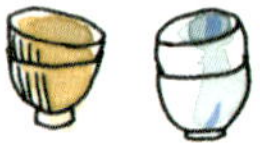
茶碗・お椀

水筒

基礎知識 1

収納を見直す

自分の家の食器棚がどのくらいの高さ、奥行きなのかを、まず把握します。
自分の手を物差しにすると楽チンです。

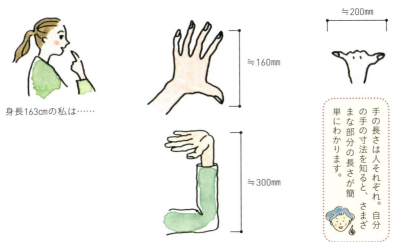

身長163cmの私は……

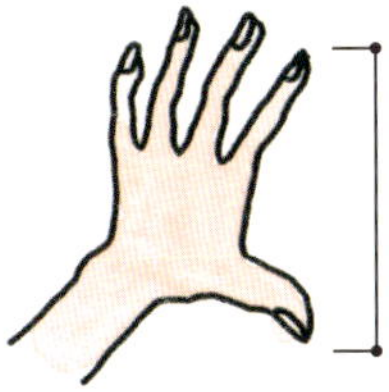
≒160mm

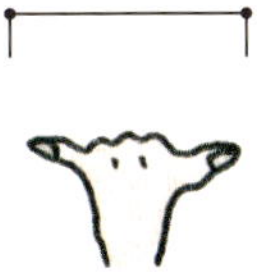
≒200mm

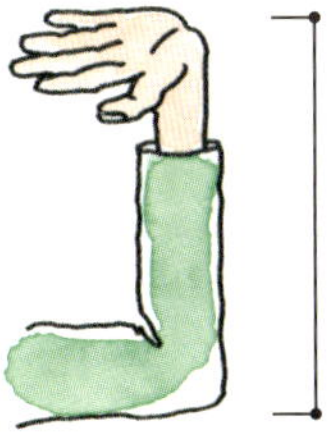
≒300mm

手の長さは人それぞれ。自分の手の寸法を知ると、さまざまな部分の長さが簡単にわかります。

基礎知識 2

棚の高さ・深さで収納方法を変える

棚の高さ・深さで、奥や下に使いづらいポイントができてしまいます。
ラックなどを使って工夫しましょう。

〜250
低い
250〜
高い
高さが低い場合、奥の皿が取り出しづらいので、カゴに入れて収納
高い場合、下の皿が取り出しづらいので、コの字ラックを使うか皿を立てて収納

〜200
浅い
奥行きが浅い棚はこのまま使う
奥行きが深い棚はカゴに入れて収納するか大皿置き場にする
深い
300〜

食器棚の棚収納を使いやすく

ここでは、戸棚（上）と引き出し（下）からなるオープンタイプの食器棚を想定しています。棚収納はまず大きくゾーニングし、便利グッズで使いやすくしていきます。

棚をゾーニングする

①家族用か客用か
左右で、お客様用と普段使いに、大きくゾーニングする

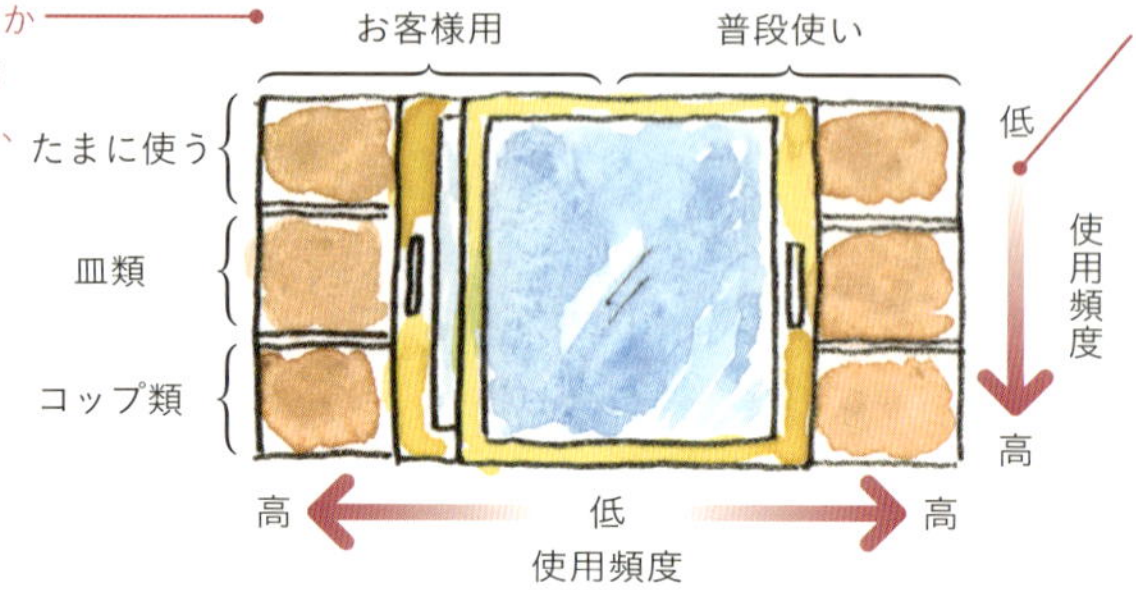

お客様用
普段使い
たまに使う
皿類
コップ類
低
使用頻度
高
高
低
高
使用頻度

②使用頻度
たまにしか使わない物を最上段に。あとは大きさで分類

普段使いの食器は家族分だけにしましょう。

便利グッズを駆使する

棚掛けラックでランチョンマットやテーブルクロスなどを収納
カップ＆ソーサーはカップを吊るして収納することでコンパクトに
家族分以外の予備の食器はかごにまとめておく
550〜650
450〜800
450〜800
マグカップ
グラス
小皿
倒れやすいワイングラスは吊るして収納
普段使いのお茶セットは、トレーにまとめて
毎日使うグラスは、カゴに入れてそのまま食卓へ
形の違う食器は、無理に重ねず、コの字形ラックを使う

便利グッズでスッキリ

食器棚の引き出し収納を使いやすく①

食器棚の一番上の浅い引き出しは、カトラリーや、小物を収納するのに最適です。
トレーを使って細かく分類し、収納します。

上から覗きやすく、さっと取り出せるようにしておくのがおすすめ。

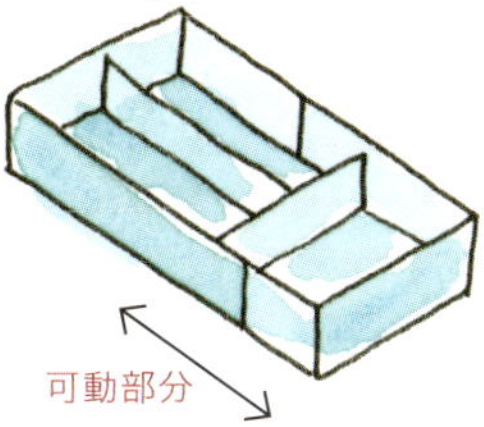

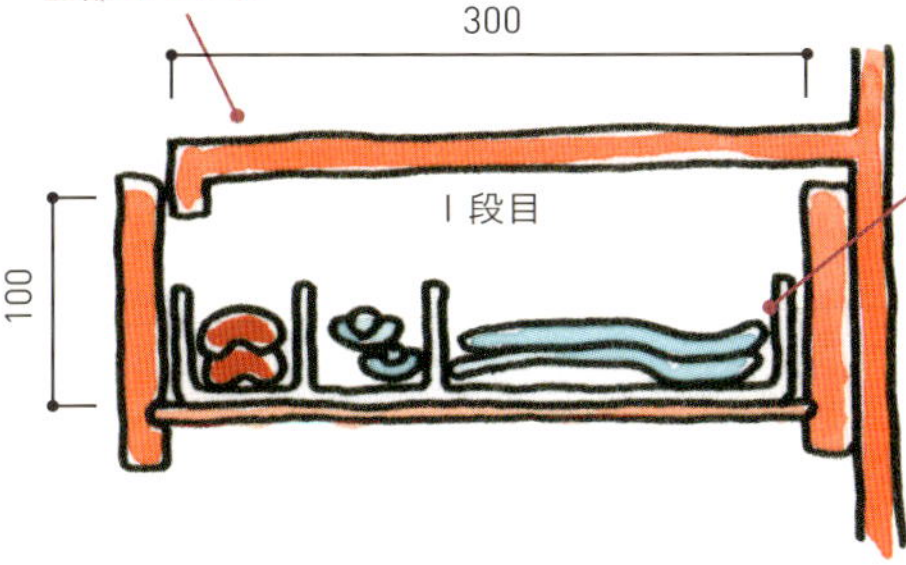

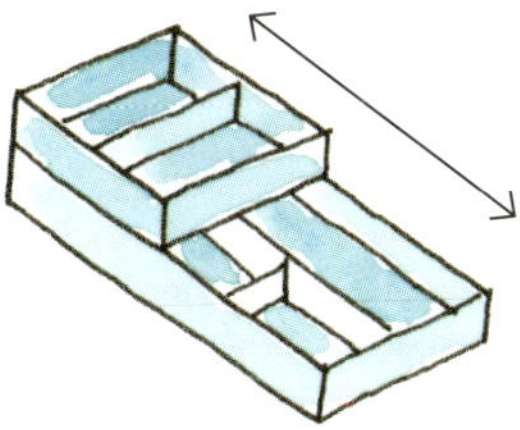

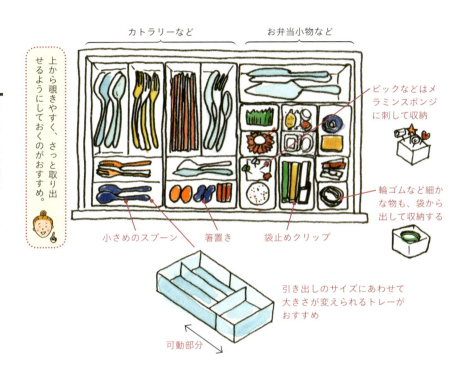

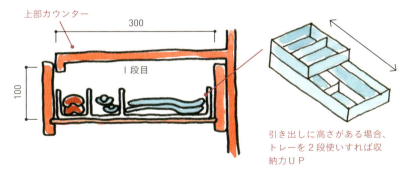

食器棚の引き出し収納を使いやすく②

引き出し部分は、深さを活かせるグッズを使って、小物を上手に収納しましょう。
取り出しやすさを意識して選ぶのがポイント。

2段目は毎日使うお弁当グッズ

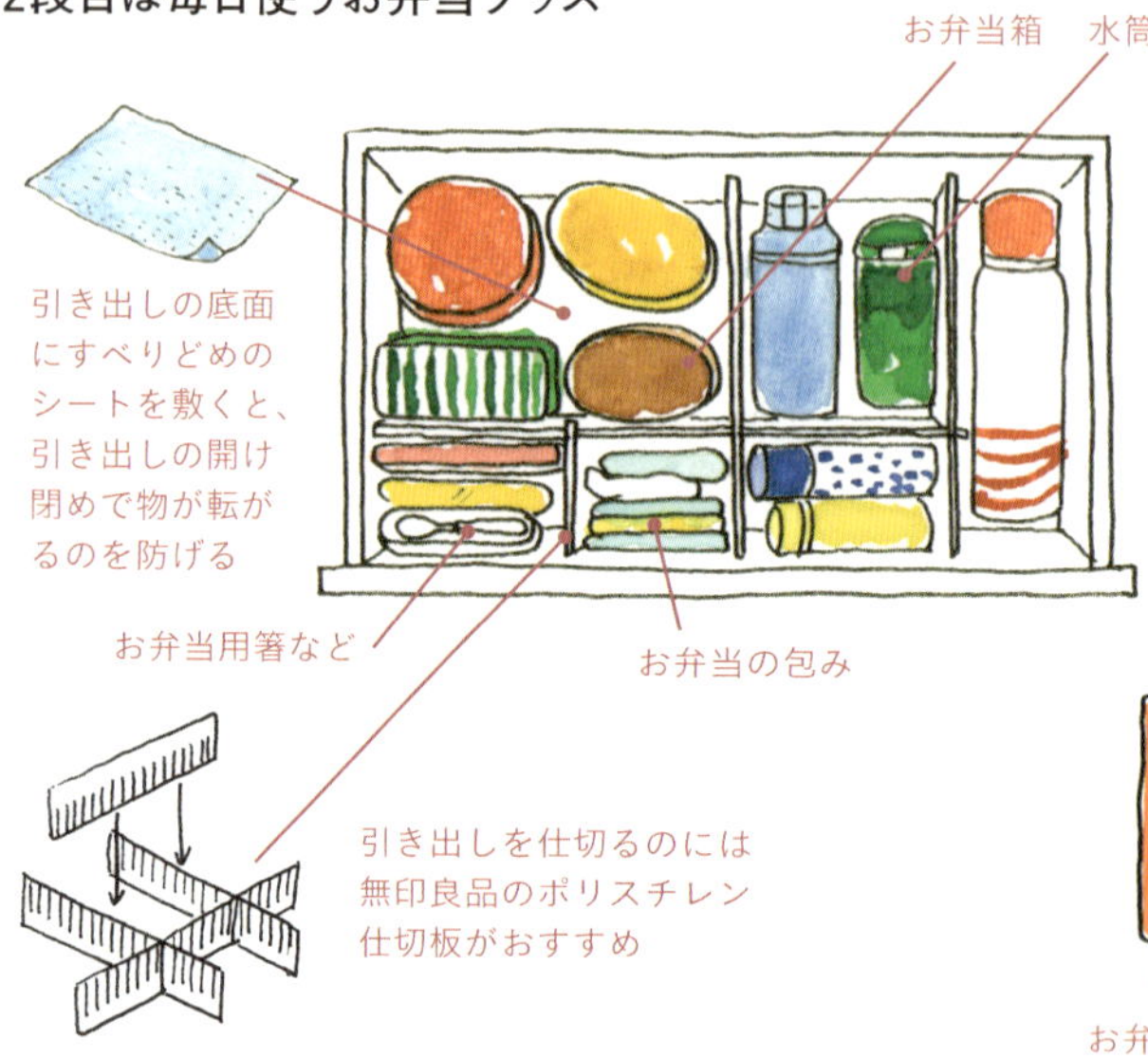
お弁当箱
水筒
引き出しの底面にすべりどめのシートを敷くと、引き出しの開け閉めで物が転がるのを防げる
お弁当用箸など
お弁当の包み
引き出しを仕切るのには無印良品のポリスチレン仕切板がおすすめ

取り出しやすい2段目には、毎日使うものを中心に収納しましょう。毎日お弁当をつくる家庭はお弁当箱や水筒などを。

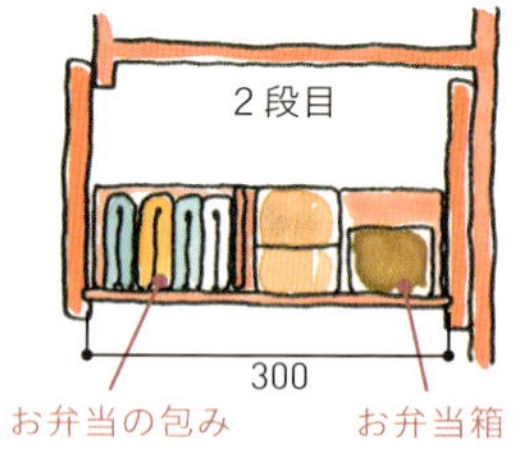
2段目
300
お弁当の包み
お弁当箱

最下段の深い引き出しには重量物を

ペットボトルや酒瓶などのストック
缶ジュースや缶ビールのストック
開封済みのコーンフレークやパスタなど

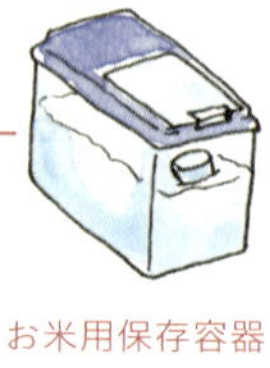
お米用保存容器

一番下の深い引き出しには、高さのある物や重い物を中心に収納しましょう。

無印良品のPPファイルボックス（A4用）を仕切りに。スタンダードタイプなら2Lのペットボトルが３本、ワイドタイプなら350mL缶が18本入る

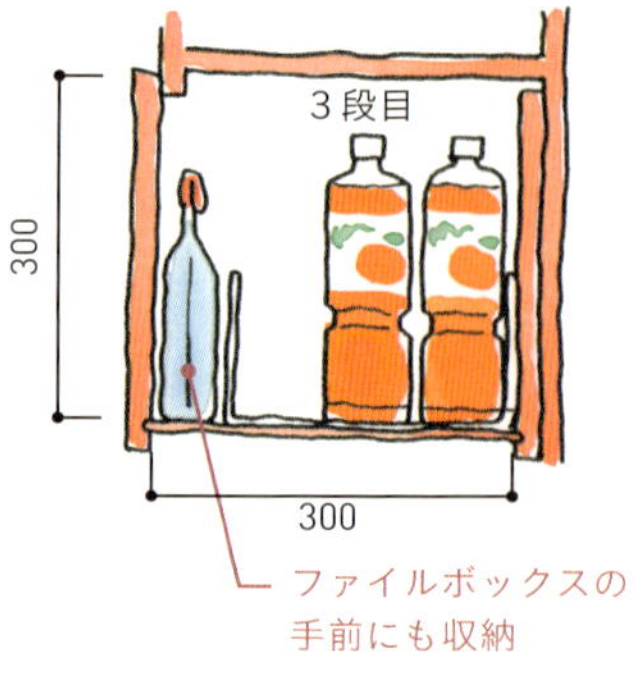
３段目
300
300
ファイルボックスの手前にも収納

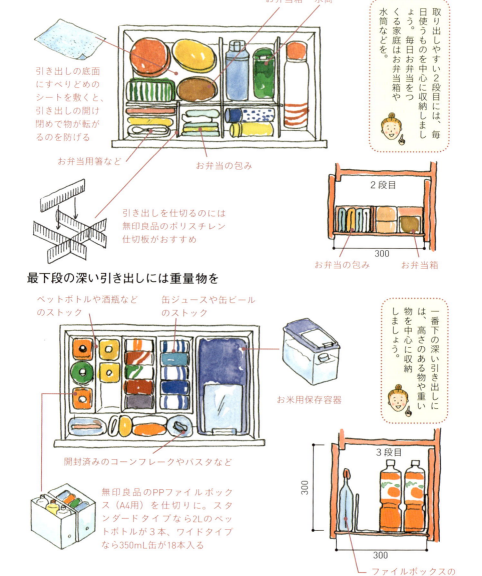

間取りでスッキリ

家電はまとめてスッキリ

キッチン家電が、食器棚や作業台を占拠していませんか？
家電収納スペースをつくり、1か所にまとめましょう。

主なキッチン家電の大きさ

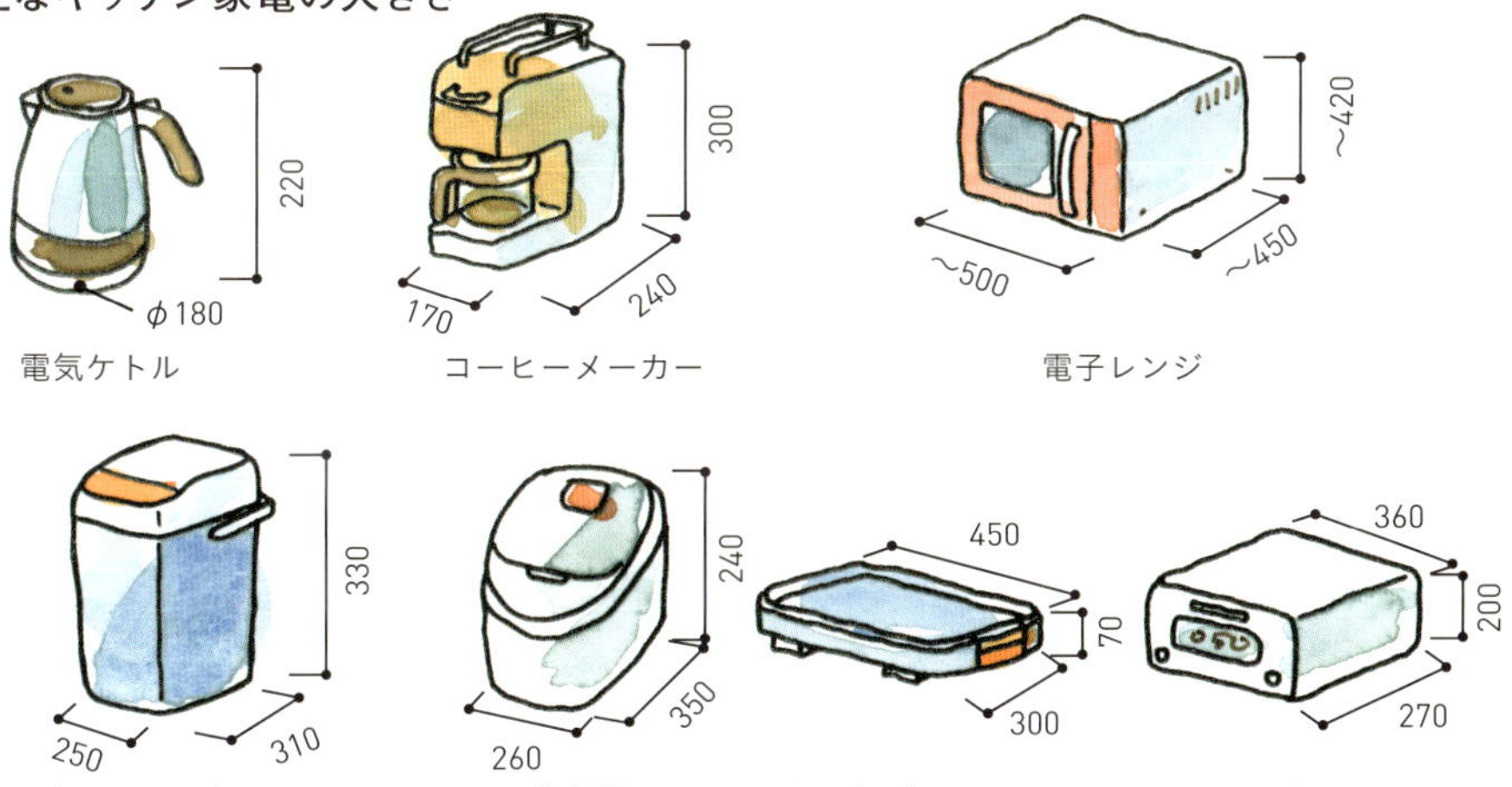
220
φ180
電気ケトル
300
170
240
コーヒーメーカー
～420
～500
～450
電子レンジ
330
250
310
ホームベーカリー
240
260
350
炊飯器
450
70
300
ホットプレート
360
200
270
トースター

家電収納スペースをつくっておく

家電用の棚と置き場をあらかじめ決め、コンセントを配置するのがポイント
600

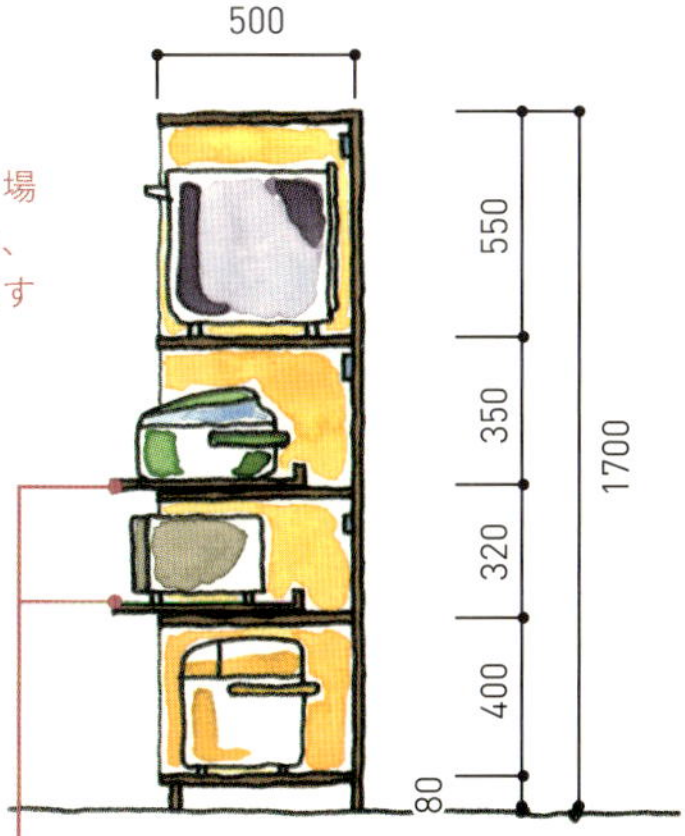
500
550
350
320
400
80
1700
中段は底面にスライドレールを仕込んだスライド棚。水蒸気もこもらず、パンくずなどの掃除も簡単

キッチン家電が少ない場合は、下から2段分をひとまとめにすれば、ゴミ置き場として使えます。

キッチン⑦

土つき野菜の置き場に困る

土つき野菜や、冷蔵庫にしまわず常温保管したい物を、
一旦置いておく場所はありますか？

我が家は実家からよく土つきの野菜やお米を送ってもらうんだけど、いつもキッチンに段ボールのまま床置きにしてしまって、掃除の邪魔になるのよね。

土つき野菜は、常温で風通しのいいところに置くのがベストだろうけど、賃貸のキッチンだと置き場に困るよね。

使う頻度も高いから、ちょっとしたスペースに置けて、掃除のとき簡単に動かせるような、使いやすい置き場があるといいな。

常温保存
したい野菜

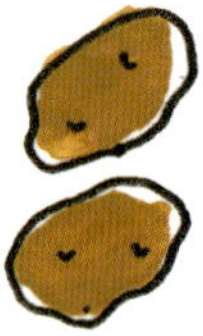
じゃがいも

にんじん

玉ねぎ

ごぼう

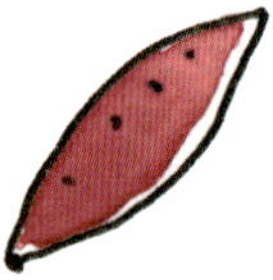
さつまいも

かぼちゃ

DIYでスッキリ

野菜保存ワゴン

常温で保存する野菜は、キャスターつきのワゴンに収納するのがおすすめです。
ランバーコア合板１枚あれば、野菜保存ワゴンをつくることができます。

野菜は畑で育った姿で保存したほうが長持ちするから、ねぎやごぼうは立てたまま置けるといいですね。

調理中は作業台
として活用
既製品のスチールカゴを
引き出しに
移動が自由にできるよう
キャスターをつける

では手作りしてみましょう

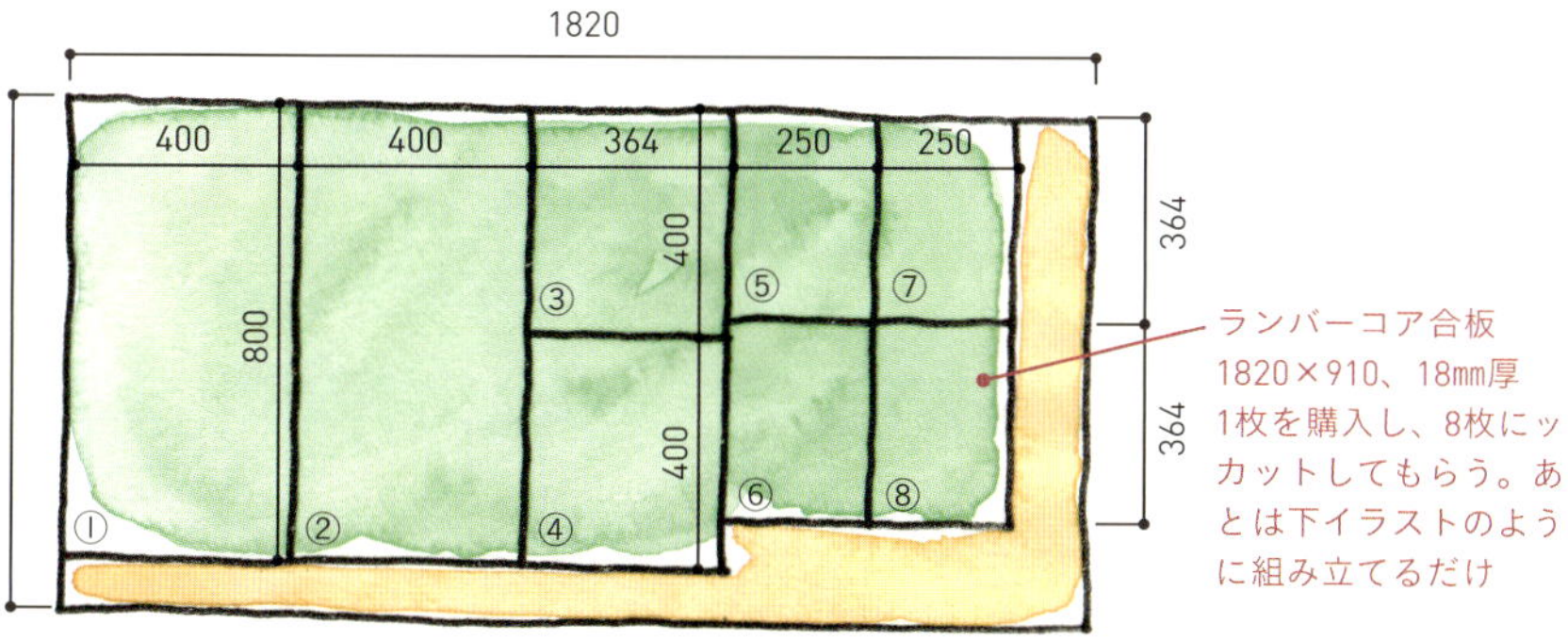
1820
910
400
400
364
250
250
800
400
400
364
364
①
②
③
④
⑤
⑥
⑦
⑧
ランバーコア合板
1820×910、18㎜厚
1枚を購入し、8枚にッカットしてもらう。あとは下イラストのように組み立てるだけ

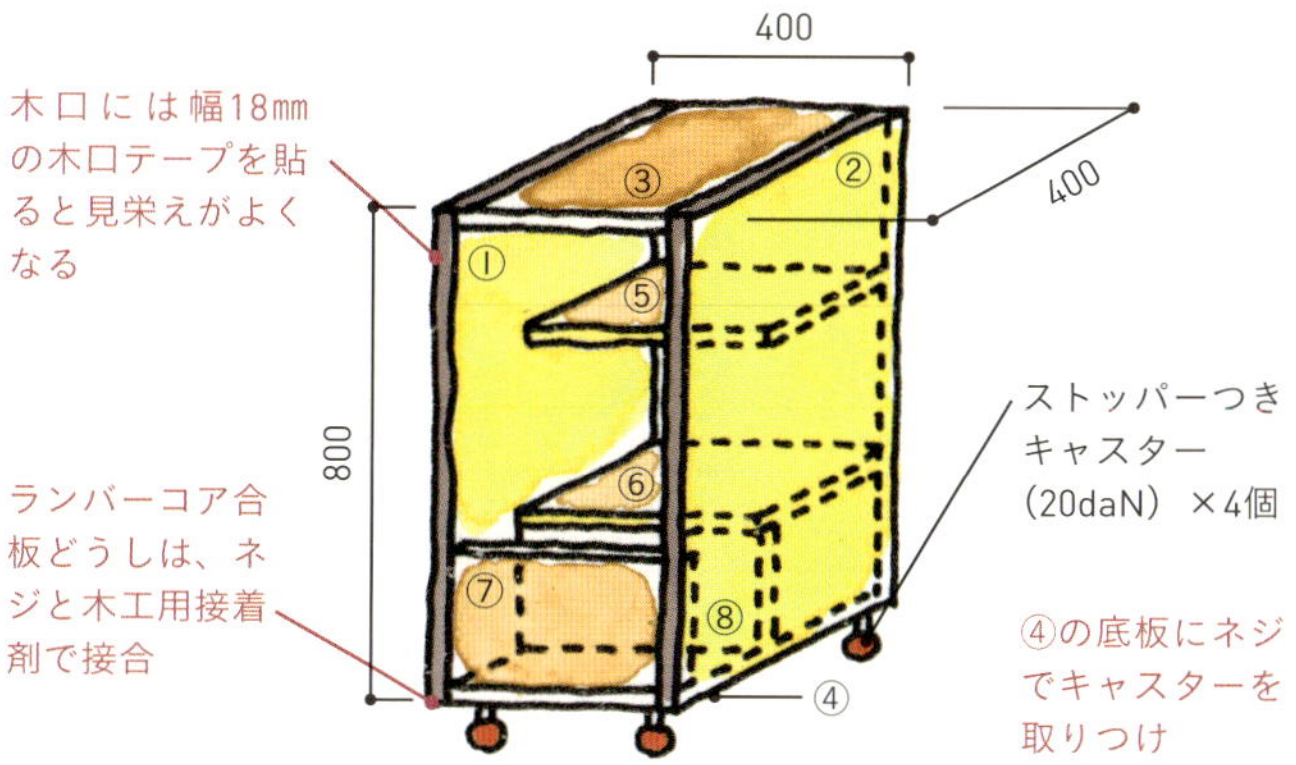
400
400
800
①
②
③
④
⑤
⑥
⑦
⑧
木口には幅18㎜の木口テープを貼ると見栄えがよくなる
ランバーコア合板どうしは、ネジと木工用接着剤で接合
ストッパーつき
キャスター
（20daN）×4個
④の底板にネジでキャスターを取りつけ

「常温」とは、20℃程度までが目安。夏場に長期保存する際は、新聞紙に包んで野菜室に保存しましょう。

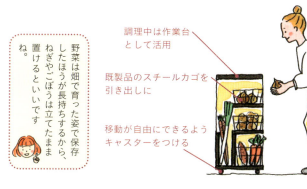

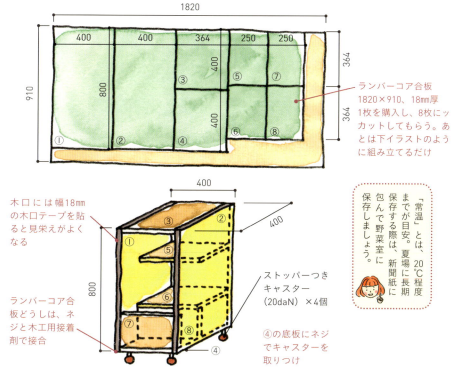

間取りでスッキリ

シューズクロークにパントリーの要素を

北側の玄関近くにパントリーを設ければ、保存食や日用品などをたっぷり収納できます。暑さに弱い野菜の置き場所にもぴったりです。

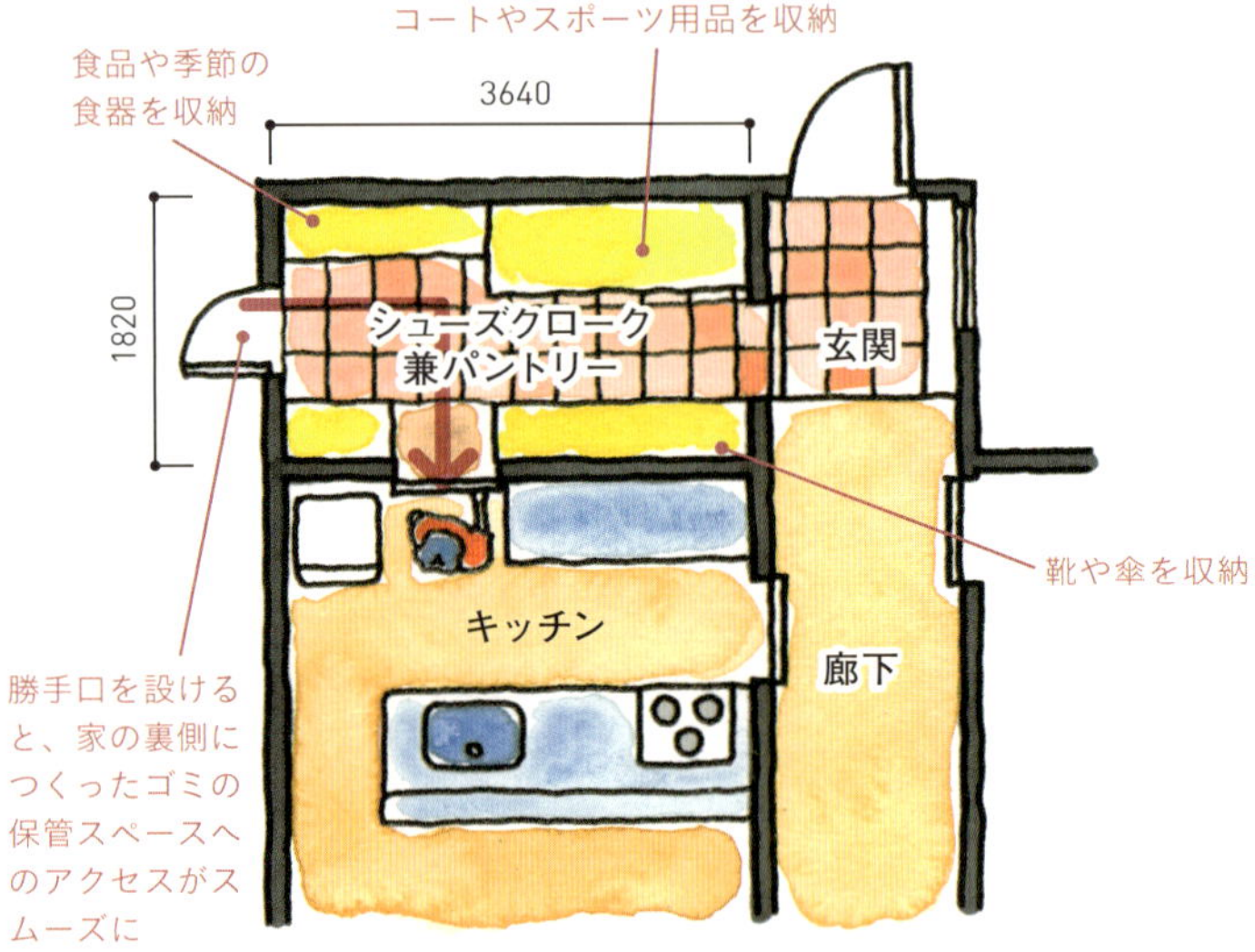

パントリーとは、キッチンに隣接する収納スペースのこと。キッチンまわりをスッキリさせたい人におすすめです。

玄関から靴のまま入れると、買い物帰りに買ってきた物を収納しやすくて便利。

キッチン収納に入れたい物と寸法

材料を洗って切って調理して、お皿に盛って食卓へ。日々繰り返す動作がスムーズに行われているか、見直してみましょう。使いやすいキッチンは今からつくることができます。

調理器具など

食器類

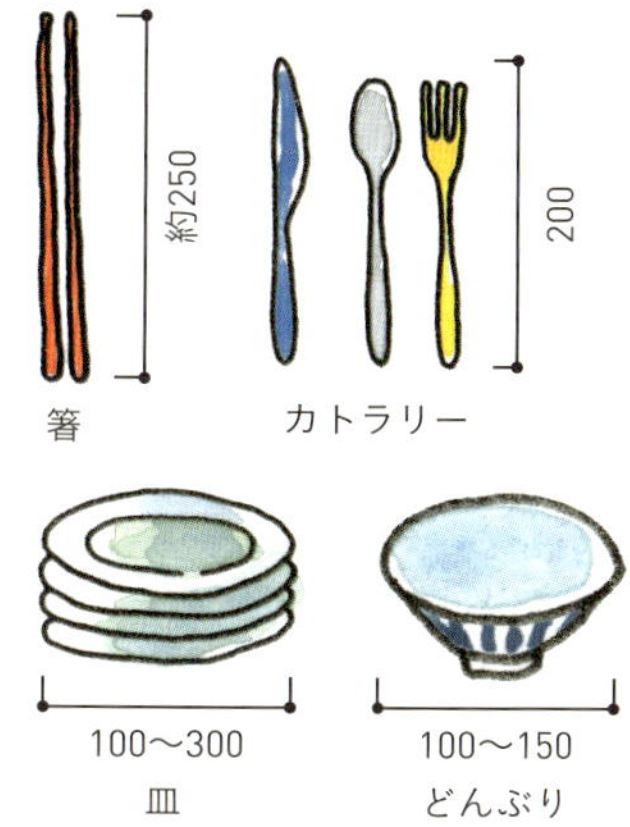

調味料・保存食など

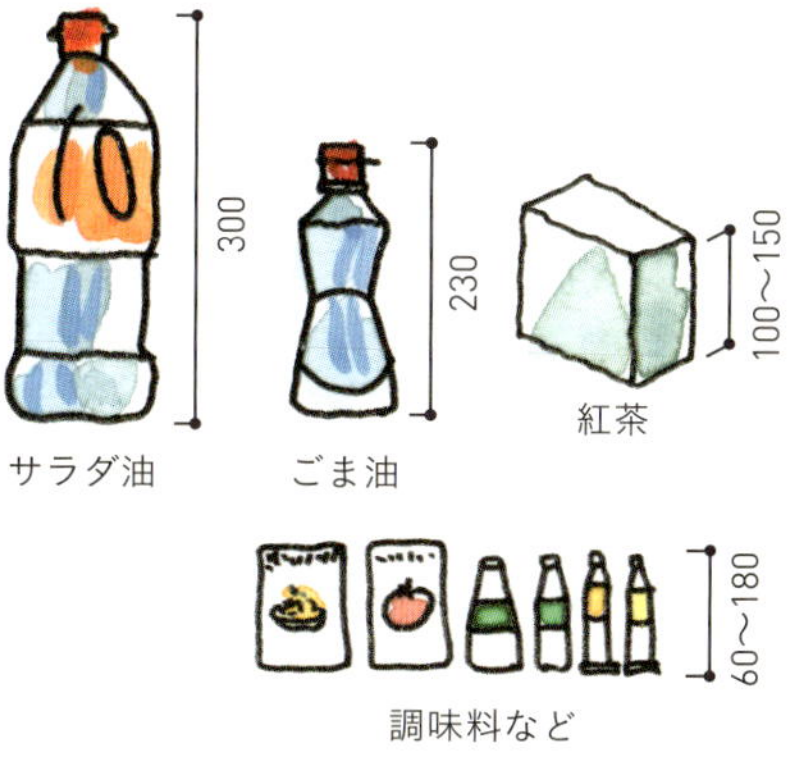

洗面脱衣室

洗面台まわりに物がたくさん

身だしなみを整える洗面台。きれいにしていたいけれど、置きたい物もたくさんあります。効率のよい収納を。

先週末、夫の実家に泊まりにいったんだけど、洗面化粧台の上に物が出しっぱなしになっていて、義理の母が困っていたの。

洗面脱衣室は身支度をきれいに整える場所だから、清潔にしておきたいよね。鏡もピカピカにして……。

でも、汚れのもとが多いのよ！ 歯磨き粉やヘアスタイリング剤、石けんかすとか。それぞれ落とし方も違うから面倒よね。

いろいろ物も置きたいけれど、賃貸だと収納が少なくて使いづらかったりするよね。

掃除しやすくて、収納力のある洗面脱衣室が理想的なんだけど、どうしたらいいのかな……。

基礎知識

収納場所と物の関係

洗面台まわりは物がたくさん。上手なカテゴリー分けで、
使いやすく、取り出しやすい収納を目指しましょう。

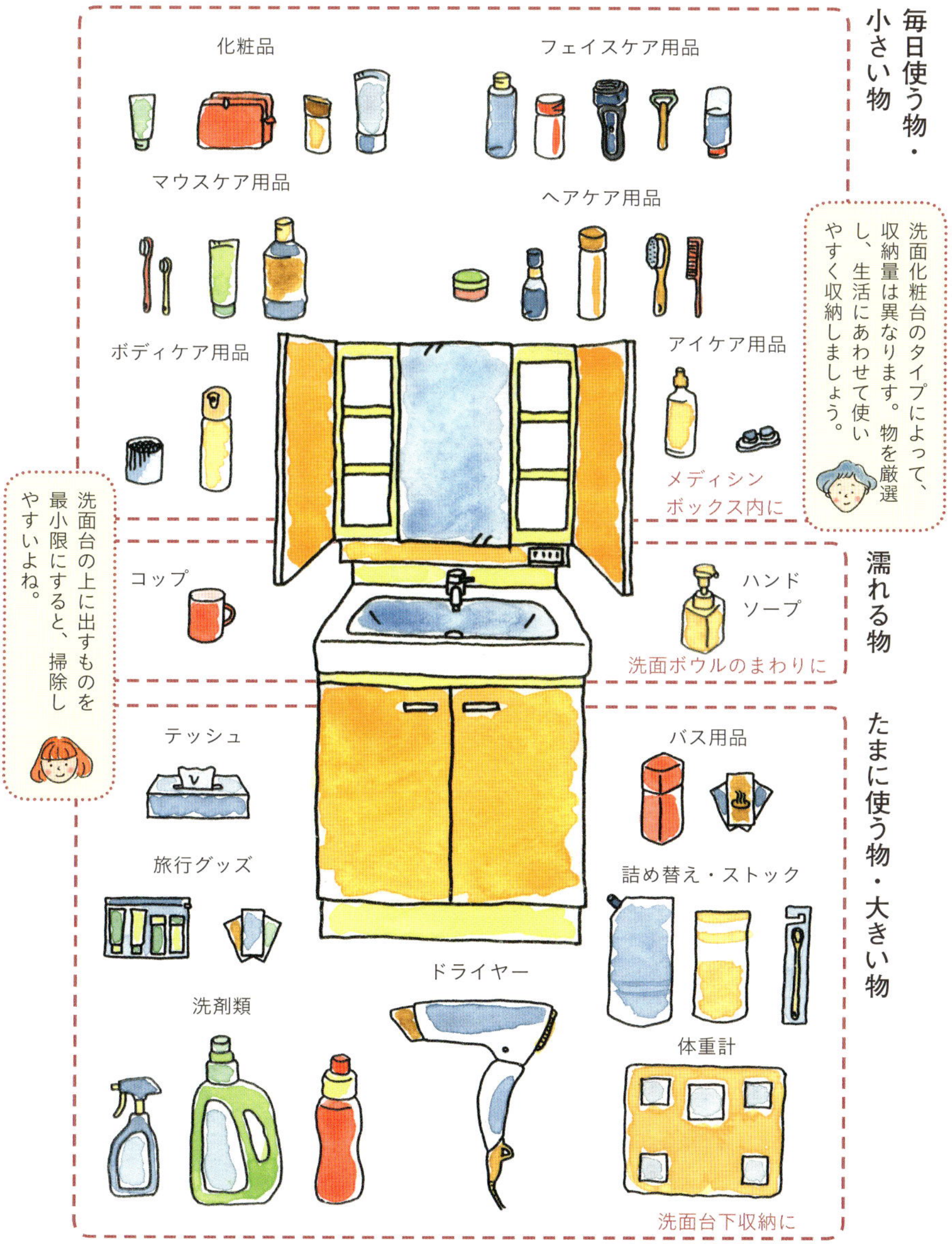

便利グッズでスッキリ

システマチックに隠す

掃除道具からバス用品まで、洗面台下収納は細々とした物が多くあります。
開き扉タイプは引き出しやカゴを活用して、システマチックに。

突っ張り棒
700
120
突っ張り棒の上にプラスチック製のカゴを並べ軽い物を収納
450
350
250
洗剤など細長の物は、カゴに入れて収納。倒れにくく、奥の物も取り出しやすくなる
細々とした物は引き出しに収納

形がバラバラな物もスッキリ収まるように、突っ張り棒やカゴ、引き出し収納を活用しましょう。

横から見ると

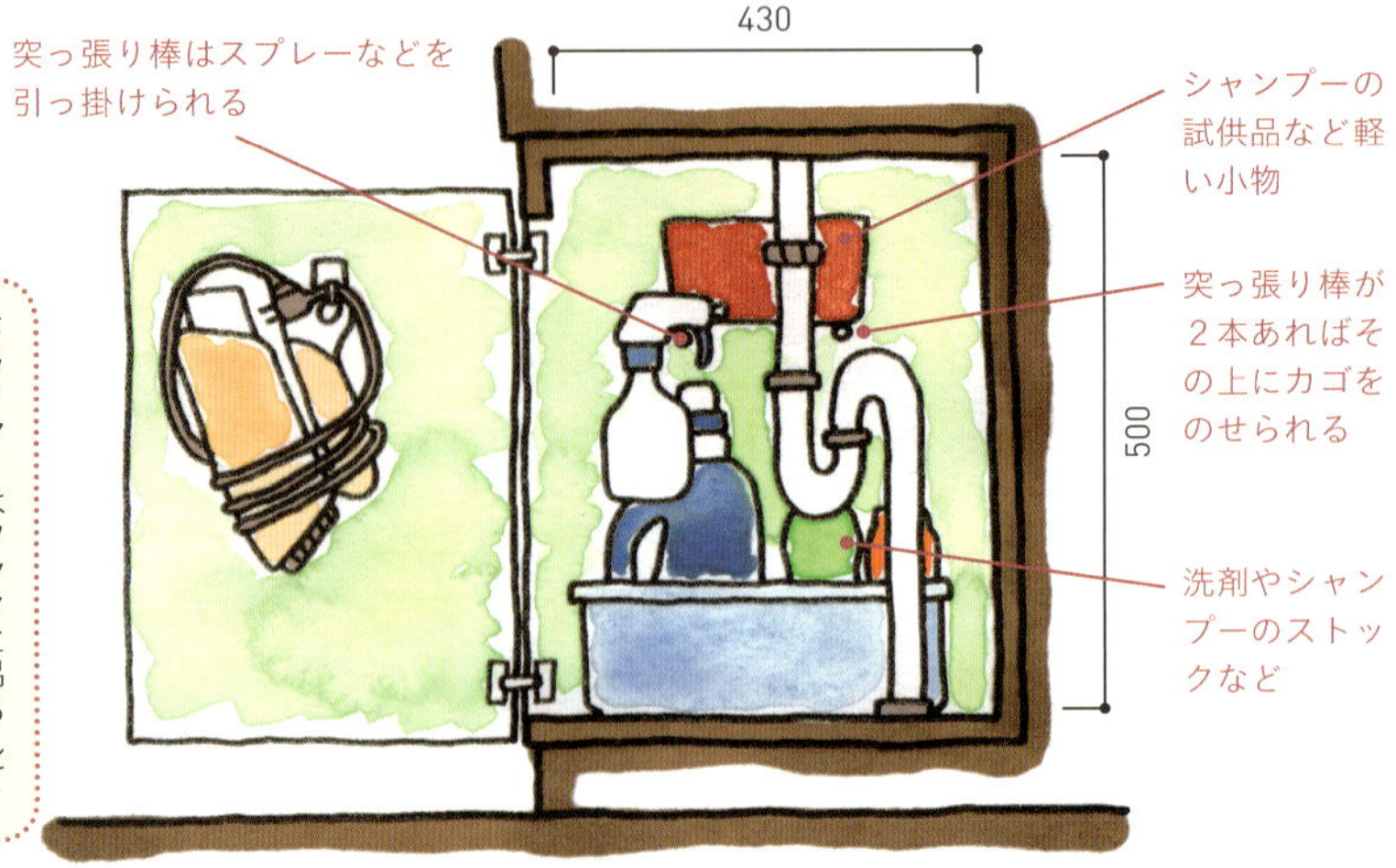

430
突っ張り棒はスプレーなどを引っ掛けられる
シャンプーの試供品など軽い小物
突っ張り棒が２本あればその上にカゴをのせられる
500
洗剤やシャンプーのストックなど

ドライヤーはフックに吊るして収納すると、スッキリとして使いやすいね。

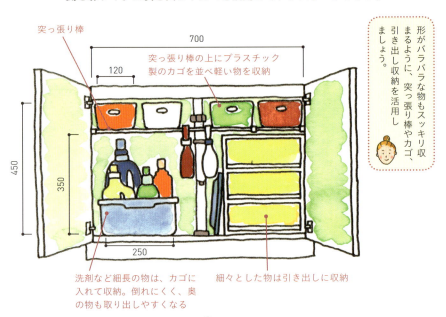

ベンチ収納と吊り収納でスッキリ①

洗面所に収納が足りないときは、床上にベンチをつくってはいかがでしょう。
ちょっとしたスペースですが、ケア用品やタオルなどが入るうれしい収納に。

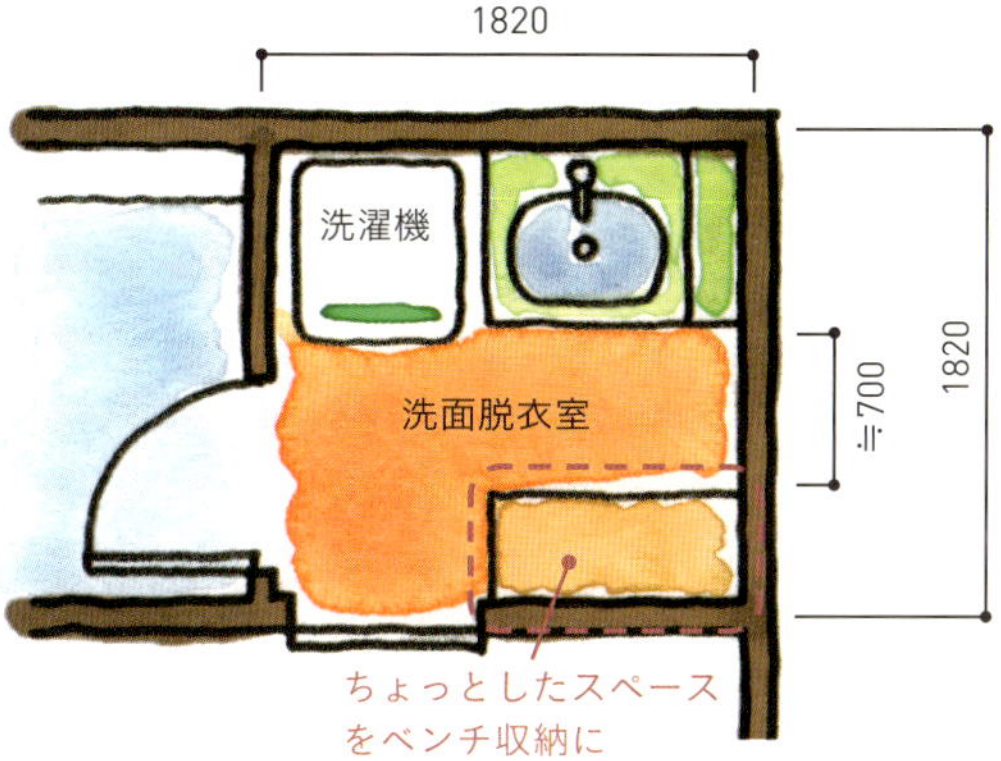
1820
洗濯機
洗面脱衣室
≒700
1820
ちょっとしたスペース
をベンチ収納に

我が家は、収納が足りなかったので、洗面化粧台対面のスペースを利用して、ベンチを兼ねた収納をつくりました。

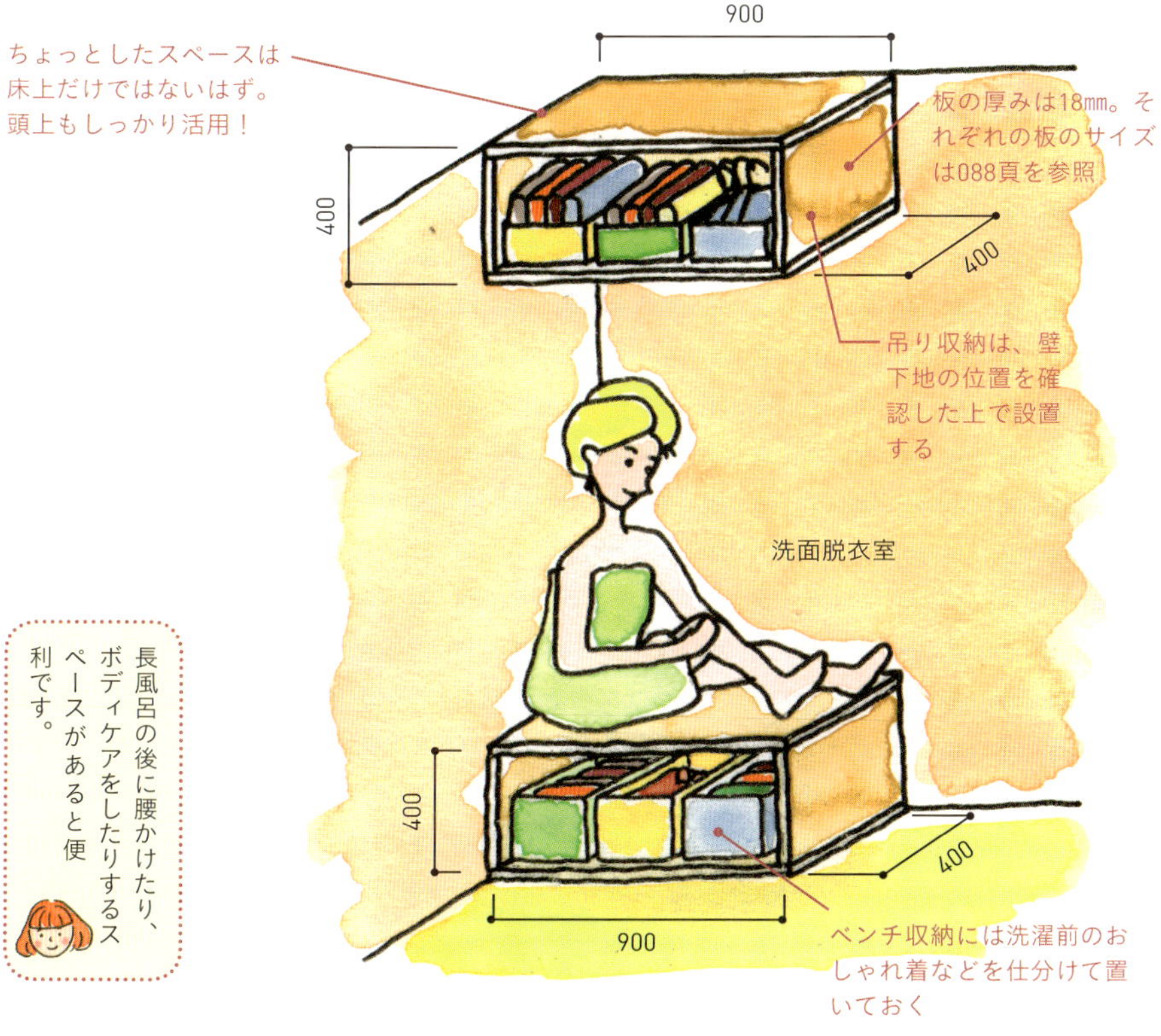
900
ちょっとしたスペースは
床上だけではないはず。
頭上もしっかり活用！
板の厚みは18㎜。それぞれの板のサイズは088頁を参照
400
400
吊り収納は、壁下地の位置を確認した上で設置する
洗面脱衣室
400
400
900
ベンチ収納には洗濯前のおしゃれ着などを仕分けて置いておく

長風呂の後に腰かけたり、ボディケアをしたりするスペースがあると便利です。

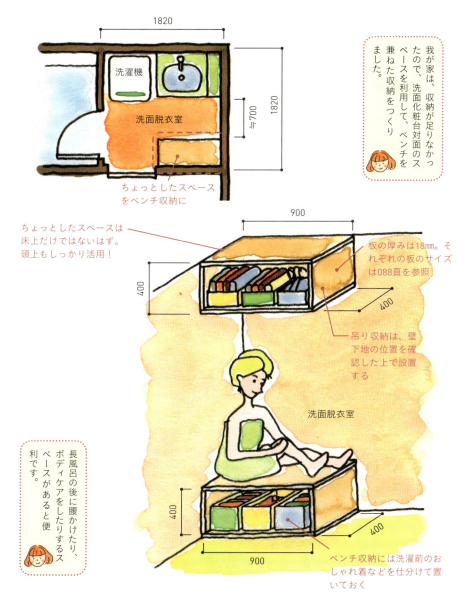

ベンチ × 収納でスッキリ②

デッドスペースを利用して、収納は手軽に増やせます。
087頁で紹介した収納を実際に作ってみましょう。

吊り収納・ベンチ収納の寸法

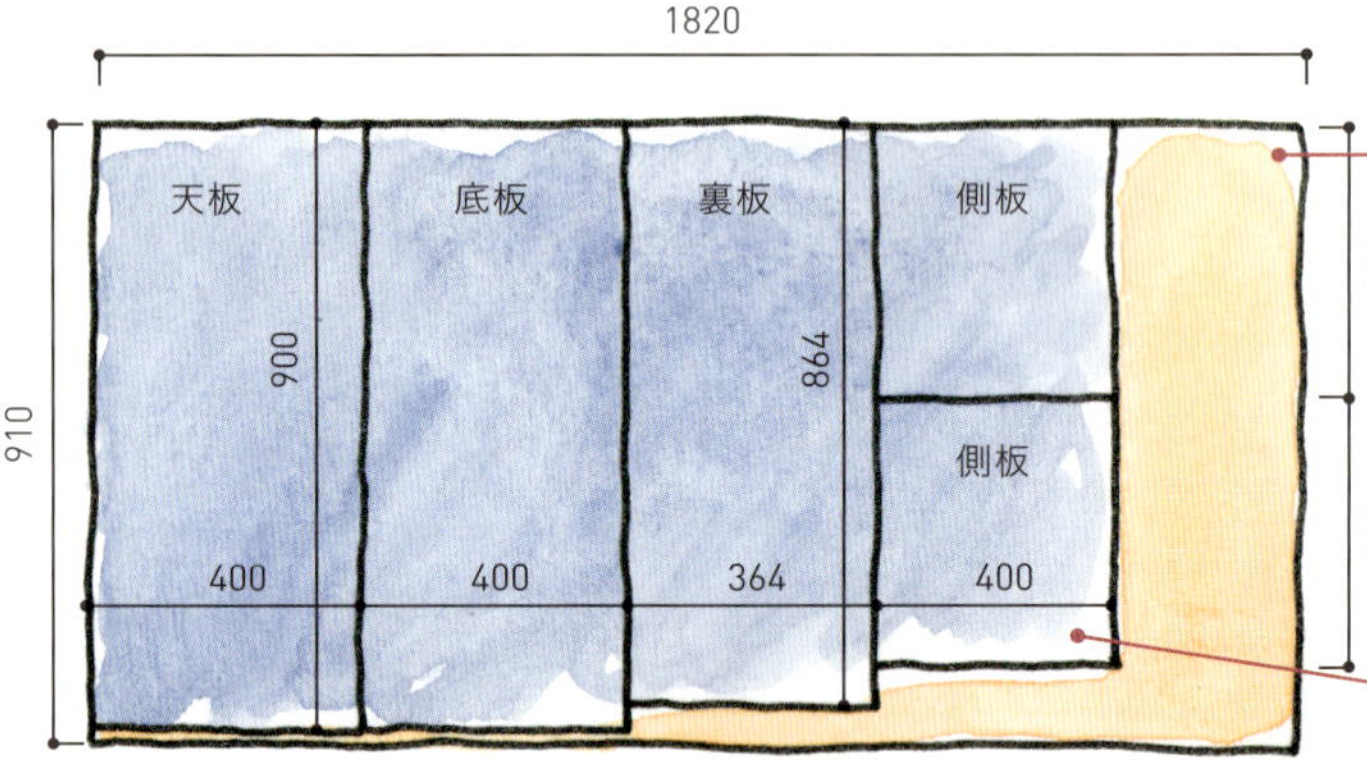
1820
910
天板
底板
裏板
側板
側板
900
864
400
400
364
400
364
364
吊り収納とベンチ収納のサイズは同じ。ランバーコア合板（1820×910、18mm厚）を2枚用意し、それぞれ図のように切り出してもらい、箱形に組み立てる
合板同士は、木工用接着剤を塗って、ネジ留めする

吊り収納・ベンチ収納の使い方は色々

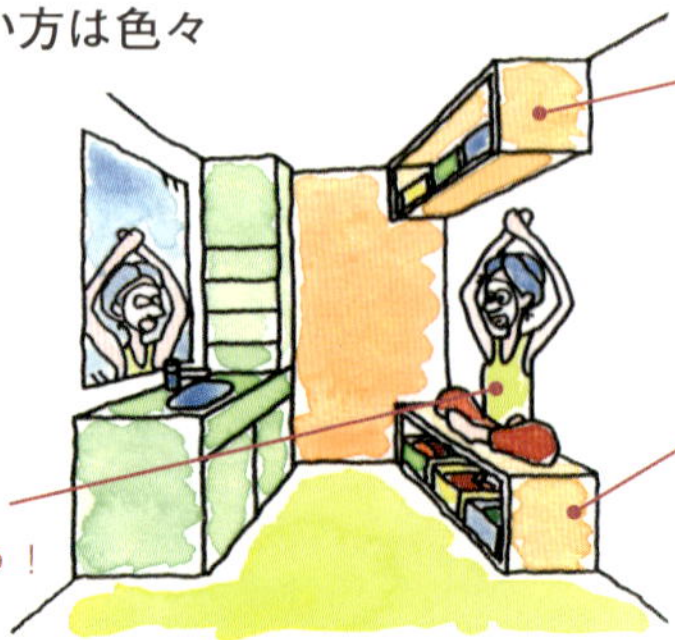
下地を確認し、150mm間隔でビス留めすれば、天井に取りつけることもできる
座面の裏の中央に、864mmにカットした2×4材を入れると、強度がアップ
フェイスパック中に、ヨガだってできちゃう！

パイプを取りつければ

吊り棚に、ビスで金具をつけて、ステンレスパイプを渡せば、洗濯物やバスタオルを干す場所として使える
ベンチはパジャマの一時置き場やアイロンがけの机など、使い方は色々

家族全員分のバスタオルが広げて干せるので便利です。

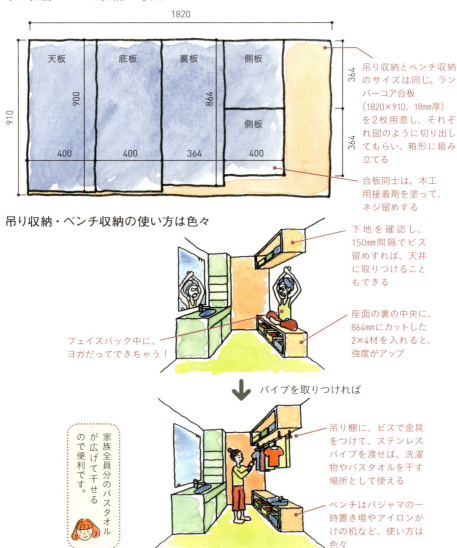

DIYでスッキリ

洗濯機上部を有効利用

壁を傷つけたくない場合も、市販の壁面突っ張りアイテムを利用すればオープン棚をDIYできます。洗濯機上部の空間を有効に活用しましょう。

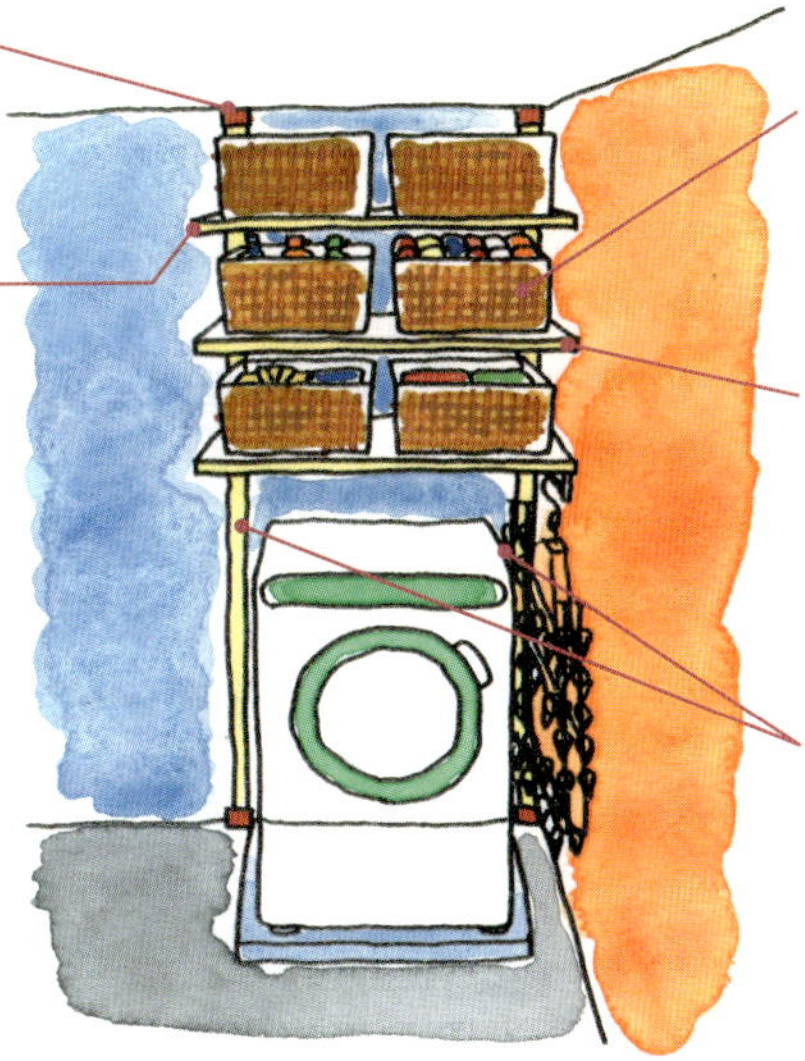
市販の壁面突っ張りアイテム
棚板は厚み18㎜のランバーコア合板を300×850㎜にカットしたもの
ゴチャつきがちなオープン棚は、カゴを統一すればスッキリ見える
自立柱に棚柱やブラケットを取りつけ、棚を乗せる
2×4（ツーバイフォー）材（断面約38×89㎜）の上下に専用パーツを取りつけ自立柱にする。
自立柱は、天井下地のある位置に設置すること。木材は経年により縮みや割れが生じるため、年に一度は、転倒の危険がないか十分に点検を

市販の壁面突っ張りアイテムを使ってつくるのがおすすめ！

自分流のアレンジを

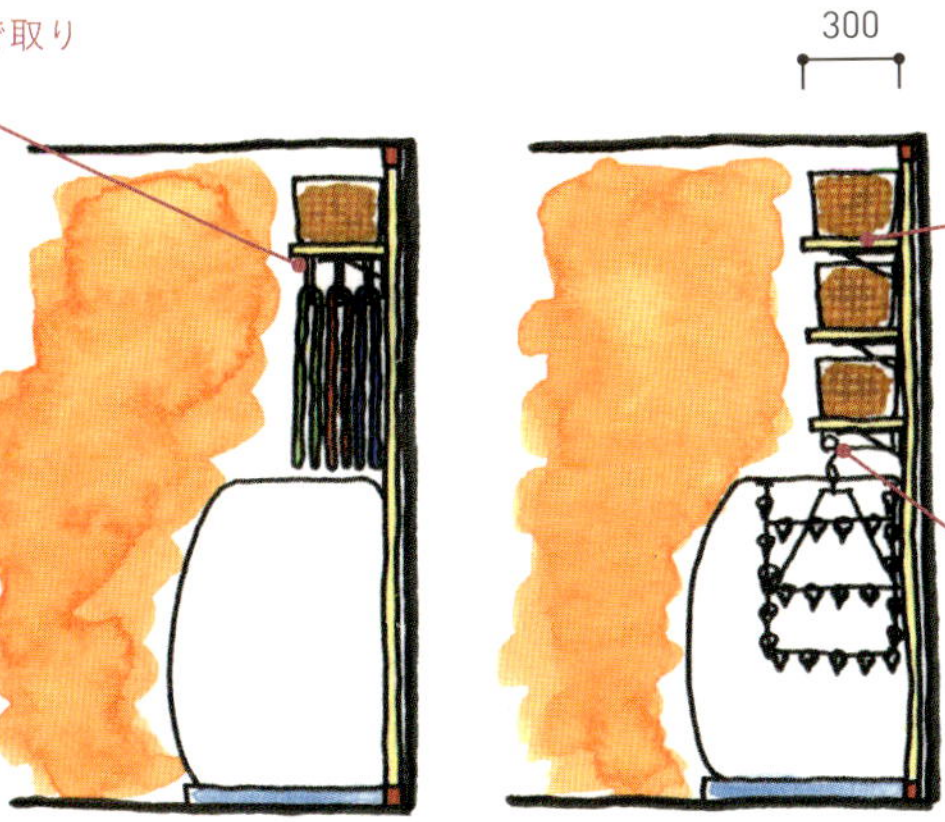
棚板の下にタオルバーをネジで取りつける
300
棚板はL形ブラケットで自立柱に固定しても。脱いだ服や洗濯洗剤、タオル置き場として利用
棚板の下にタオルバーやフックを取りつければ、吊り下げ収納に

棚板を1段にしてバーをつけると、バスタオルやバスマット掛けとしても使えるね。

間取りでスッキリ

家事スペース × 収納

洗面所に余裕があれば、洗面化粧台の対面に家事スペースを兼ねた収納を設置しましょう。掃除道具とお風呂道具を分けると使うときに便利。

スロップシンクは、靴や雑巾をジャブジャブ洗えて便利です。泥のついた物を洗面化粧台で洗うのが抵抗ある人におすすめ。

↓ 洗面所を上から見ると

掃除道具がまとめて置けるのも便利です。

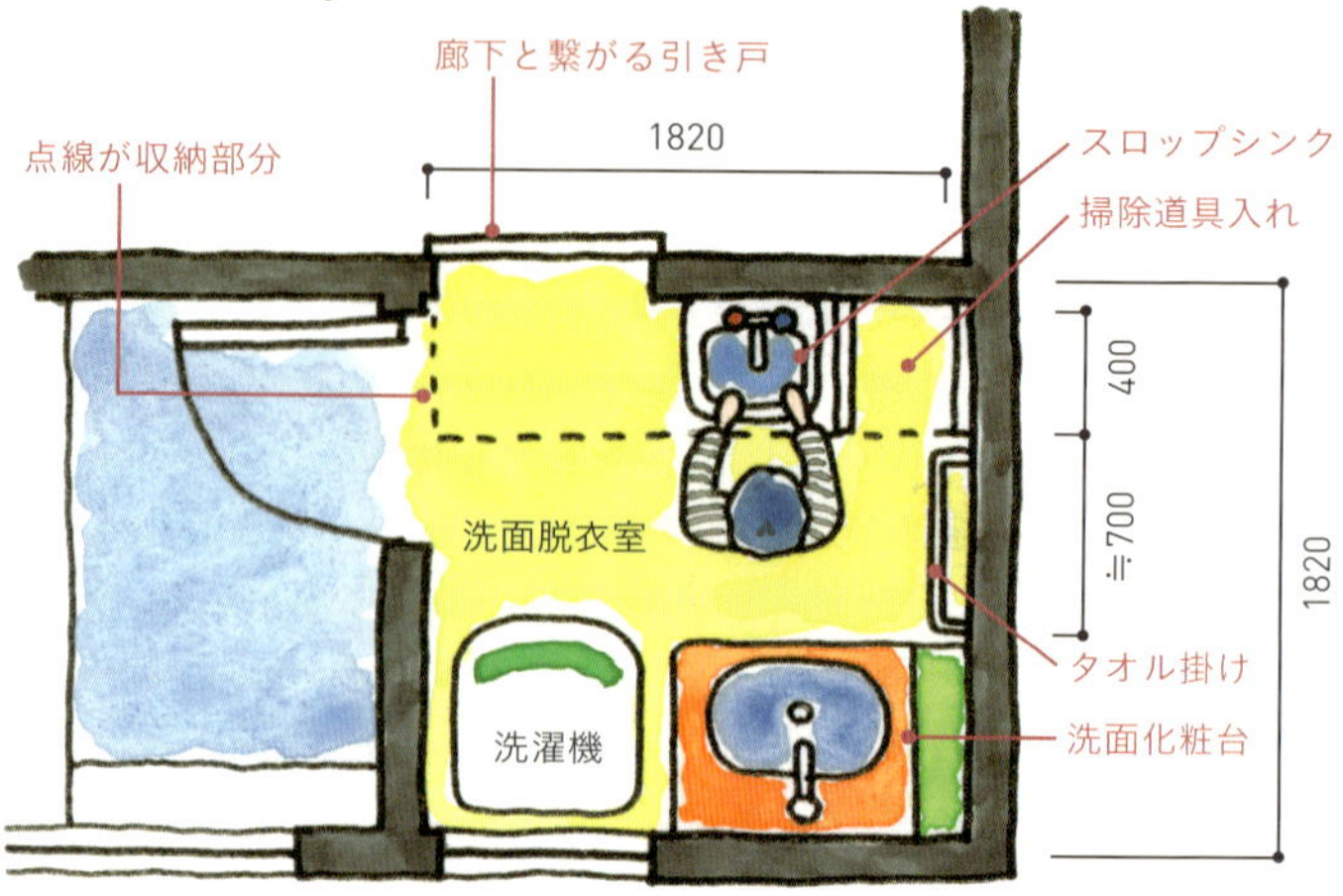

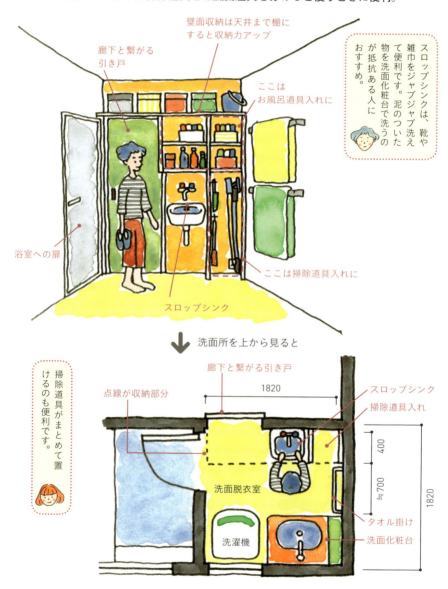

洗面脱衣室
収納に入れたい物と寸法

入浴時にお風呂の中と外で使う物に加え、ボディケア用品から掃除道具まで、他の部屋に比べて小さいスペースに細々とした多くの物が集まります。収納の腕の見せどころです。

マウスケアグッズ

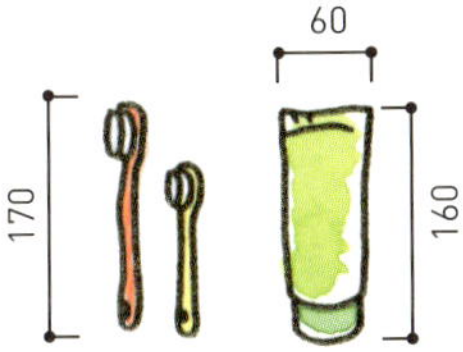

歯ブラシ　歯みがき粉

電動歯ブラシ（200）
コップや歯間ブラシ（100程度）

洗剤類

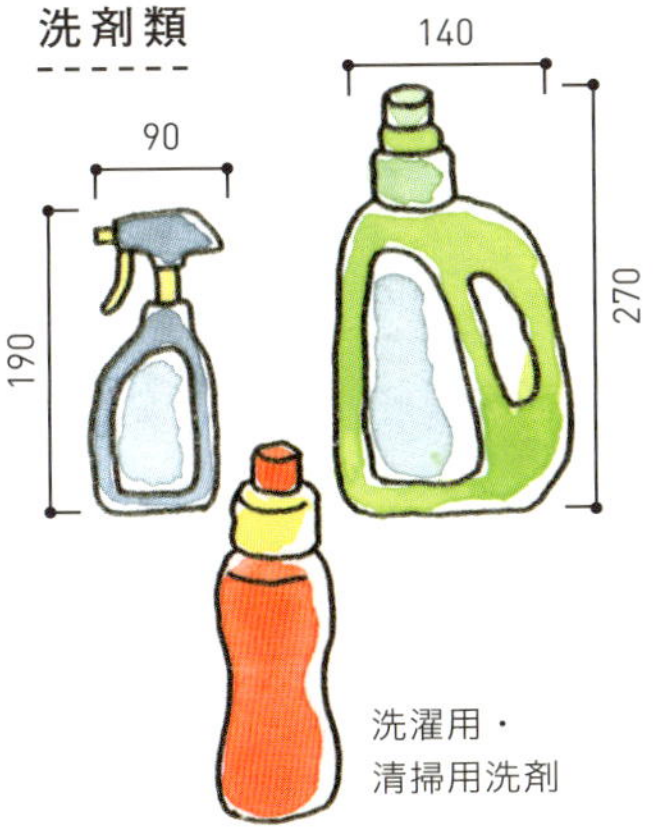

洗濯用・
清掃用洗剤

ボディケア用品

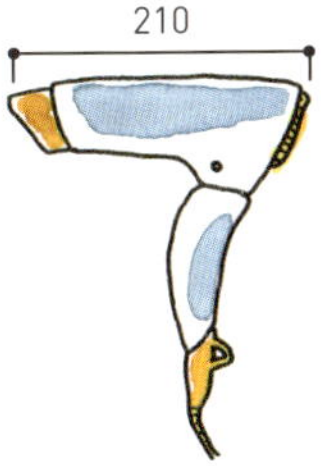

ドライヤー

T形カミソリ（150）
電動ひげ剃り（100〜170）
整髪料や化粧水（200）

掃除機

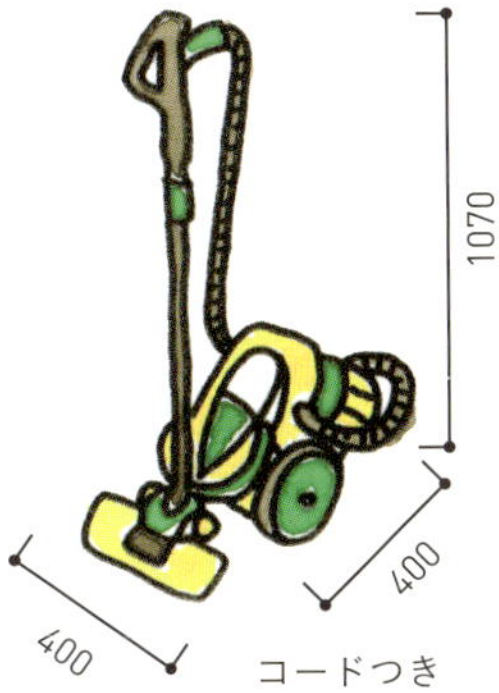

コードつき

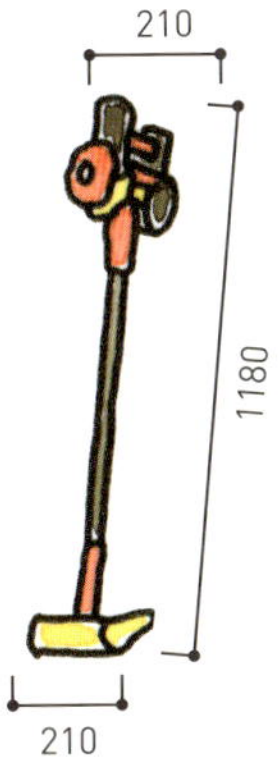

コードレス

充電式掃除機の場合、200〜500㎜角の充電器置き場も必要

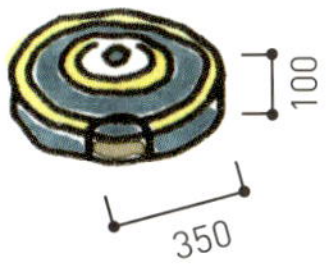

ロボット式

体重計

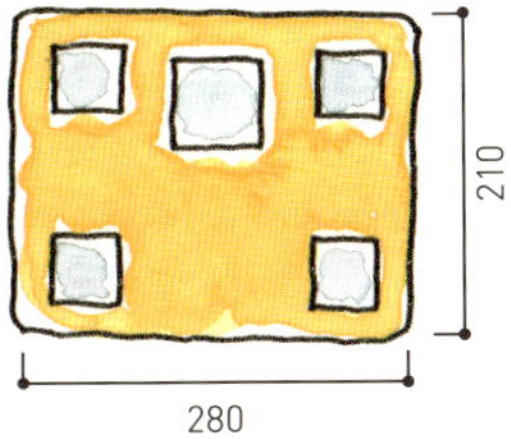

タオル

短い辺を三つ折り、長い辺を四つ折りにする、フレンチ折りで、バスタオルは200×300×100㎜、フェイスタオルは100×200×70㎜程に

トイレ

収納が少なくて物が収まらない

掃除道具やサニタリーグッズを床に直置きすると、
掃除がしにくく、ほこりがたまる原因に……

友達が、トイレに収納がなくてゴチャゴチャして困るって悩んでいるの。

トイレに収納がないと、物が床置きになって掃除のとき面倒よね。

そうそう。それで掃除をサボると、汚れが頑固になって、嫌なニオイの原因にも……。

使いやすい場所に収納があって、床や壁の汚れやすい部分がスッキリ片づいていれば、掃除もこまめにできて清潔さが保てるよね。

トイレはお客様も使うし、家族も唯一ひとりになれる個室だったりするから、用を足すだけでなくて癒しの空間でありたいものよね。トイレ収納を簡単に増やす方法はないかしら？

便利グッズでスッキリ

突っ張り棒でボックス収納

トイレの収納を増やすには、突っ張り棒とボックスの組み合わせが手軽で便利。さらにひと工夫加えて、おしゃれに収納しましょう。

突っ張り棒を2本渡し、上部に綺麗な箱を乗せただけの棚収納。突っ張り棒が板状になっているアイテムを使えば、より安定した棚に

庭で育てたラベンダーを、リボンでまとめて吊しておけば、自然とドライフラワーに。数か月の間、色と香りが楽しめる

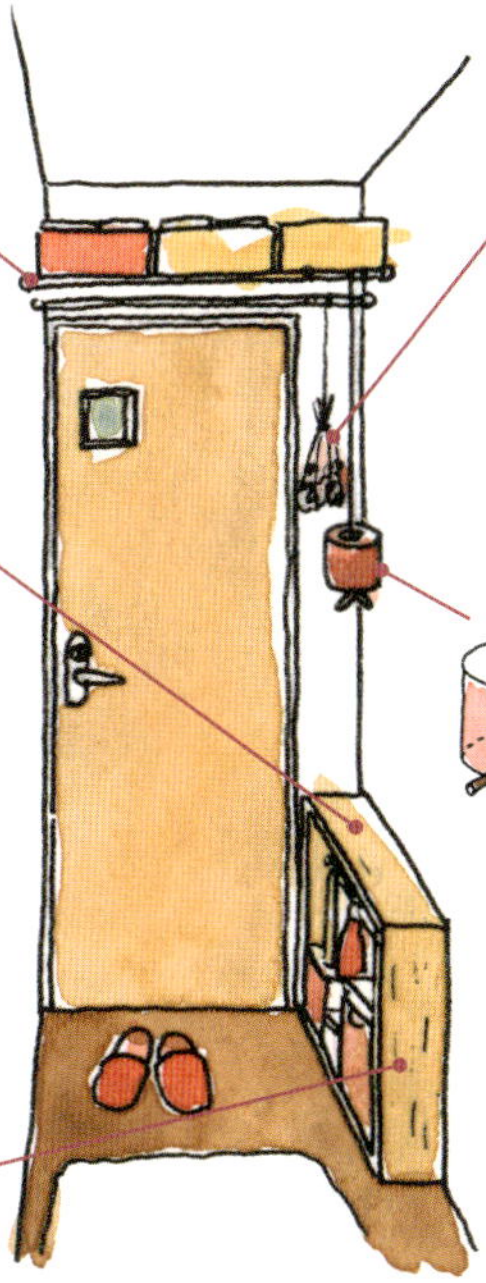

市販の木箱や合板でつくった薄型の箱を立てて収納に。サニタリーボックスや掃除道具などをひとまとめにすれば、床掃除のときに移動しやすくて便利

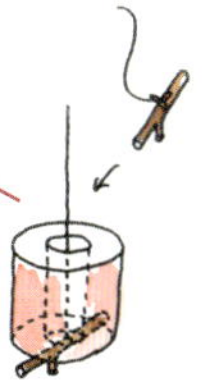

トイレットペーパーの予備も、吊り下げると衛生的。60㎜くらいの可愛い小枝に、ひもを結んだだけで、おしゃれにまとまる

来客時にはボックスを裏返して、さらにスッキリ！

突っ張り棚もおしゃれに……

突っ張り棒

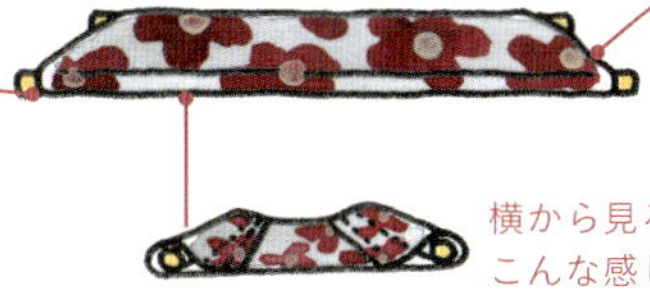

お気に入りの布で突っ張り棚を隠すという手も。布の端を両面テープで留めるだけでOK

横から見るとこんな感じに

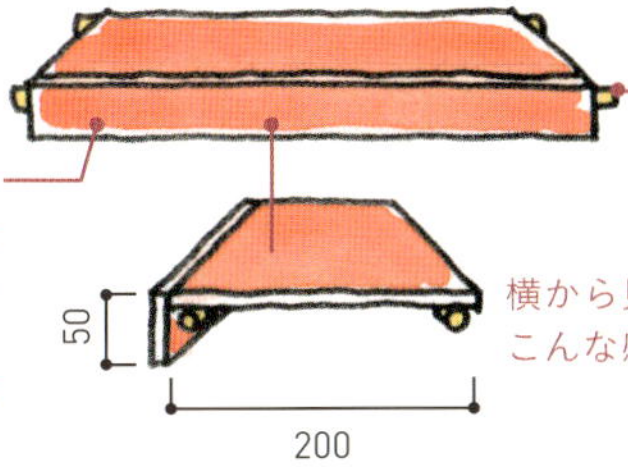

突っ張り棒

突っ張り棒の上に薄い板材（厚5㎜）を乗せても。前側を隠すように、木工用ボンドでL形に接着すれば、棚板風になる

横から見るとこんな感じに

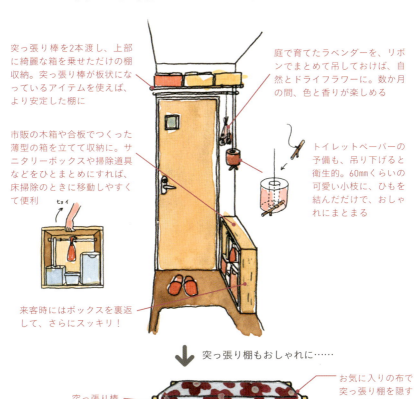

DIYでスッキリ

壁掛け収納 × 飾り棚

トイレには、便座の上部など、意外とデッドスペースがあるものです。
DIYで、充実の壁掛け収納にしてみましょう。

入り口上部には奥行き深めの壁掛け収納

便器上部に奥行き浅めの壁掛け収納。座ったときに当たらないよう、サイズに注意して

トイレットペーパー12ロールが1段に収まる

目につく最下段は飾り棚として利用

※収納は、壁下地の位置を確認した上で設置しましょう。

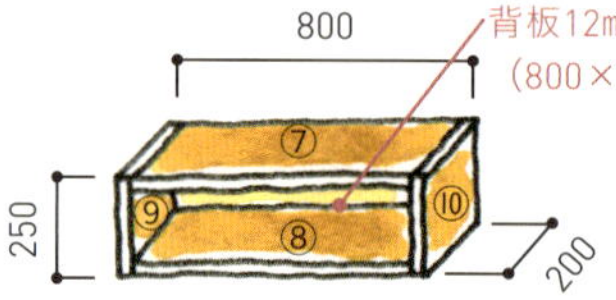

背板12mm厚（800×250）

奥行が深い棚にはタオルや掃除グッズを収納する

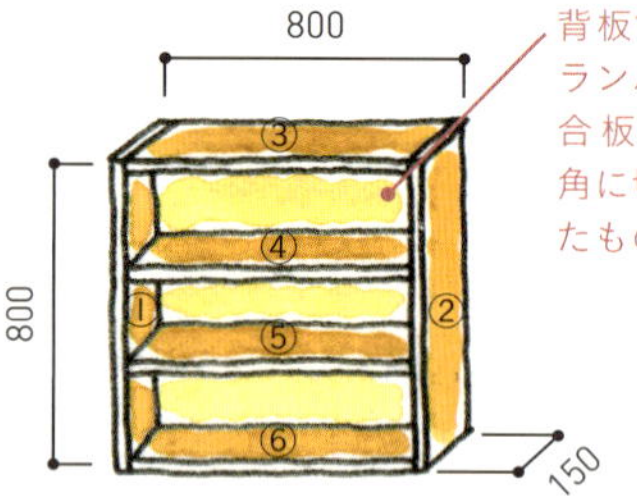

背板12mm厚のランバーコア合板を800mm角に切り出したもの

奥行が浅い棚にはトイレットペーパーを（1段に縦に2個、横に6個の大きさ）

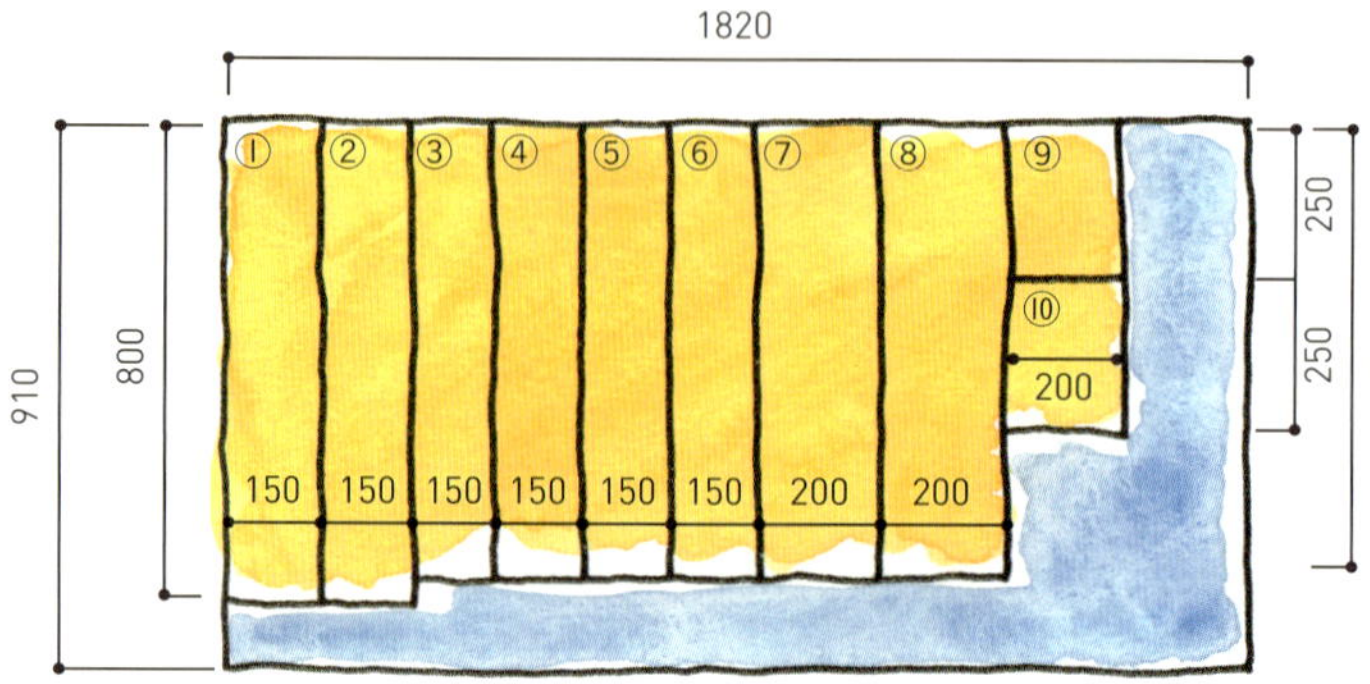

ランバーコア合板（1820×910mm、18mm厚）1枚で大小2つの壁掛け収納がつくれる（背板は別に用意）

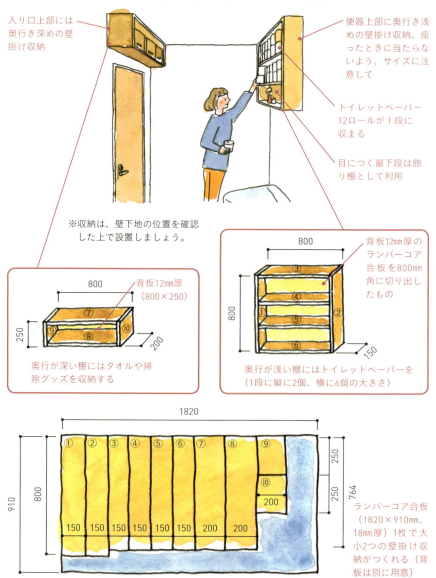

DIYでスッキリ

壁を傷つけずにたっぷり収納

賃貸などで壁を傷つけたくない場合、やはり壁面突っ張りタイプの収納が便利です。便座上部にも壁沿いにも、気軽にDIYできます。

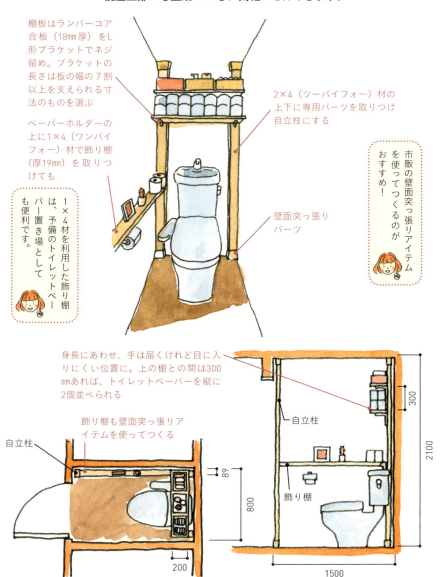

1×4材を利用した飾り棚は、予備のトイレットペーパー置き場としても便利です。

市販の壁面突っ張りアイテムを使ってつくるのがおすすめ！

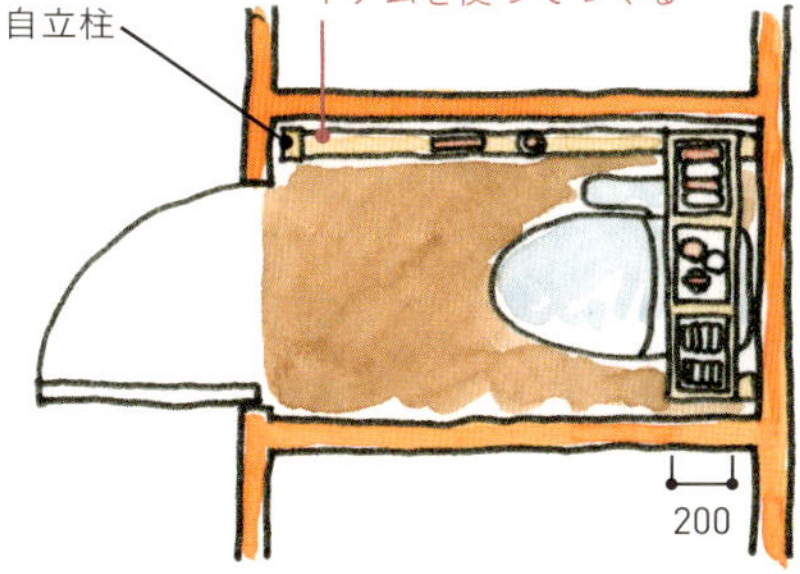

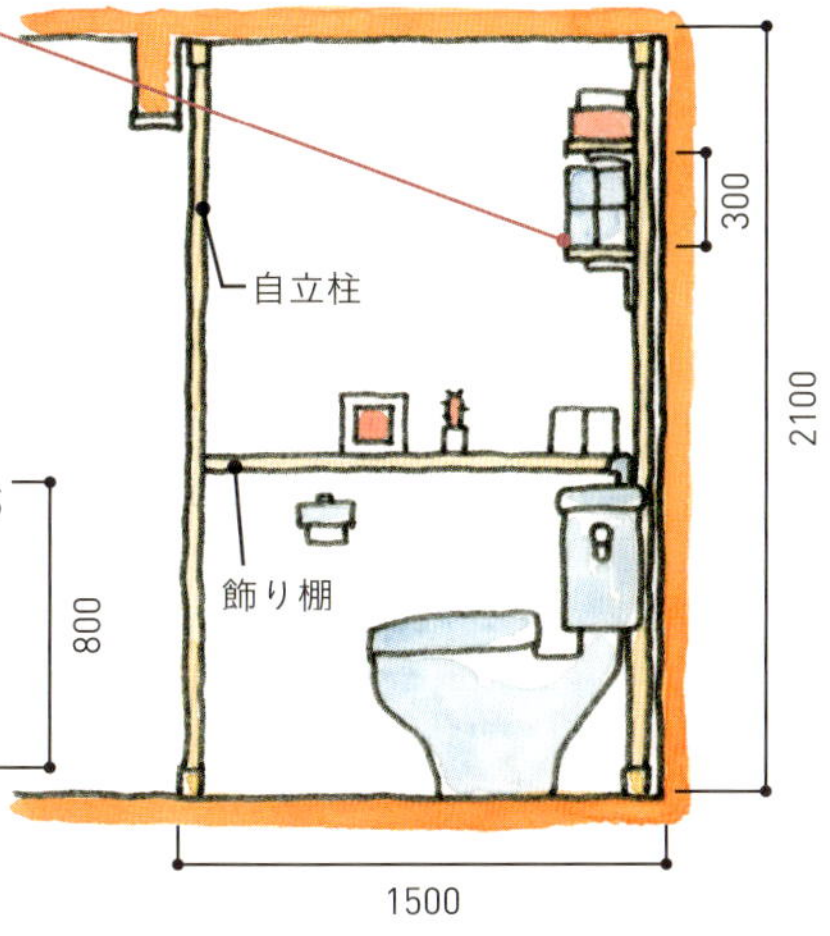

間取りでスッキリ

トイレ ＋ 300㎜

トイレの幅を広くして、手洗いを兼ねた壁面収納をつくるのもよいでしょう。
収納力だけでなく、空間が充実し、居心地も増します。

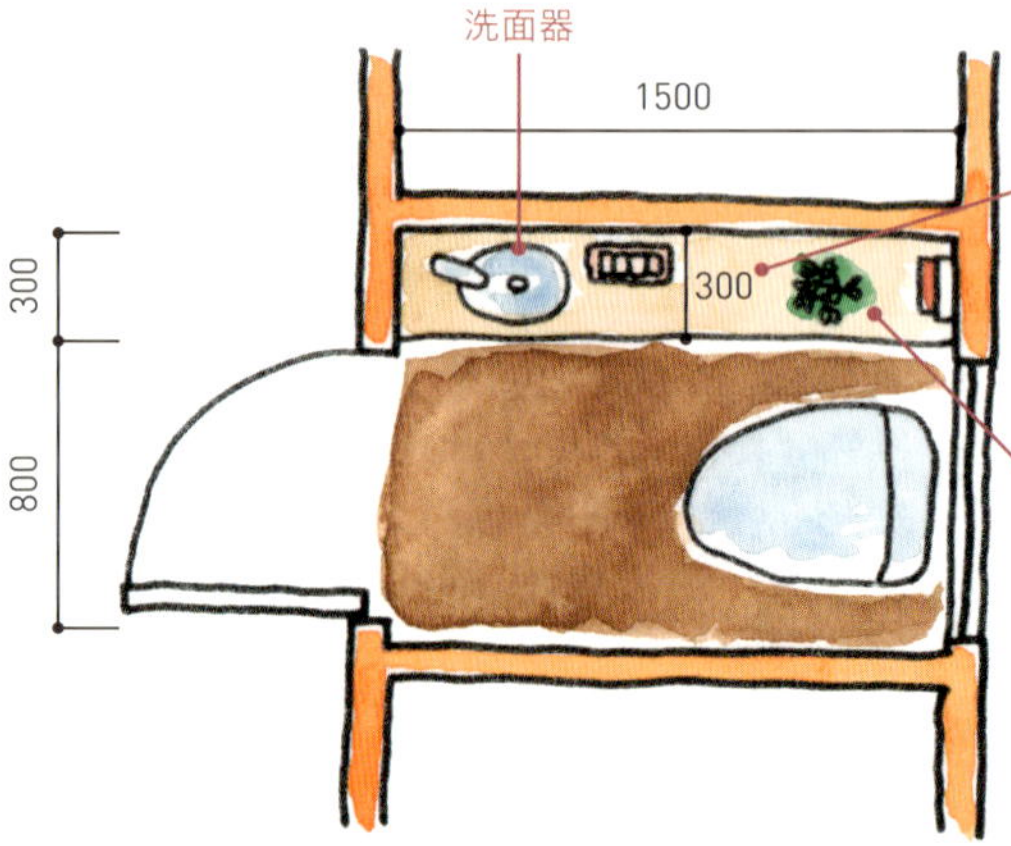
洗面器
1500
300
300
800
トイレにはもともと配水管があるため、隣が収納や廊下であればリフォームも可能
一般的なトイレのサイズは800×1500㎜程度。幅を300㎜広げると、洗面器が設置でき、ストックなども収納できる棚がつくれる

トイレ用品のストックが多い場合は上部にも棚をつくると収納力アップ！
居心地がよく、ゆったり過ごせるため、ここにトイレ読書用の本を置いても
掃除道具など、隠しておきたい物もすべて収まる

トイレットペーパー12ロールが袋のまま収納できて、とても便利です。

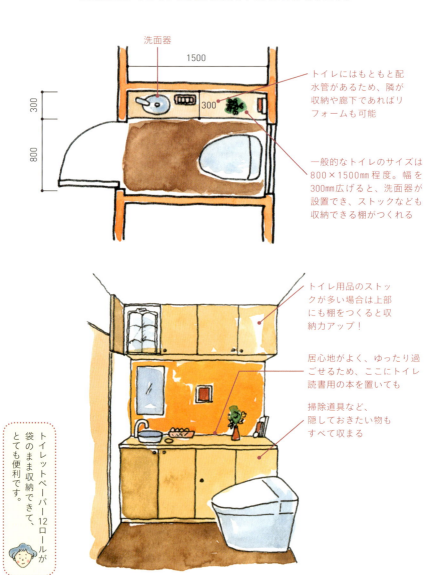

トイレ
収納に入れたい物と寸法

トイレットペーパーや掃除道具を床に置いていませんか？　トイレの収納を見直せば、日々の掃除も楽になり、今よりもっと素敵な心休まる空間になります。

トイレットペーパー

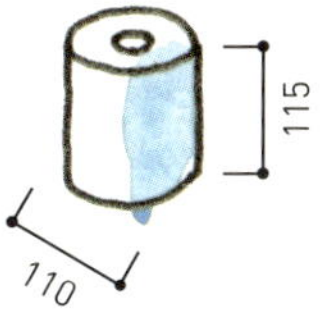

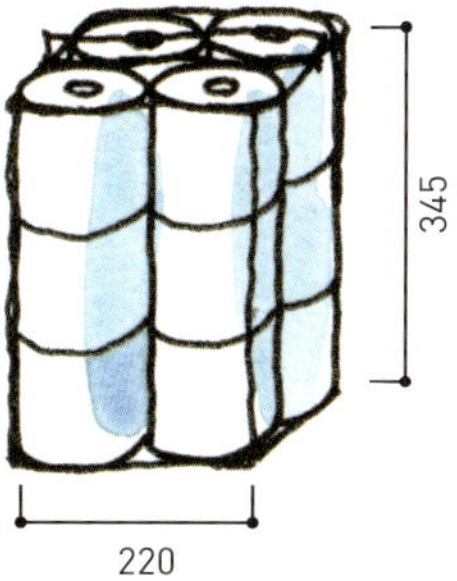

12ロール

サニタリーグッズ

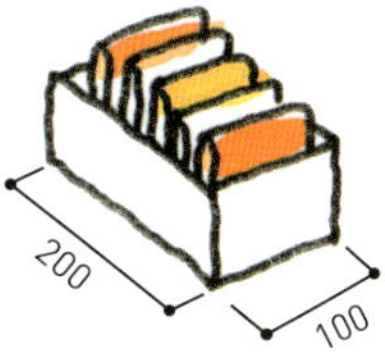

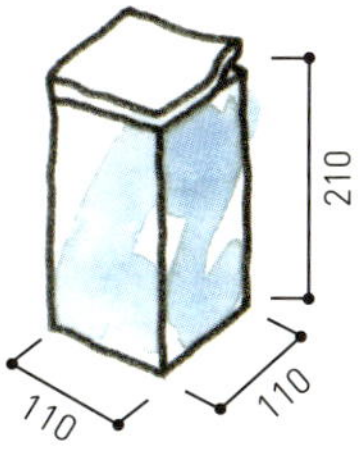

サニタリーボックス

タオル

短い辺を三つ折り、長い辺を四つ折りにする、フレンチ折りで、フェイスタオルは100×200×70mm程に

掃除道具

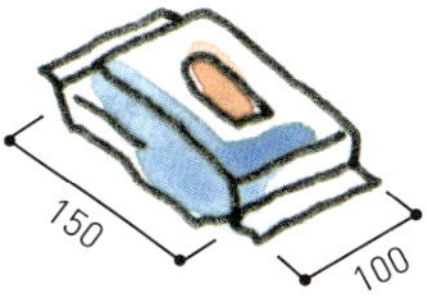

ウェットティッシュ

スプレー式洗剤

その他、トイレブラシ（380）など

玄関①
収納しきれない靴が出しっぱなし

大きな荷物を持っていて足元が見えないときなど、靴につまずいてよろけてしまうことも。出しっぱなしの靴、危険です。

うちの玄関は狭くて、靴箱が小さいの。すぐに靴が入り切らなくなって、出しっぱなしになっちゃうんだ。

玄関が散らかっていると、急な来客のときに恥ずかしいよね。

掃除もしにくいしね。土汚れだけじゃなくて、髪の毛やほこりも結構たまるのよ。

スッキリ片づいてるのが理想だけど、収納には限界が……。とはいえスペースが限られているから、そう簡単に収納は増やせないじゃない？

だったら、今ある場所を効率的に使う方法を考えなくちゃね。

DIYでスッキリ

廊下の上のスペースを収納に

玄関にスペースが足りないなら、廊下も収納にしてしまいましょう。天井は思わぬデッドスペース。市販の3段ボックスを加工して、吊り棚にします。

天井の収納には、靴や帽子のほか、手袋やゴーグルなど季節物をしまうとよい。頻繁に使う物は、出し入れしやすい場所へ
400
600
うん、入るよ
これも入る?
2000
収納に照明を仕込めば廊下がよい雰囲気に
廊下
玄関
2m程度の高さであれば、台に乗って簡単に出し入れ可能
吊り棚どうしは一定の間隔を空け、出し入れをよりスムーズに
廊下は人が長時間滞在する場所ではないので、吊り棚までの高さは2m程度あれば充分。出し入れしやすく、圧迫感もない

吊り棚は3段ボックスを利用して

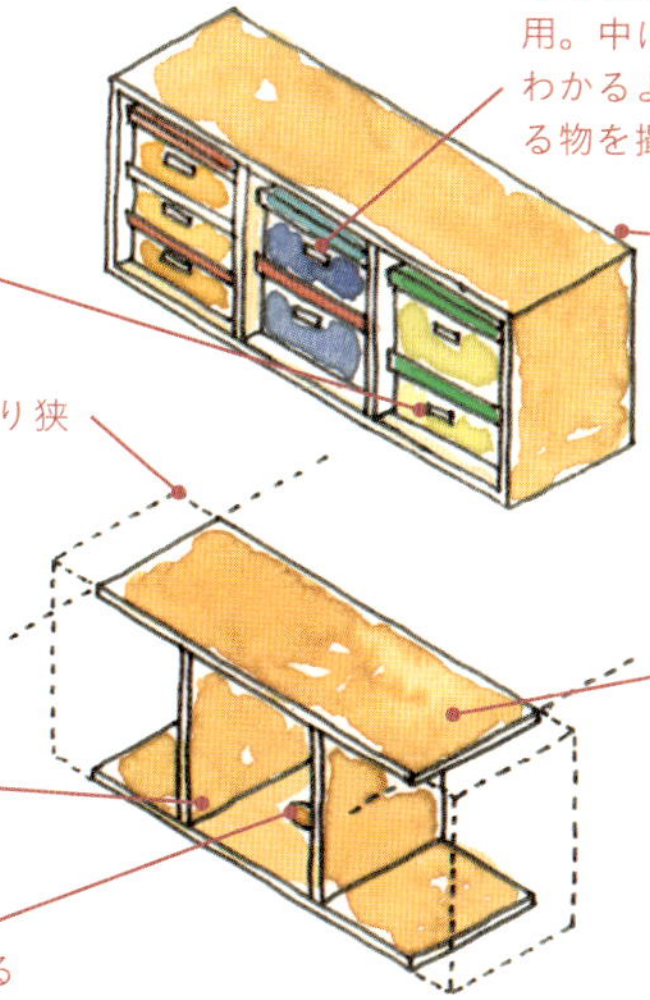
吊り棚は市販の3段ボックスを横にして利用。中に入れる箱には、下から見て中身がわかるよう、大きめのラベルを。入っている物を撮った写真を貼ってもよい
箱のデザインや色を統一すればオシャレな印象に
天井には、端部と303～455㎜程の間隔で下地が入っているので、下地ごとにビスで固定する（ビスピッチは150㎜程度・木下地の場合は木工用ビス、鉄骨下地の場合は軽量鉄骨用ビスを使用）
廊下の幅が3段ボックスより狭かったらカットして使う
石膏ボード用アンカー等で固定するのは危険なため、必ず下地のある箇所でビス固定する。下地は、針を刺して位置を確認する『下地探し』という簡易的な道具で、探すことができる
棚板が固定式で、丈夫な3段ボックスを使う
照明を仕込めば廊下を演出できる

玄関②

置き場のないスポーツ用品や子供の外遊び道具

スポーツやアウトドアなど、活動的な趣味が多い家庭は、
玄関が散らかりがち……

玄関って靴入れの収納しかないことが多いけど、他にも置きたい物はたくさんあるよね。ベビーカーとかスポーツ用品とか。外で使う物は家の中に入れたくないよね。

大きくて邪魔だけど、そこしか置く場所がないから玄関に置いちゃう。ほかの物は片づけていても、これがあるだけで散らかってみえるよね。

収納場所を考えておかないと、玄関はスッキリ使えないね。

場所の確保が最大の課題ね！

いつでもスッキリな玄関を目指して、美しいレイアウトを考えよう。

簡単アイデアでスッキリ

玄関のデッドスペースを探そう

玄関を見渡せば、意外と空いているスペースがあるもの。
デッドスペースを探して、くまなく収納しましょう。

靴入れの下の空間を使う

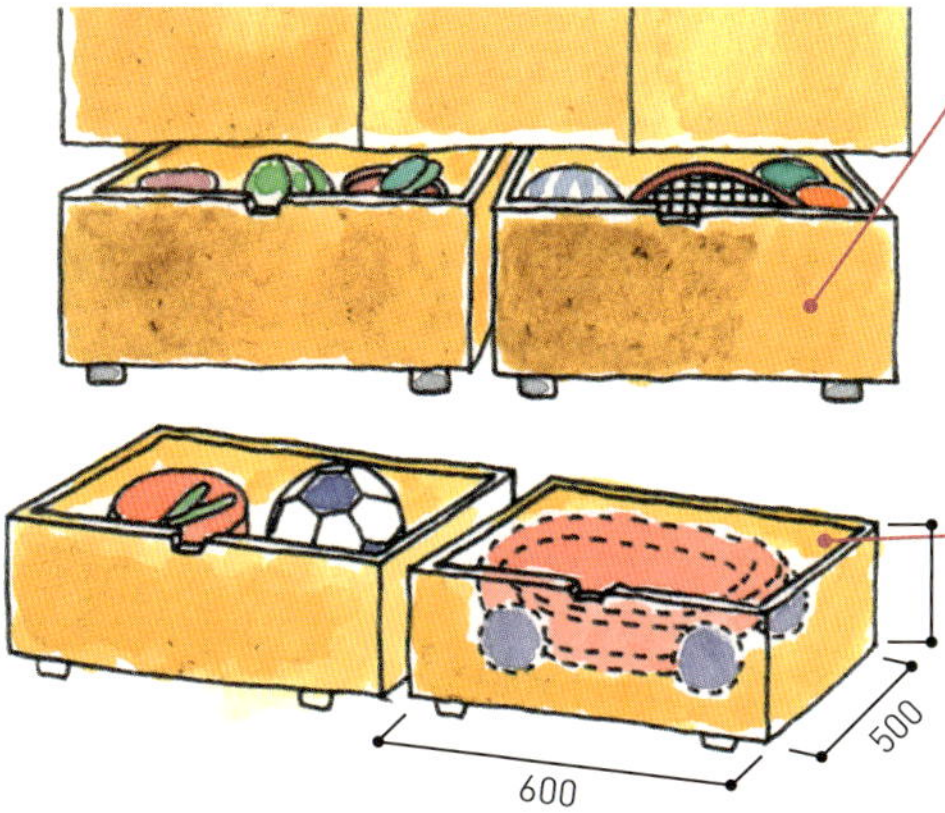

靴入れの下にスペースがあれば、キャスター式のボックスを入れて、ベビーカーやスポーツ用品を収納する場所として活用できる

ベビーカー

ベビーカーはコンパクトに折りたためる物も多く、デッドスペースに入れられることも

靴入れを有効に使う

一番効率のよいしまい方を考える。100円ショップなどでも手に入るシューラックは、片足分の幅で一足分の収納ができておすすめ

ブーツはブーツキーパー等で効率よく収納。通気性よく、型崩れなくしまえて、靴にとってもベスト

ブーツキーパー

棚板を外して、大きな物の収納スペースをつくっても

靴の高さを段ごとにそろえて、棚板の数を増やす

間取りでスッキリ

既存の窓を利用して増築！

靴入れには収まりきらない
大きな物や室内に入れたくない物の収納場所を増築しましょう。

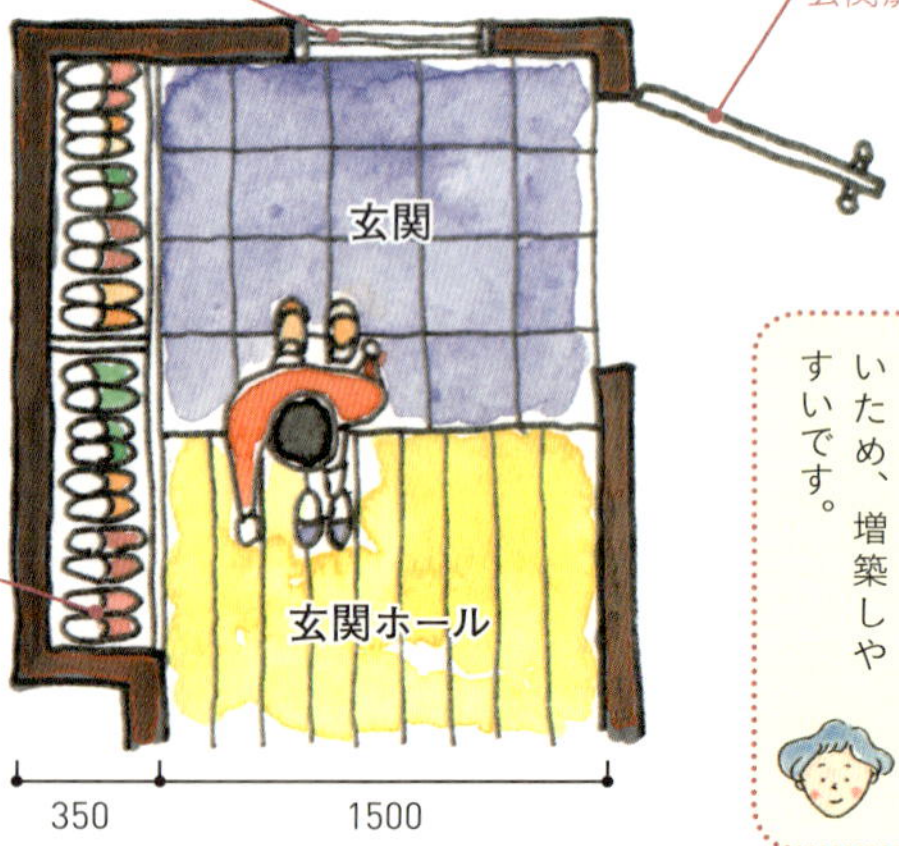

玄関は暗くなりがちなので、明かり取り用の窓を設けられている事がよくあります。窓があれば、家の外壁に新たに開口を開けることがないため、増築しやすいです。

増築すると……

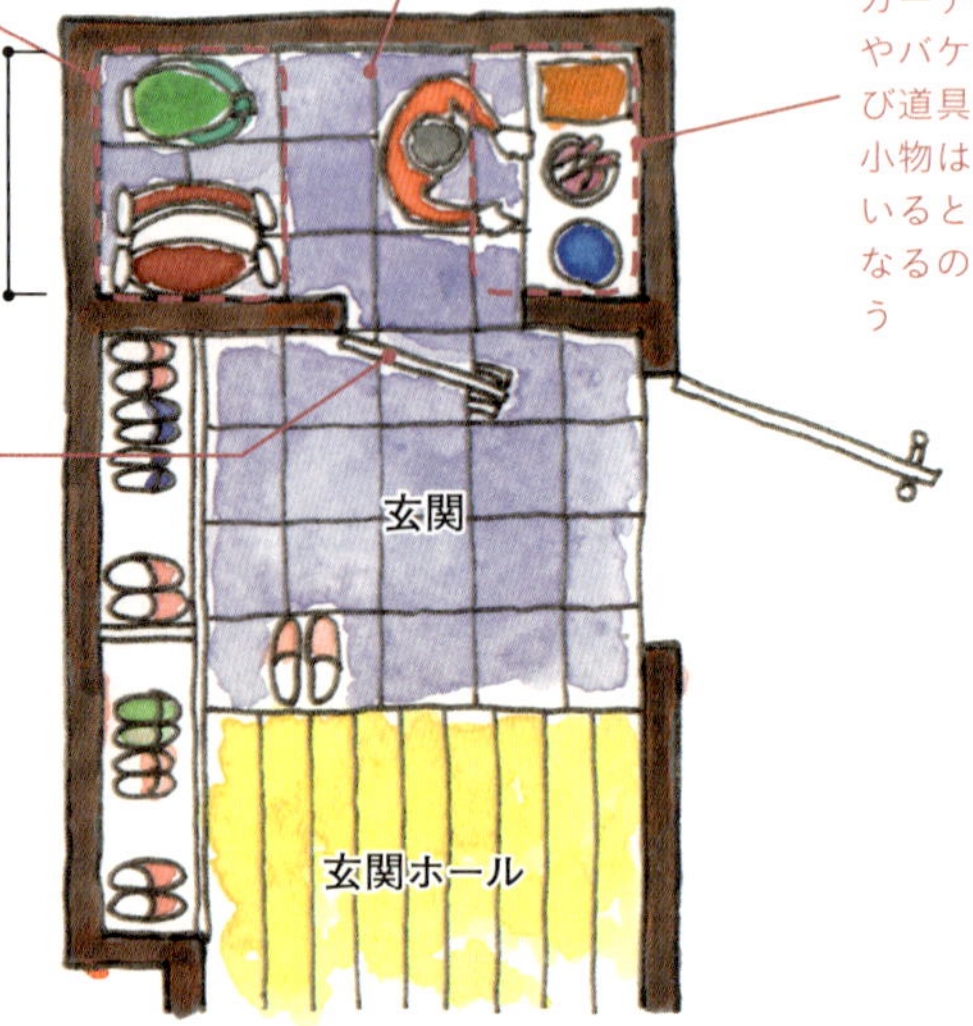

玄関脇に土足で入れる収納部屋があると片づけしやすく、玄関もきれいにしておけます。

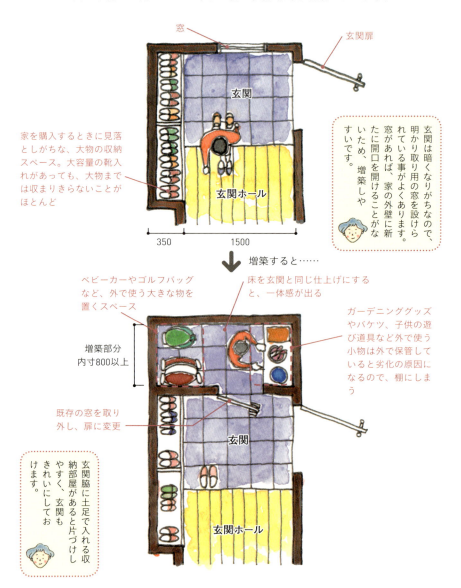

間取りでスッキリ

土間の大型収納が便利！

玄関を幅広にして、土間の一部を大型収納にするのもよいでしょう。
家族とお客様の動線を分けておくのがおすすめです。

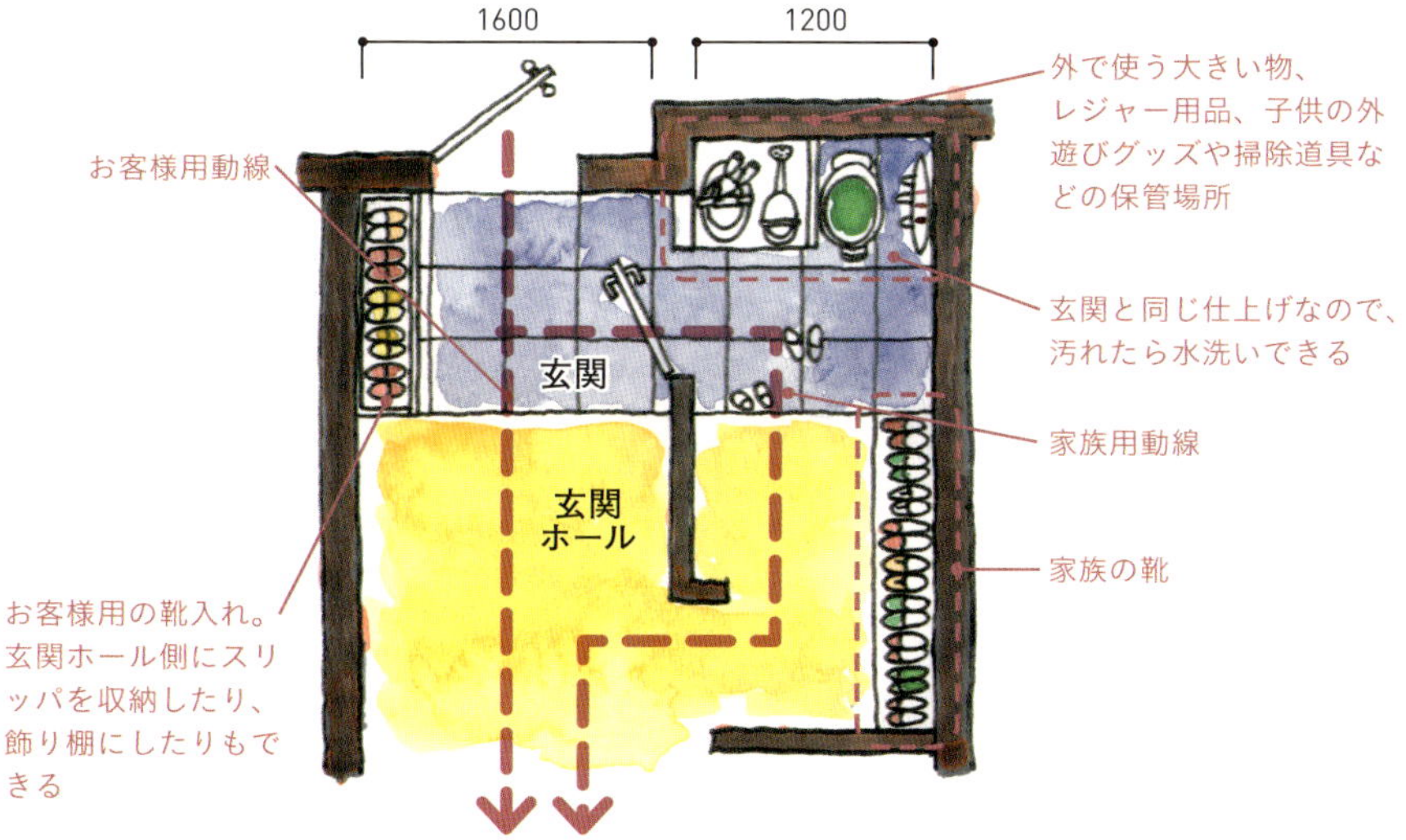
1600
1200
お客様用動線
外で使う大きい物、レジャー用品、子供の外遊びグッズや掃除道具などの保管場所
玄関と同じ仕上げなので、汚れたら水洗いできる
玄関
家族用動線
玄関ホール
家族の靴
お客様用の靴入れ。玄関ホール側にスリッパを収納したり、飾り棚にしたりもできる

通り抜けできるシューズクロークとして、収納の中で靴の脱ぎ履きを行えば、外用サンダルなどを出しっぱなしにしても、メイン玄関はきれいに保てる
泥だらけの外履きや遊び道具など、出しっぱなしにしたくないけれど、室内にはしまうことができない物を、すっきり収納しておくことができるのが魅力です。
家族の靴も収納の中に
玄関や外で使う物、掃除する道具もまとめて収納
玄関扉を開けた先は、いつもスッキリ。急な来客にあわてて片づける必要もなし！
玄関ホール

玄関③
飾り棚が物置に……

飾り棚がゴチャゴチャ！　片づけができないことを、
お客様に知らせているようなものです。

うちは靴入れの上が、お花や季節の飾りを置く飾り棚になっているの。

うちにもあるよ。ポストから取ってきた手紙とか、カギとかを、ついつい置いちゃって、いつもごちゃっとしてるけど。

そう！　本当は、お花やお気に入りのオブジェを飾ってきれいにしたいなあ。

お客さんが来たときに、最初に目に入る場所だしね。

帰って来たときに、お花が生けてあったら素敵じゃない？　でも、きれいな飾りより、ちょい置きスペースのほうが大事かな……。

小物の置き場が確保してあればいいのよ。飾り棚はスッキリ保てるようにしたいね。

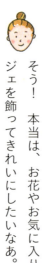

基礎知識

玄関まわりで散らかる小物

外に必ず持って行く物、玄関でさっと使いたい物は玄関に置き場をつくりましょう。取り出しやすく、コンパクトに収納するのがコツ。

吊るせる物は吊るして

飾り棚壁面や、
収納の扉裏に吊るす

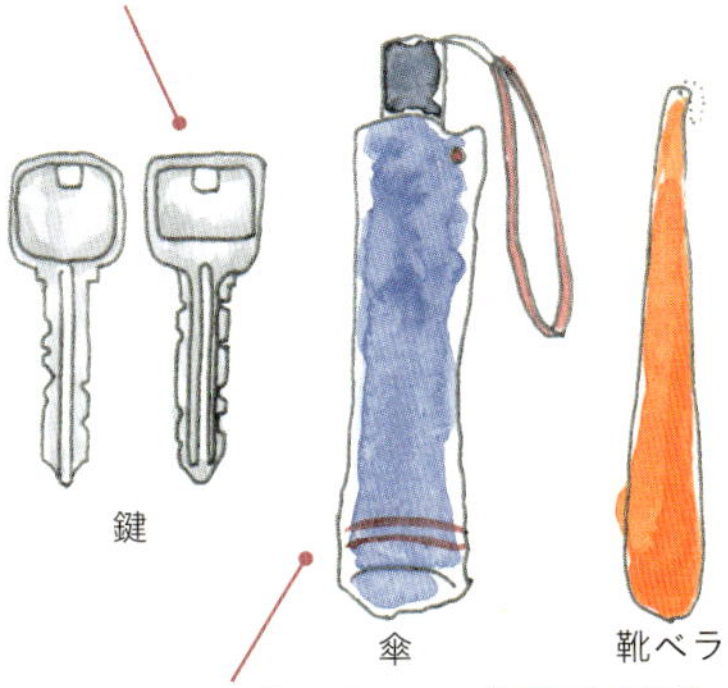

出掛けに必要な物の中で、ぶら下げて収納できる物は吊るして収納することを心掛けて。靴ベラは靴を履くときに、手の届きやすい位置に吊す

その他小物は専用スペースへ

壁面や、扉裏に、小物入れや小さな棚を設置して置く

ぶら下げにくく、転がりやすい印鑑などは、トレーや箱などにまとめると管理しやすい

靴磨きグッズは箱に整理

箱に整理して
靴入れの中に収納

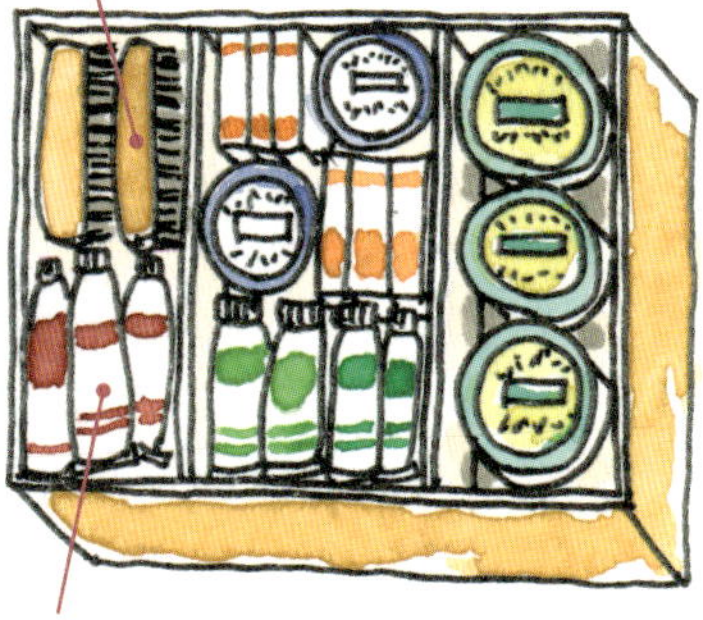

細かく、汚れる物のため、蓋がしっかりと閉まる缶などにまとめる

郵便物は玄関に置かない

すぐに中身を確認し、いらない物はすぐ捨てる。必要なものはリビングへ。たまる一方の郵便物をうまく片づける方法は108頁を参照

ポストから取って来て、玄関の飾り棚に置いてしまわないよう、習慣づけて

DIYでスッキリ

小物置き場をつくろう！

散らかるのは細々した小物だけ、という人には、
飾り棚脇の壁面に引っ掛け収納をつくるのがおすすめ！

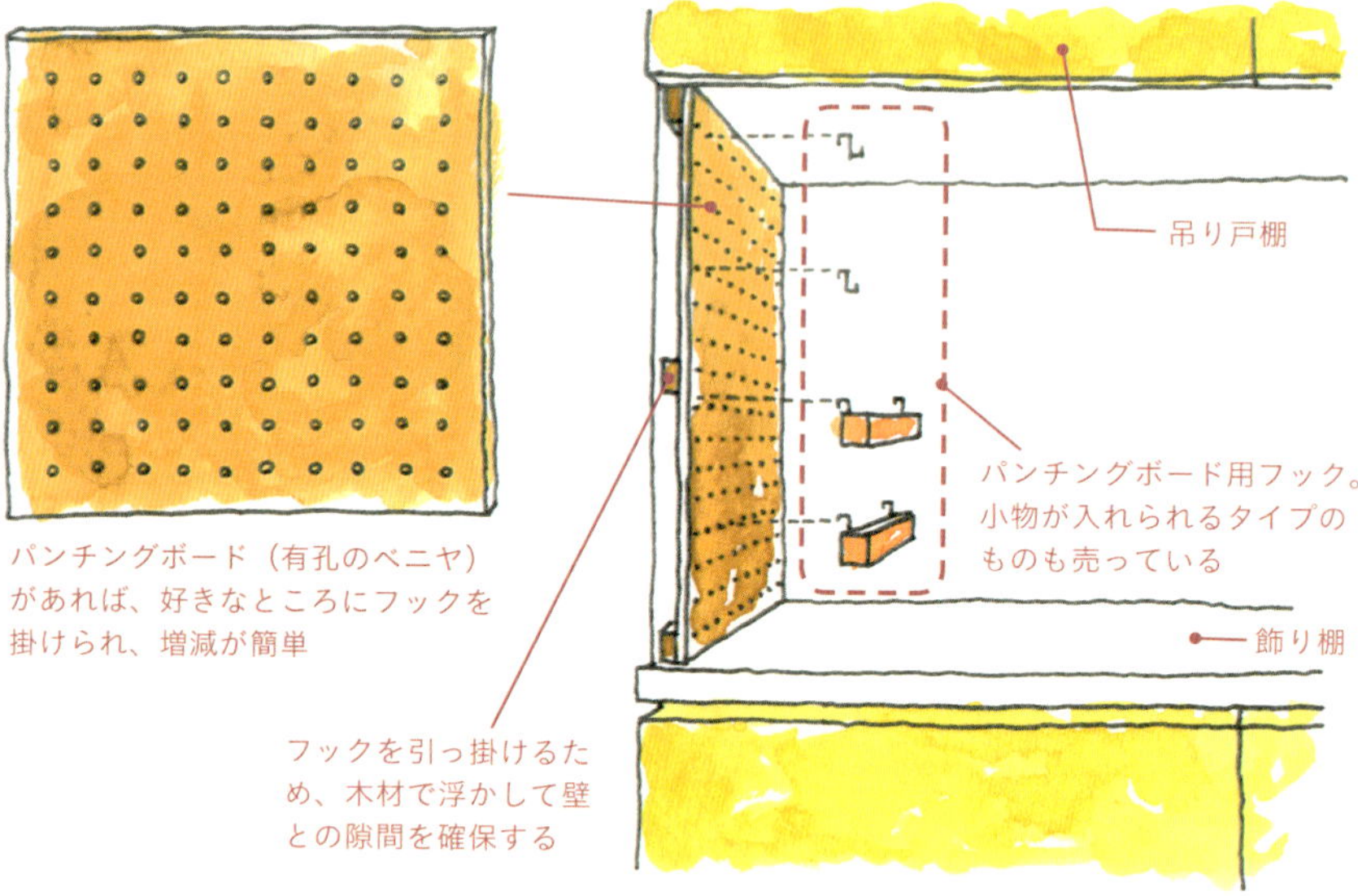
吊り戸棚
パンチングボード用フック。小物が入れられるタイプのものも売っている
飾り棚
パンチングボード（有孔のベニヤ）があれば、好きなところにフックを掛けられ、増減が簡単
フックを引っ掛けるため、木材で浮かして壁との隙間を確保する

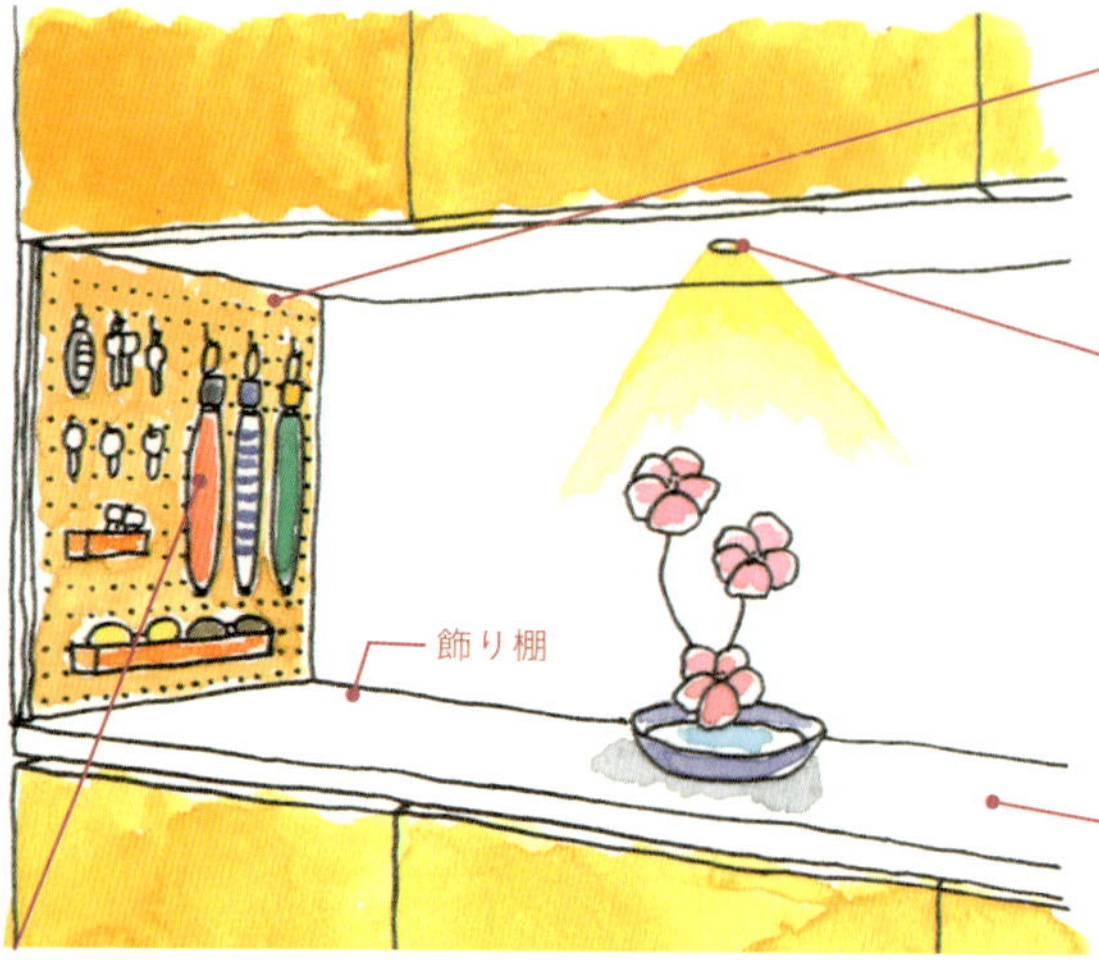
玄関扉に近いほうの壁に小物置き場をつくると、訪問者から見えにくくなる
スポット照明があれば、その下が飾る物のベストポジション
飾り棚
小物の置き場所が確保されていれば、飾り棚は役目をきちんと果たせる。スッキリ気持ちのよい玄関を保ちたい
折りたたみ傘は濡れたまま掛けず、使った後は別の場所で開いて干しておく

DIYでスッキリ

飾り棚から小物収納へ

印鑑や鍵以外にも小物があふれてしまう場合、いっそのこと飾り棚部分に扉をつけ収納量を確保しましょう。扉にお気に入りの絵や写真を飾るスペースを忘れずに。

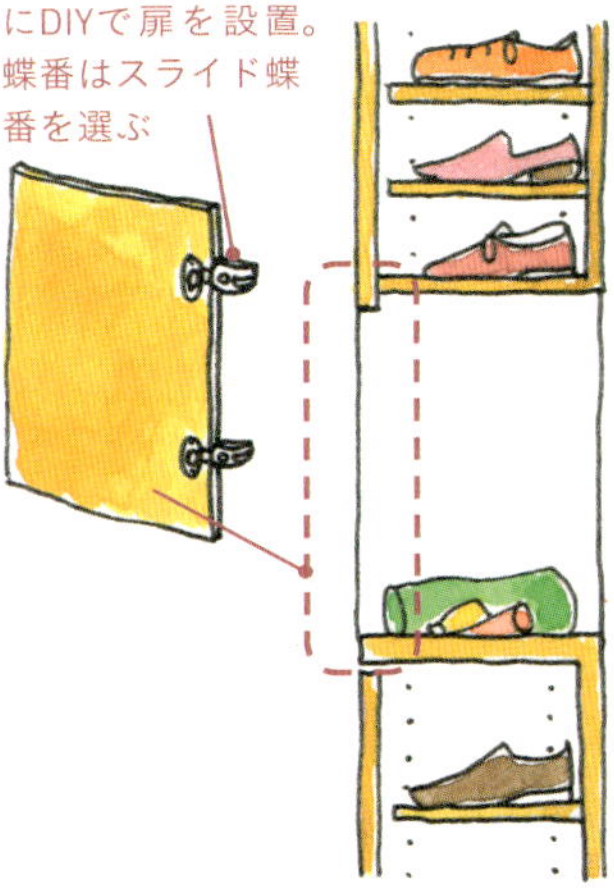
飾り棚を収納スペースに変えるためにDIYで扉を設置。蝶番はスライド蝶番を選ぶ

扉表面は「飾る」ための特別な場所。他の扉とは色を変えておく。濃い色のほうが、写真などが引き立つ
写真や絵はがきは、額縁に入れると上質な仕上がりに
扉はつまみをつけずプッシュ開閉式にしてスッキリ見せる

中を開けると

靴ベラは、靴を履くときに取り出しやすい位置に
靴のお手入れセットは箱にまとめて収納
郵便物用のゴミ箱
郵便物を分類するためのケースを置いても
鍵はそれぞれをフックに
折りたたみ傘も扉裏に吊り下げる
サングラスなどが置ける棚を扉裏にネジ留め
印鑑は、郵便物を受け取るときにサッと取り出せる位置に

扉裏も利用することで、スペースを有効活用して、細々した小物も使いやすく収納できます。

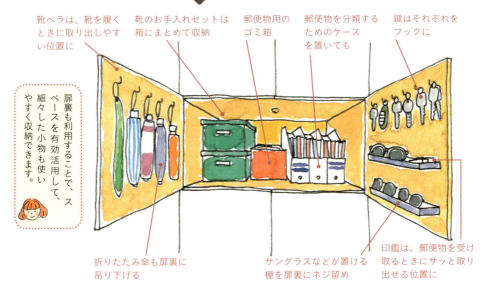

玄関④ たまる郵便物、書類はどこへ……？

玄関に貯まりがちな郵便物。大事な物ほど無くしてしまい、
最後まで見つからないことも……

郵便物って、ちゃんと開けて片づけていかないとどんどんたまるよね。

ダイレクトメールから重要な書類まで、色々送られてくるから、日頃から整理をしていないと……。

お得なクーポンがあるのをすっかり忘れて、期限切れにしてしまったこともあるよ。

手渡しで受け取る書類もあるよね。上手な分別方法ってないかしら。

ルールをきちんと決めて、受け取ったらすぐに整理＆収納すれば、大事な書類が見つからないなんてことはなくなるはず。

ルールの基本を教えて！

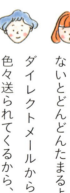

基礎知識1

書類が散らかる原因

書類整理がうまくいっていない人は、
日々の行動を思い出し、その原因を探ってみましょう。

そもそも収納場所が決まっていない

どこにしまったか
わからない

収納場所が玄関から遠い

ポイ
ついつい玄関先に
置きっぱなしに

書類の分類方法を決めていない

探しづらい。すぐに見つからなければ分類していないのと同じ
出し入れしづらい

基礎知識2

書類整理の簡単3ステップ

書類整理は「捨てる」ことから始まります。
封筒や不要なチラシは捨て、
書類自体のカサを減らすことが重要です。

捨てる → 分類する → 収納する

基礎知識3

書類は大きく2種類

書類は「期限つき（一時保管）」と「期限なし（保管）」の2タイプ。「期限つき」は1週間、1か月、半年の期限ごとに、「期限なし」は種類毎に分けておきます。

まず不要な物を捨てる

必要な物以外、封筒やチラシなど、余計な物はすべて捨てる

玄関から収納場所までの動線上に、ゴミ箱を置けば、不要なチラシなどをパッと捨てられる。ついつい取っておいてしまう人こそ、すぐに捨てられる工夫を

期限つきと期限なしで書類を分類する

期限つき書類（一時保管）

- ダイレクトメール
- クーポン
- 請求書（振込用紙）
- 学校などからのお知らせ
- 手紙　　など

期限なし書類（保管）

①領収書
②取扱説明書
③保証書
④保険証券
⑤家族の書類
（検診結果、給与明細など）
⑥その他重要書類
（住宅ローン、土地の権利証など）

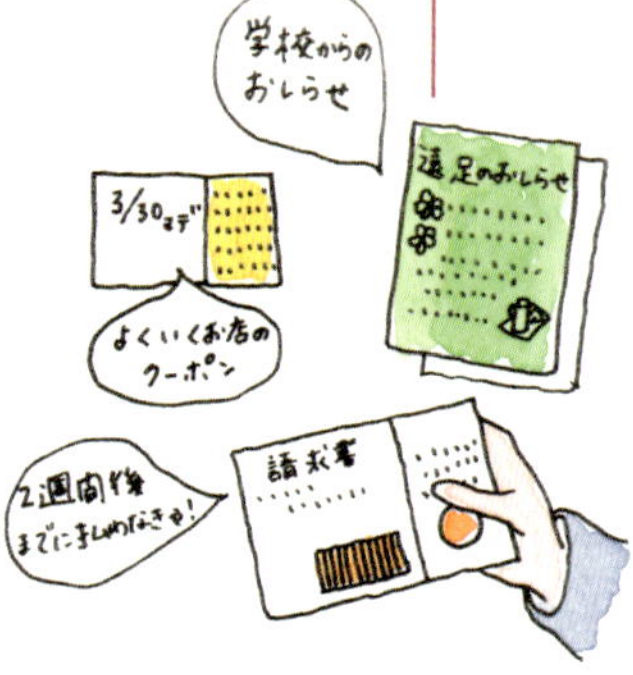

期限つき書類は「期限ごとに」グルーピングしておく。分類は
①1週間
②1か月
③半年
の3つで十分

期限なし書類は上記①〜⑥程度に分けておく

期限で分けるか、期限がないものは種類ごとに。明確な基準があれば、整理も長続きします。

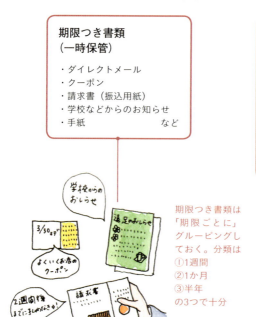

便利グッズでスッキリ

しまいやすく、しまい込ませない収納

書類を散らかさないためにも、専用の収納場所が不可欠です。
書類のタイプ（右ページ参照）別の収納ケースを、便利グッズでつくります。

期限つき書類は期限ごとに透明ケースへ

基本は空に。こまめにチェックして処理する
1
2
3
①1週間
②1か月
③半年
A4が入る透明ケース
大事な手紙などは返事を出した後、期限なしの家族の書類にまとめても

期限なし書類は種類ごとにボックスファイルへ

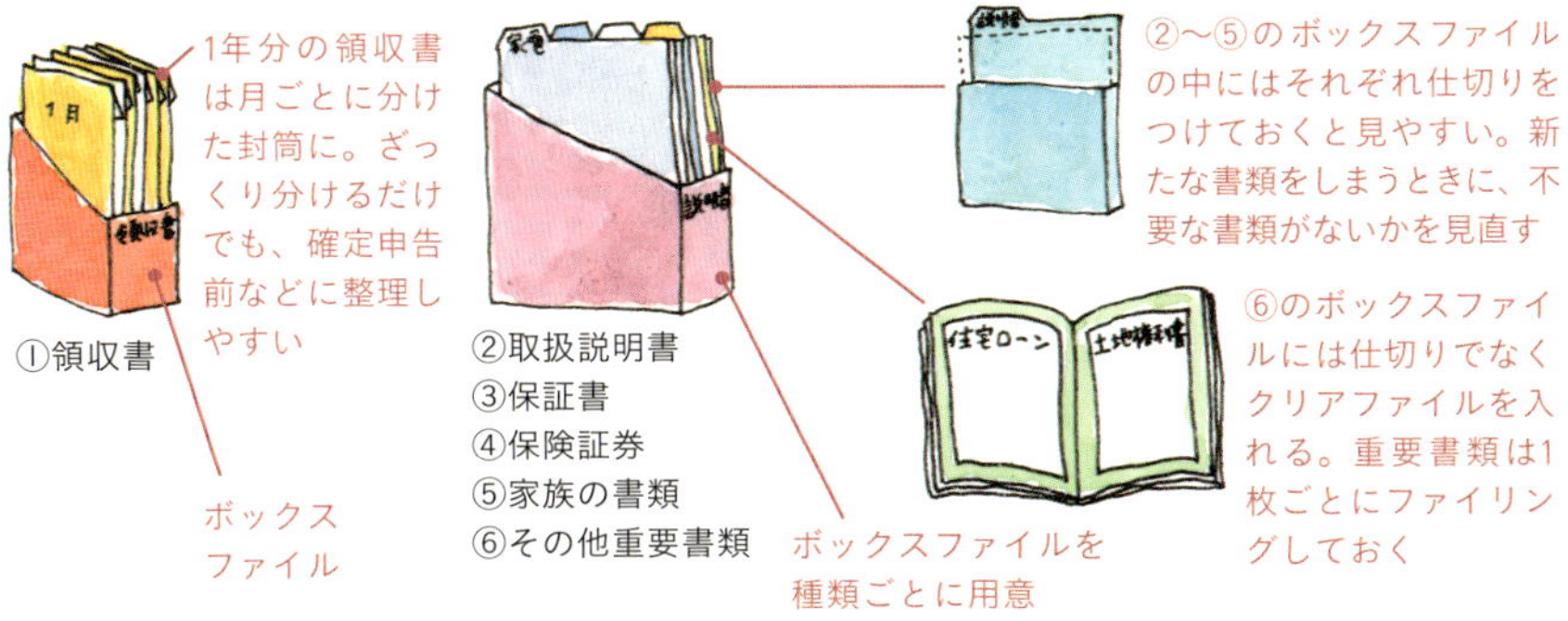
1月
領収書
1年分の領収書は月ごとに分けた封筒に。ざっくり分けるだけでも、確定申告前などに整理しやすい
①領収書
ボックスファイル
家電
説明書
②取扱説明書
③保証書
④保険証券
⑤家族の書類
⑥その他重要書類
ボックスファイルを種類ごとに用意
②〜⑤のボックスファイルの中にはそれぞれ仕切りをつけておくと見やすい。新たな書類をしまうときに、不要な書類がないかを見直す
住宅ローン
⑥のボックスファイルには仕切りでなくクリアファイルを入れる。重要書類は1枚ごとにファイリングしておく

収納場所はリビングなど普段いる場所に

収納ケースはひと目でわかるように並べる
1
2
期限つき書類を入れた透明なケースは、最も目につく扉の裏などに設置して
領収書
取扱説明 保証書
保険
家族のファイル
重要
はさみ、印鑑、のり、筆記具など、書類をすぐに処理するための道具も、一緒に収納！

玄関
収納に入れたい物と寸法

外からの出入り口となる玄関には、靴を収納するのはもちろんのこと、外で汚れて部屋の中に入れたくない物が集まりがち。それらの収納場所を考えておくことが、玄関をすっきり見せるポイントです。

靴

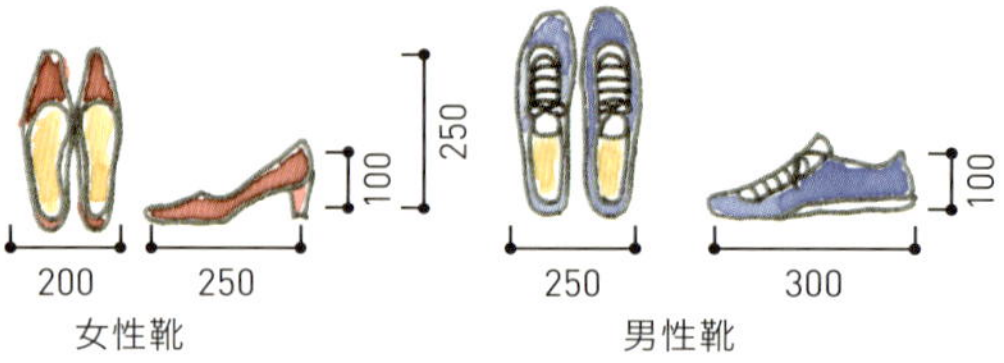

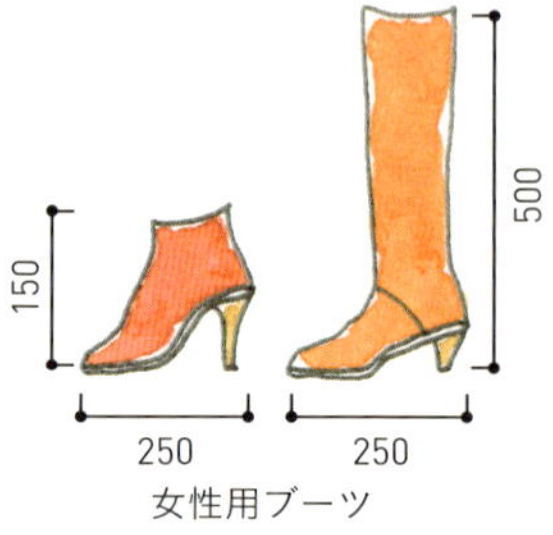

靴磨きグッズ（200×200×100）
靴ベラ（350）

外で使う実用品やレジャーグッズ

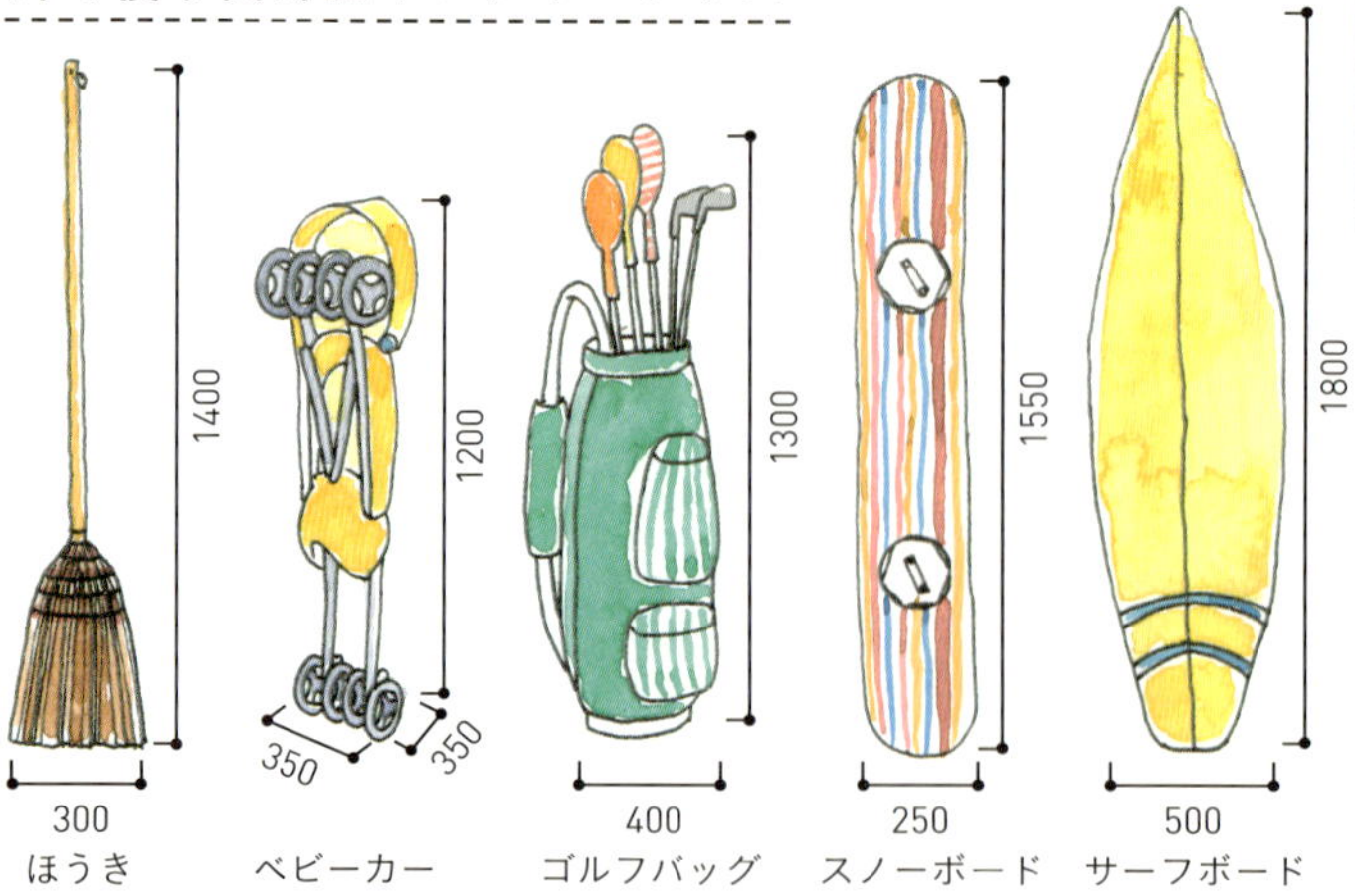

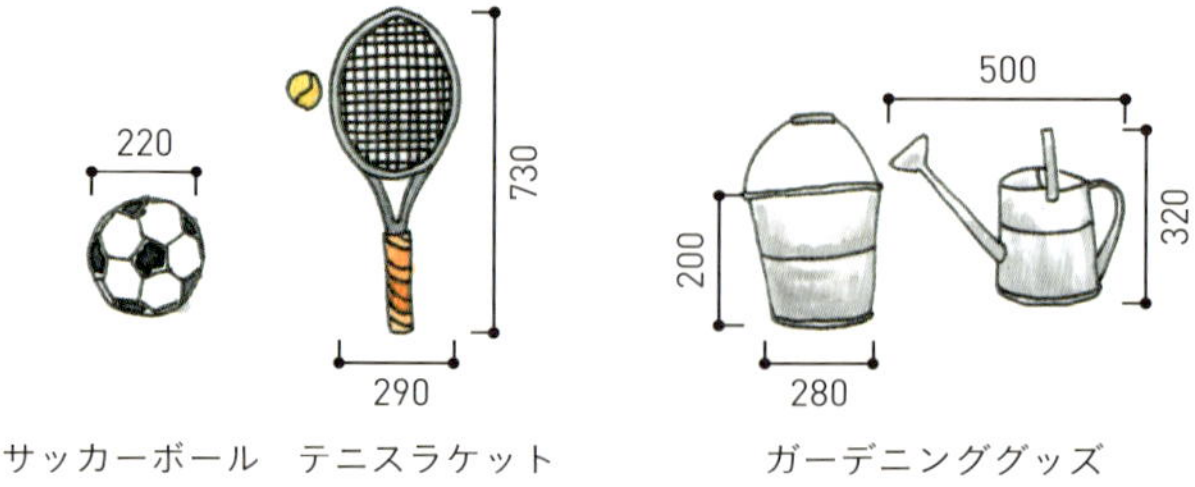

その他の小物

コート（〜1300×600）、帽子（φ300）、傘（900）、
折りたたみ傘（250）、認印（60）、鍵（60）

COLUMN

家事でカロリー消費?

家電の進化とともに、かつて女性が担っていた家事の重労働はだいぶ軽くなりました。ですが便利さと引き換えに、運動不足や体力の低下が現代人の問題に。家事が軽くなった分、空いた時間に車でジムへ行き、お金を払ってダイエットなんて、何だかもったいない気もしますね。

片づけや掃除は、思っている以上にカロリーを消費しています。毎日の家事をこなしているだけで脂肪が燃焼してダイエットに繋がるとしたら、何だかお得な話です。消費カロリーを知っていれば、やる気も出てきませんか。

家事		消費カロリー		運動
料理 洗濯物をしまう 60分	=	約 105 kcal	=	ウォーキング 卓球 30分
掃除 整理整頓 60分	=	約 135 kcal	=	野球 子供と遊ぶ 30分
掃除機がけ モップがけ 60分	=	約 185 kcal	=	スイミング ジャズダンス 35分
風呂掃除 床磨き 60分	=	約 200 kcal	=	テニス ジョギング 35分

寝室・クローゼット①

クローゼットからあふれる衣類

散らかった寝室では、夢の中で「片づけしなきゃ……」とうなされそう。

会社の同僚が洋服が多くて、寝室の収納がいくらあっても足りないって嘆いていたよ。

寝室は体と心を休める場所だから、家の中でもとくにリラックスできる環境にしたいよね。

でも実際はタンスや本棚などが置かれてて、床には服や鞄が……という家庭が多いみたい。そういう空間だと、多くの情報が目に飛び込んできて脳が刺激を受けてしまって、しっかり休めないのよ。

寝ているときに地震が起きたら、大きな家具は危ないよね。

ほんとに！　必要最小限の物とやわらかい灯りだけのシンプルな空間にしなきゃ。

どうしたら、収納力が上がるかな。

基礎知識1

服の丈で決まるクローゼットの高さ

クローゼットに掛ける代表的な衣服の長さを見てみましょう。
クローゼットの高さは、これらをどのように収納するかで決まります。

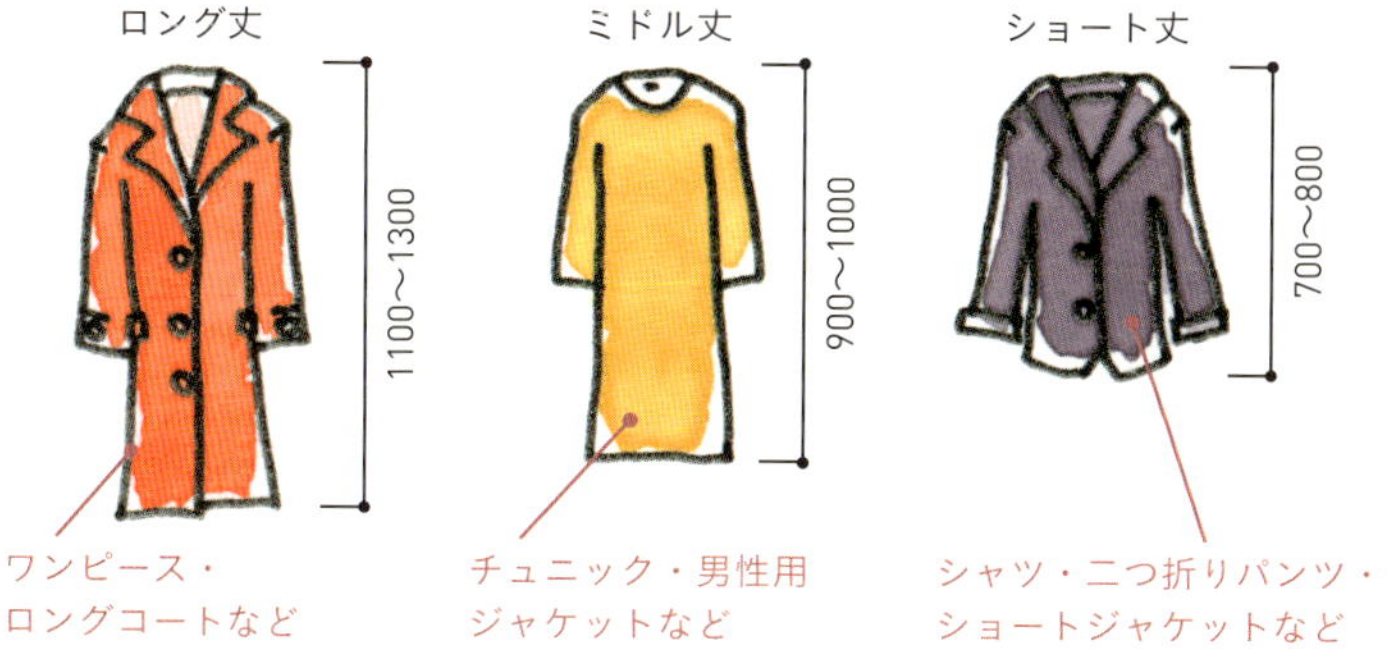
ロング丈
1100〜1300
ワンピース・
ロングコートなど
ミドル丈
900〜1000
チュニック・男性用
ジャケットなど
ショート丈
700〜800
シャツ・二つ折りパンツ・
ショートジャケットなど

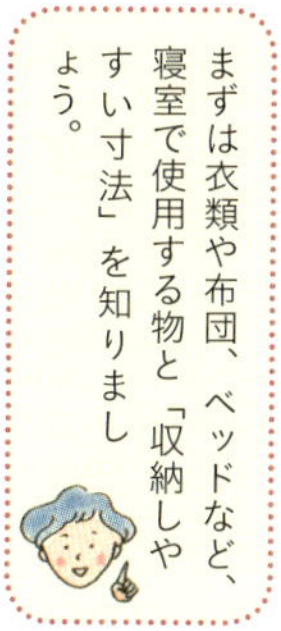
まずは衣類や布団、ベッドなど、寝室で使用する物と「収納しやすい寸法」を知りましょう。

基礎知識2

服の幅で決まるクローゼットの奥行き

扉があるかないかなど、クローゼットの形状でも必要な奥行きが変わってきます。
最低限必要な奥行きの目安を知りましょう。

壁面収納など【扉あり】の場合

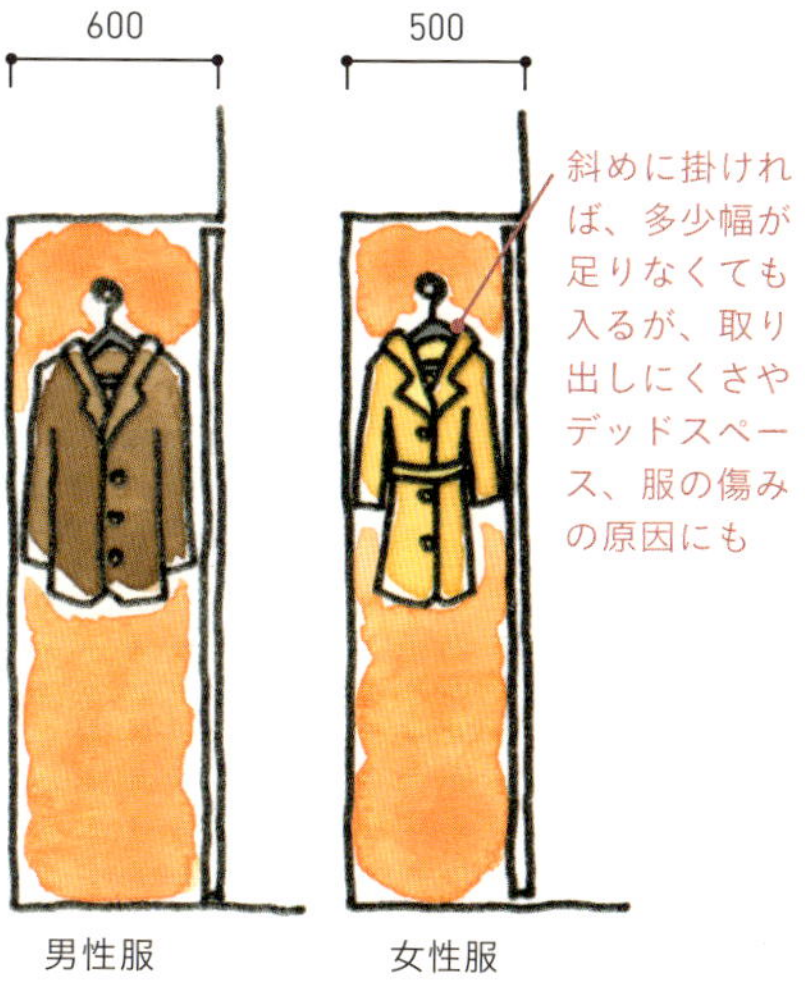
600
500
斜めに掛ければ、多少幅が足りなくても入るが、取り出しにくさやデッドスペース、服の傷みの原因にも
男性服
女性服

W.I.Cなど【扉なし】の場合

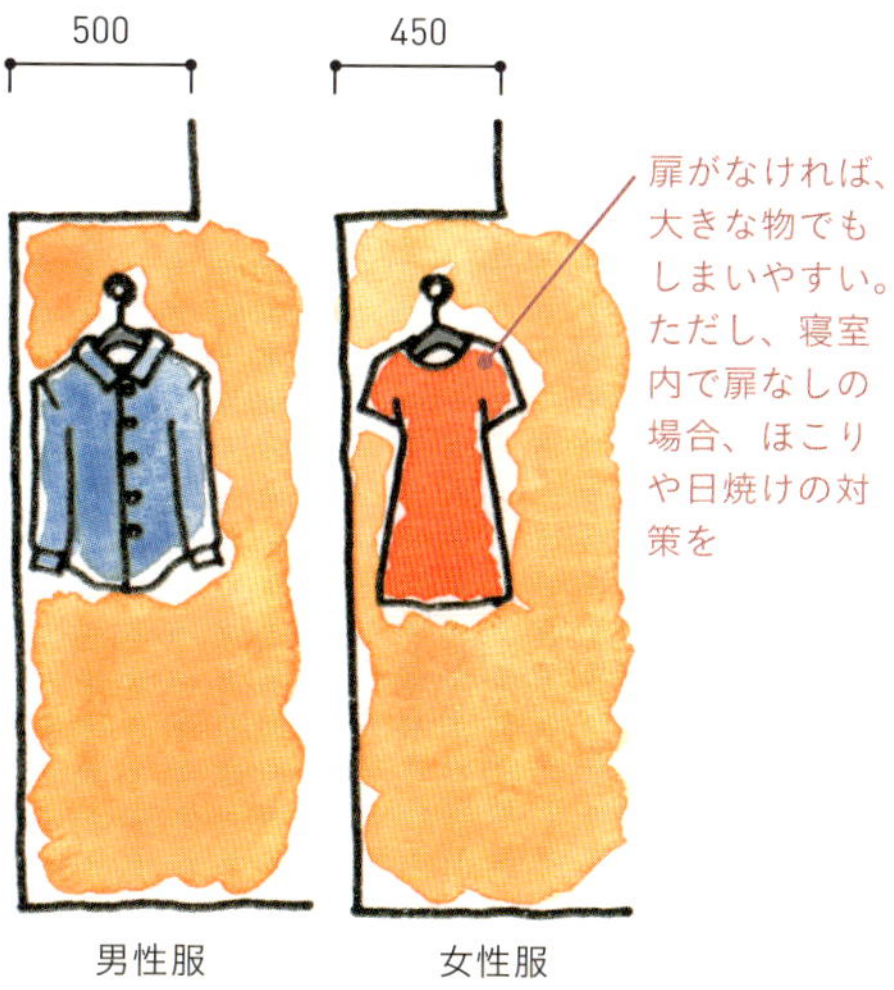
500
450
扉がなければ、大きな物でもしまいやすい。ただし、寝室内で扉なしの場合、ほこりや日焼けの対策を
男性服
女性服

基礎知識3

使い方で決まる通路幅

壁面収納でも、W.I.Cでも、収納の前にどれだけの通路幅があるかで、
使いやすさが違ってきます。使い方を想定してその幅を考えましょう。

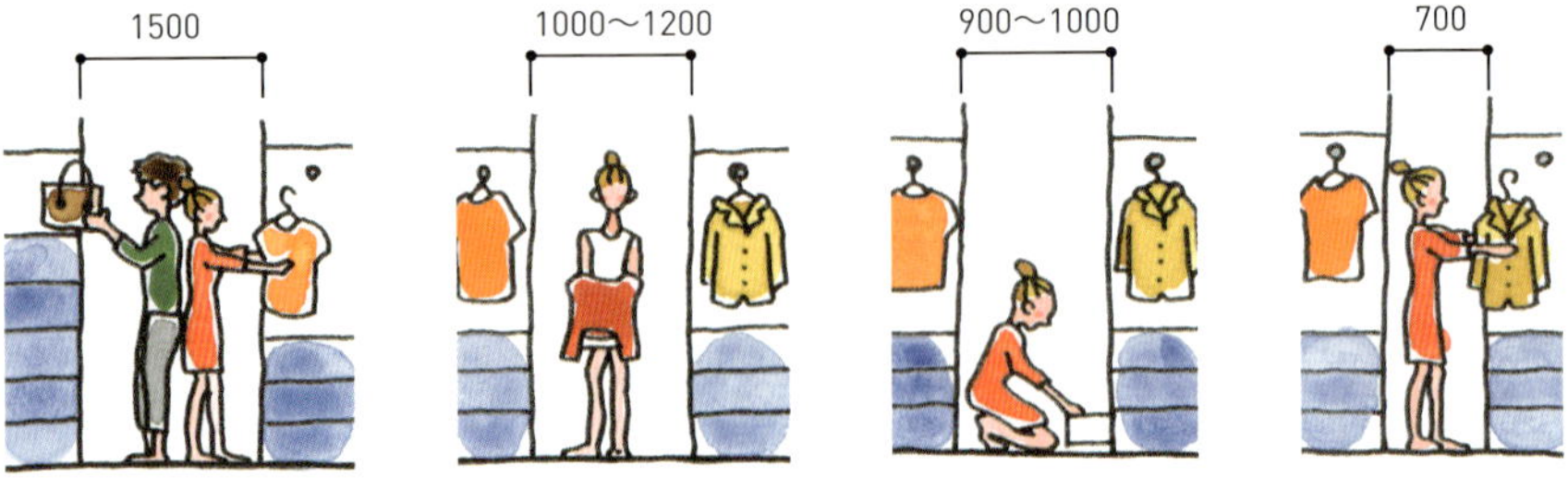
1500
1000〜1200
900〜1000
700

2人以上で使う　着替える　引き出しを使う　1人で使う

基礎知識4

寝具の上手なたたみ方

夏と冬とで寝具を変える家庭も多いでしょう。かさばる寝具を
布団ケースに収納するために、最適なたたみ方を紹介します。

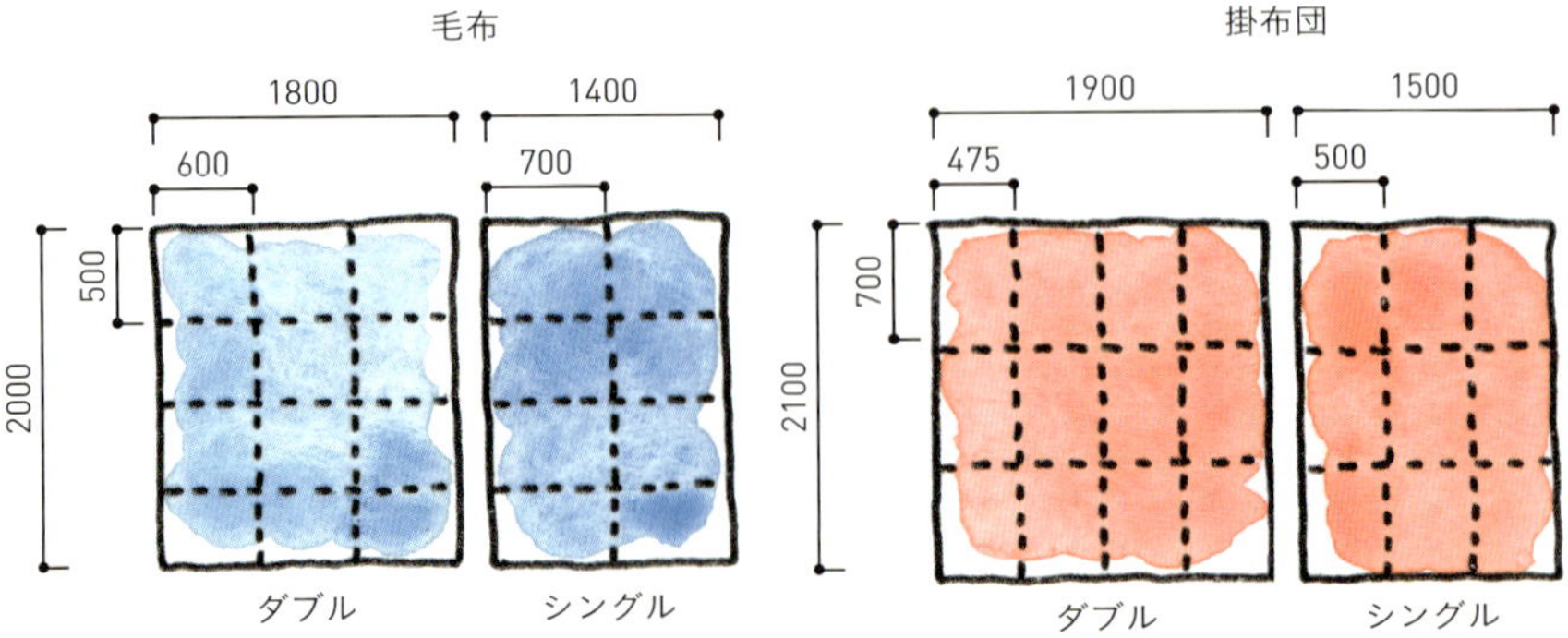
毛布
1800
1400
600
700
500
2000
ダブル
シングル
掛布団
1900
1500
475
500
700
2100
ダブル
シングル

〈敷布団のサイズ〉
シングル：1000×2100
セミダブル：1200×2100
ダブル：1400×2100
クイーン：1600×2100
キング：1800×2100
ベビー用：700×1200

〈掛布団のサイズ〉
シングル：1500×2100
セミダブル：1700×2100
ダブル：1900×2100
クイーン：2100×2100
キング：2300×2100

布団ケース

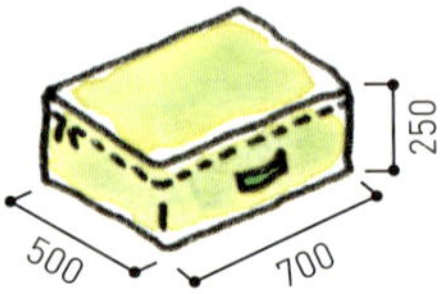
250
500
700

このたたみ方なら、
一般的な布団ケー
スにぴったりと収
まります。

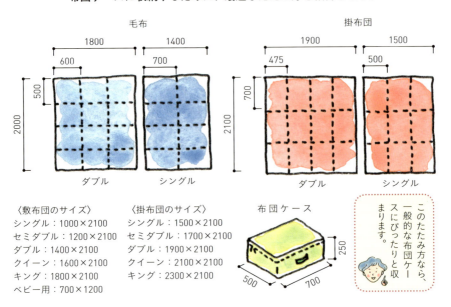

基礎知識5

ベッドのサイズを知ろう

使っている、もしくは、これから買おうとしているベッドのサイズを知っていますか。おさらいしてみましょう。

シングル

2000

1000

大人1人

セミダブル

1200

ゆったり大人1人

ダブル

1400

大人2人

クイーン

2000

1600

大人2人

キング

1800

ゆったり大人2人（＋幼児も可）

シングル×2

2000

2000

大人2人＋幼児1人

子供は寝相が悪いので要注意。ベッド幅は余裕をもって選びましょう。

シングルを2つ並べて使うようにすると、将来的に個室で別々に使えます。

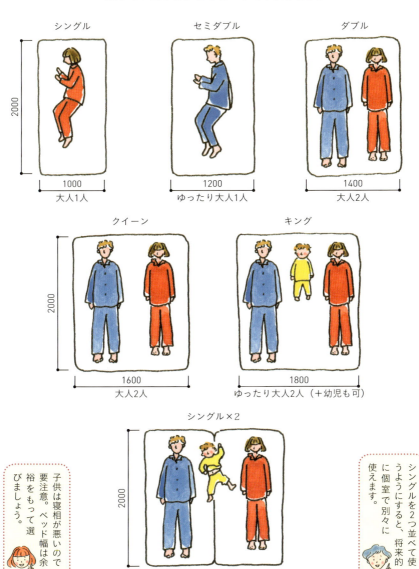

基礎知識6

ベッドは部屋のどこに

ベッドは、2方または3方を壁から離し、
頭側を壁につけて配置しましょう。

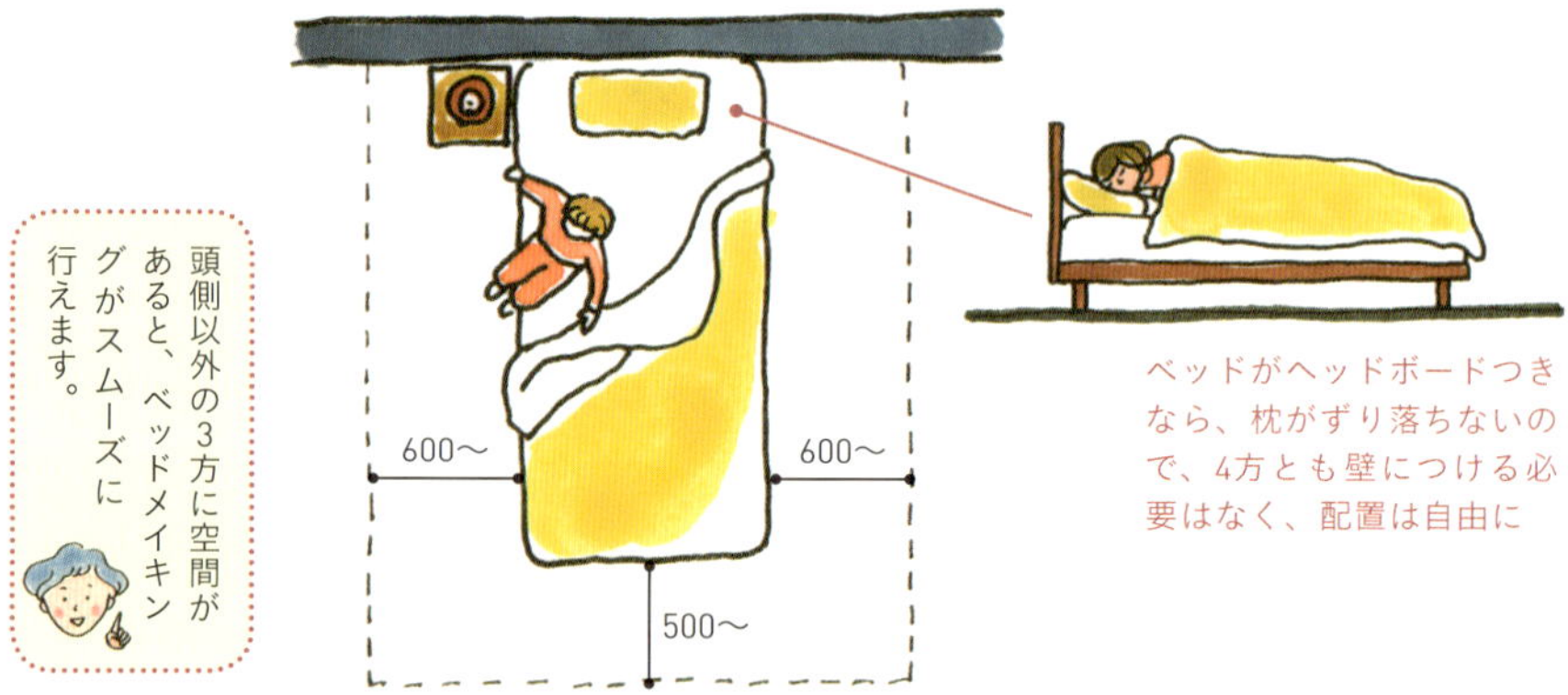
600～

600～

500～

頭側以外の3方に空間があると、ベッドメイキングがスムーズに行えます。

ベッドがヘッドボードつきなら、枕がずり落ちないので、4方とも壁につける必要はなく、配置は自由に

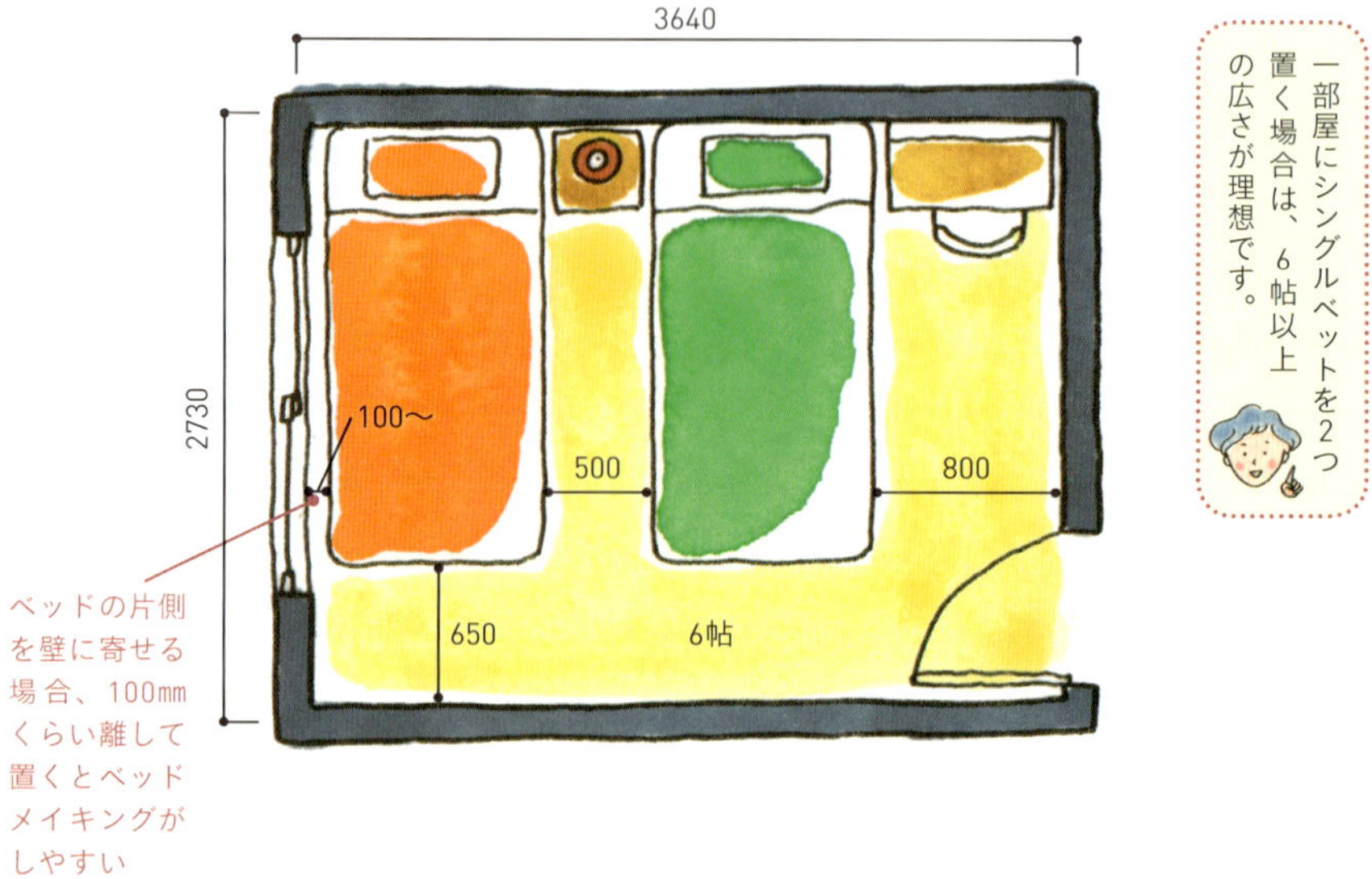
3640
2730
100～
500
800
650
6帖
一部屋にシングルベットを2つ置く場合は、6帖以上の広さが理想です。
ベッドの片側を壁に寄せる場合、100㎜くらい離して置くとベッドメイキングがしやすい

DIYでスッキリ

広い寝室には仕切る収納を

忙しい朝の始まりの場所でもある寝室。スペースにゆとりがあれば、キャスターつきのオープン棚やデスクをDIYして機能性を高めましょう。

開き戸を引き戸に変えると、開けた状態でも扉が邪魔にならない

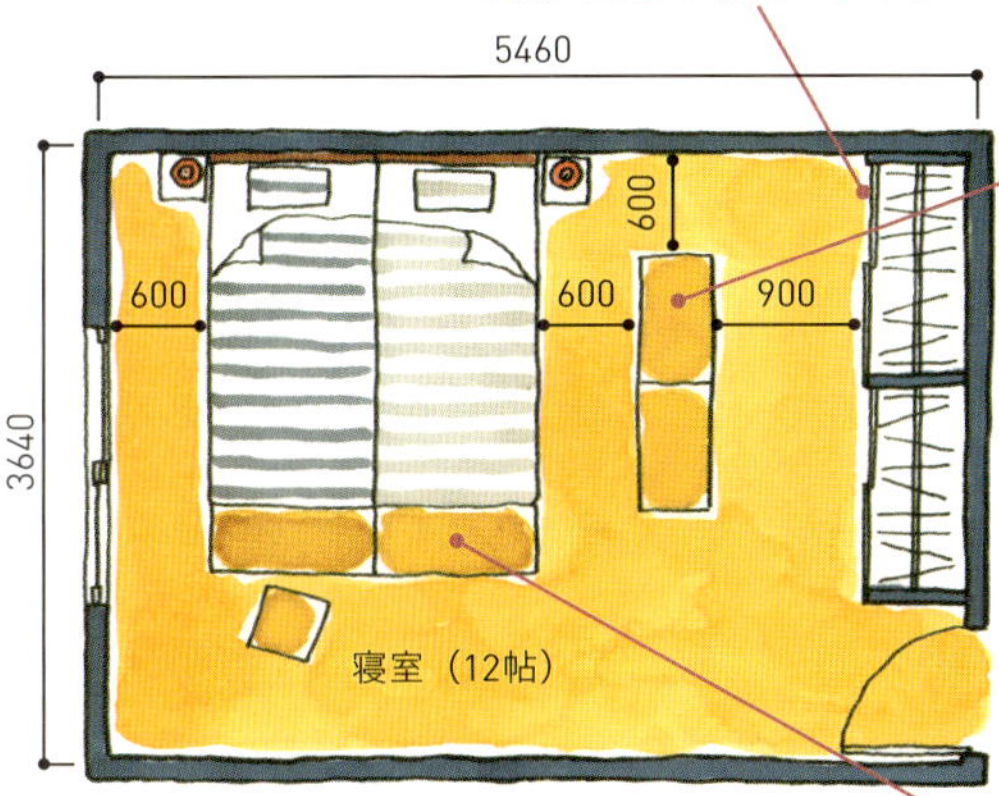

ジュエリーケース

ディスプレイ収納。帽子や靴などを、お店のように飾って収納

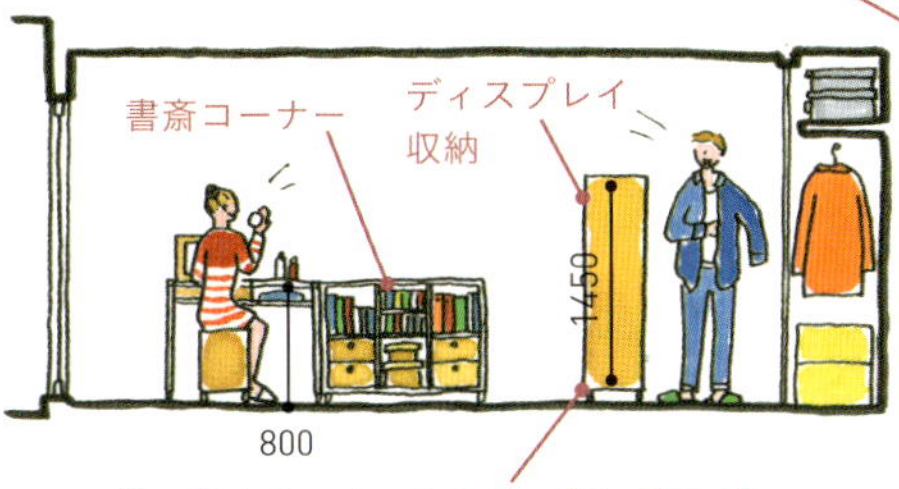

棚の高さを、立ったときの肩の高さ程度にすると、ベッド側から気配は感じても、着替える人の姿は見えない

ノートパソコン
メイク道具
本・アルバム

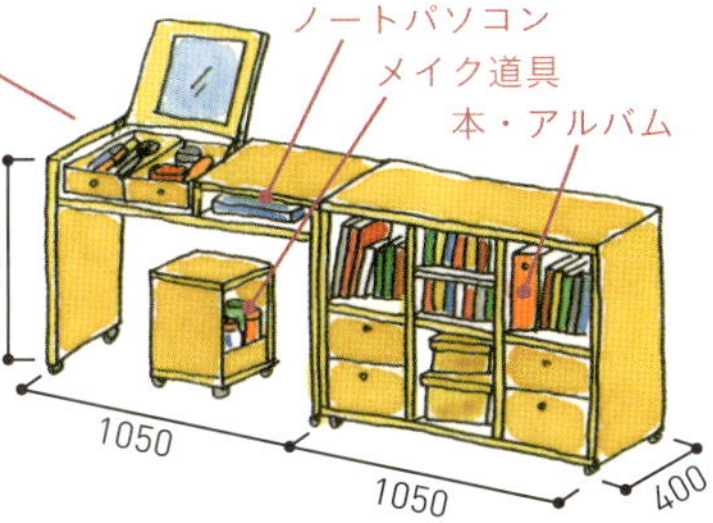

書斎コーナー。収納を兼ねたデスク。メイクや、事務作業に

↓ これはNG

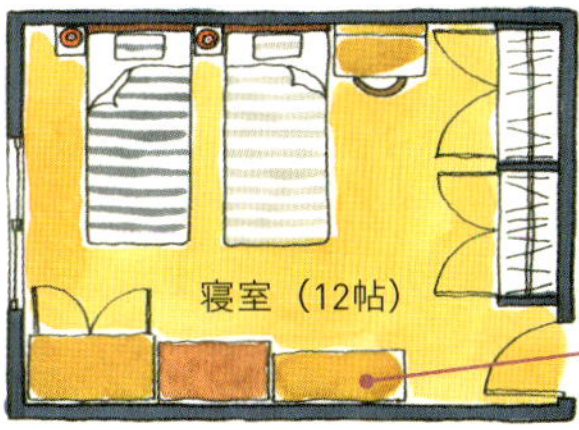

広い寝室の場合、置けるからといって、背の高い家具をどんどん買っていくと、まとまりのない部屋に……

間取りでスッキリ

狭い寝室は高さを生かして

空間にゆとりがないなら、ロフトをつくって、
その空間にたっぷり収納しましょう。可動式の収納が便利です。

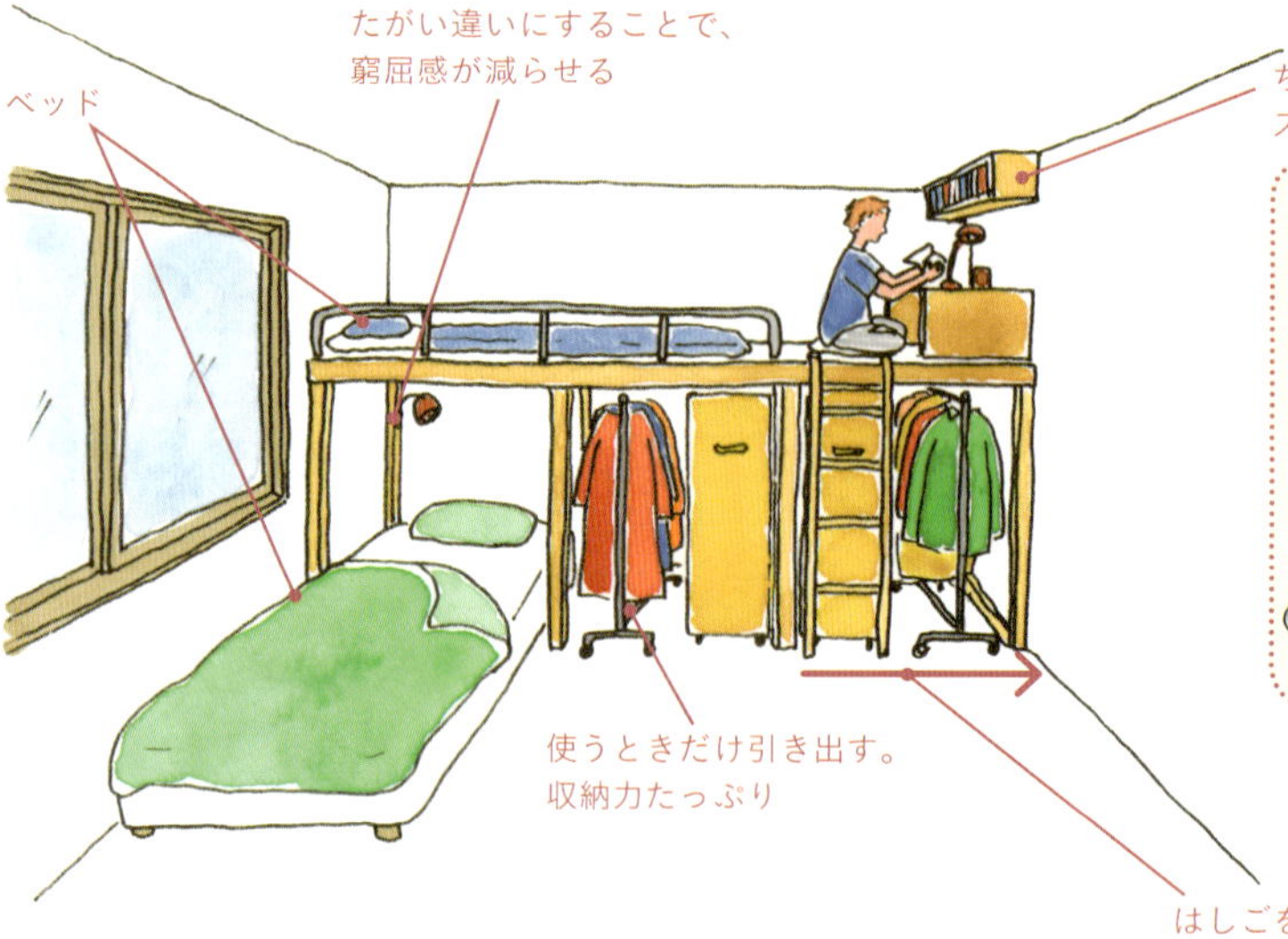
ベッド
たがい違いにすることで、窮屈感が減らせる
ちょっとした書斎スペースを確保
使うときだけ引き出す。収納力たっぷり
はしごを横にスライドして、ベッド下収納を取り出す

収納のない6帖の部屋を、2人用の寝室として使う場合には、ベッドをたがい違いに置くのがおすすめ。

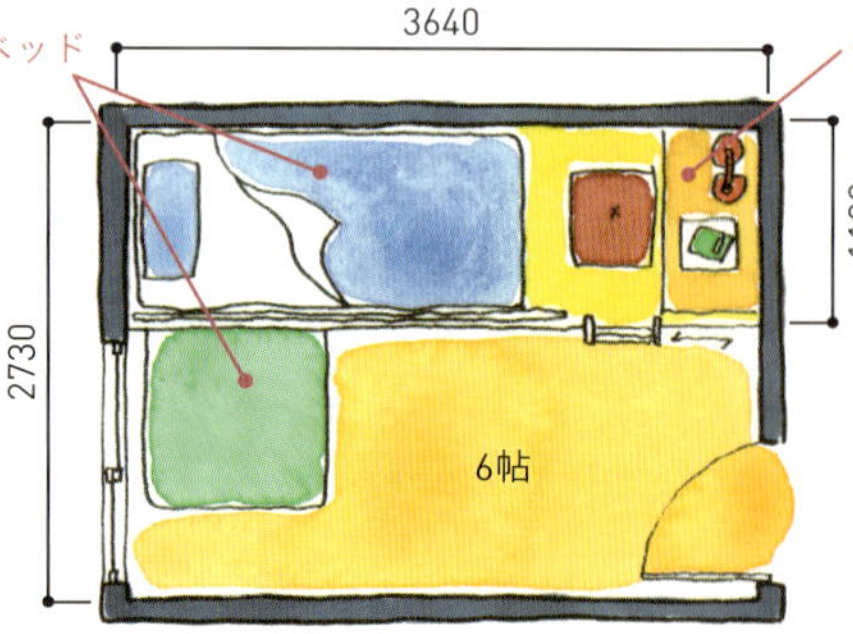
3640
ベッド
デスク
1100
2730
6帖

2400
1000
1400

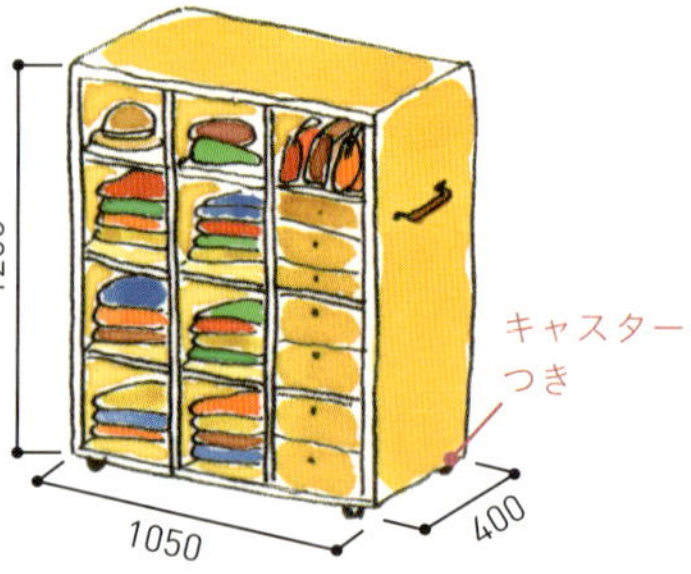
1200
1050
400
キャスターつき

ベッド下収納。可動式のハンガーラックや棚を収納して、引き出して使う

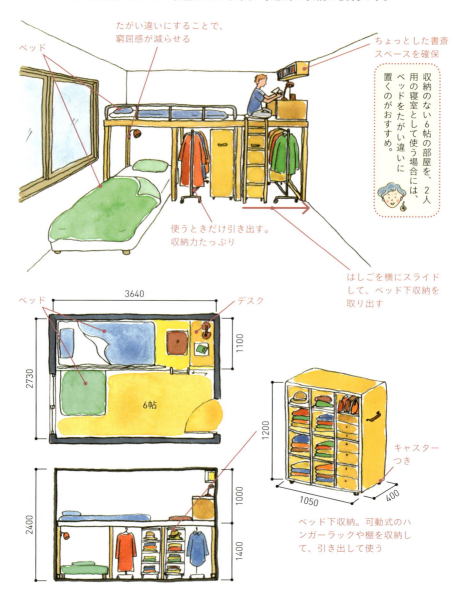

間取りでスッキリ

ベストはやっぱりウォークイン！

使いやすくて、収納力抜群のW.I.Cが、やっぱり一番理想的。寝室と収納の空間を分けられる上、扉なしで掛けるだけなので出し入れ簡単です。

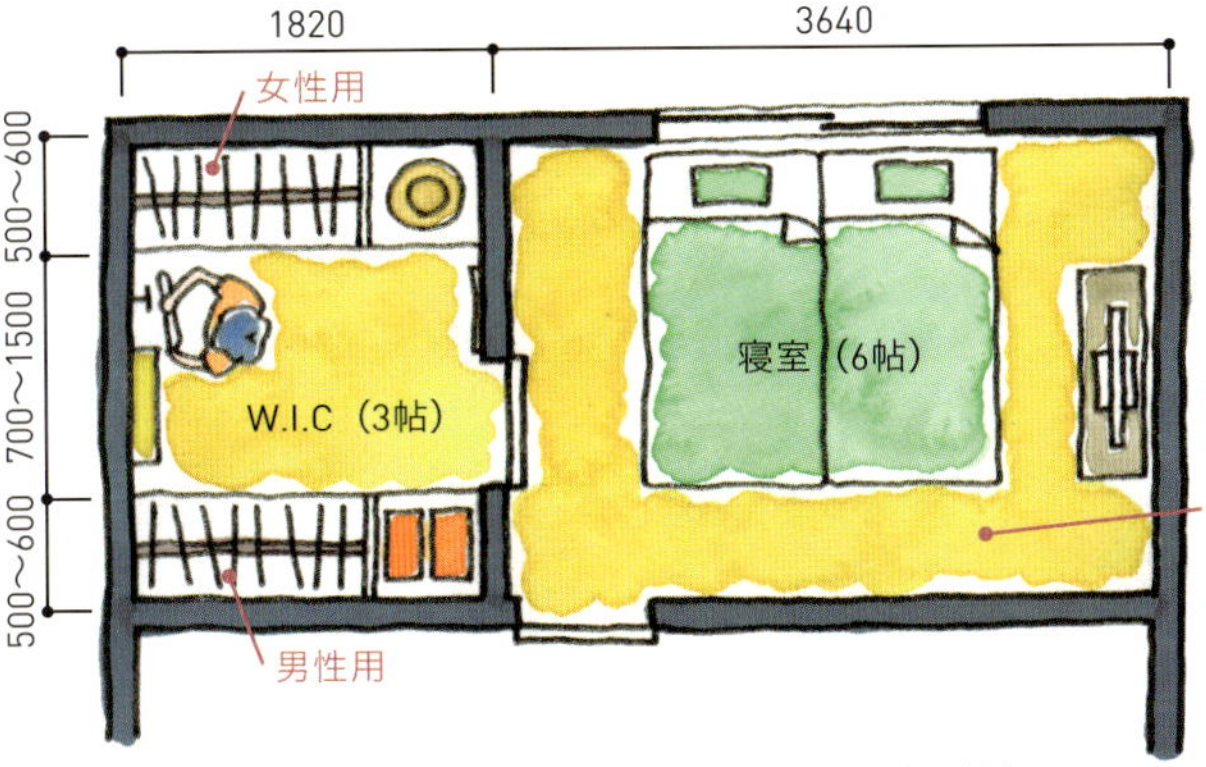

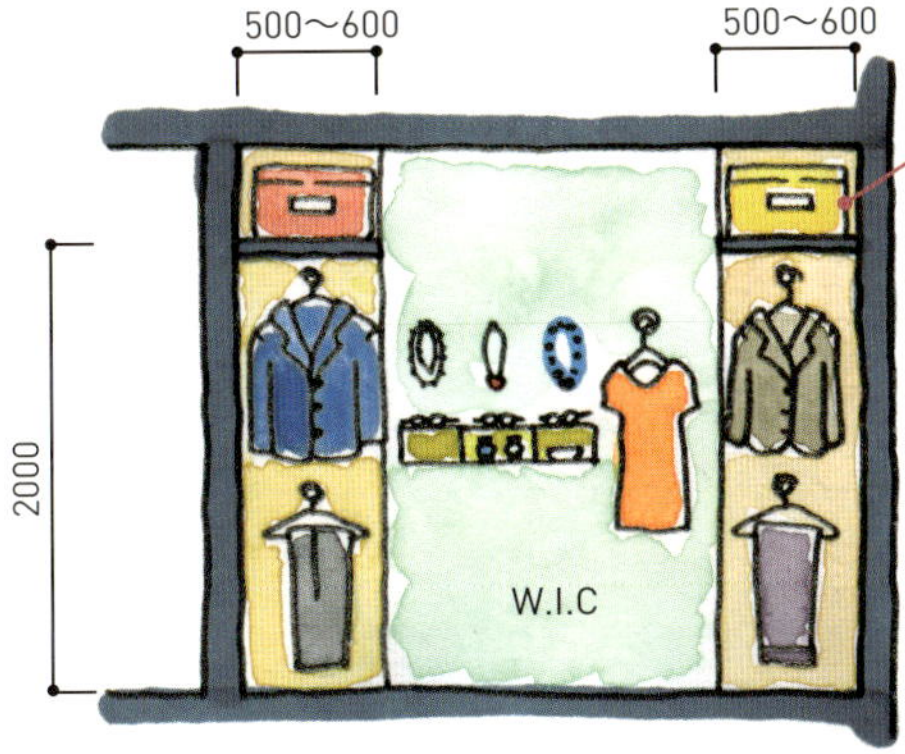

ショート丈・ミドル丈の服は、2段にして収納しましょう。上・下段で夏・冬物と分けて使えば、大掛かりな衣替えも必要なくなります。

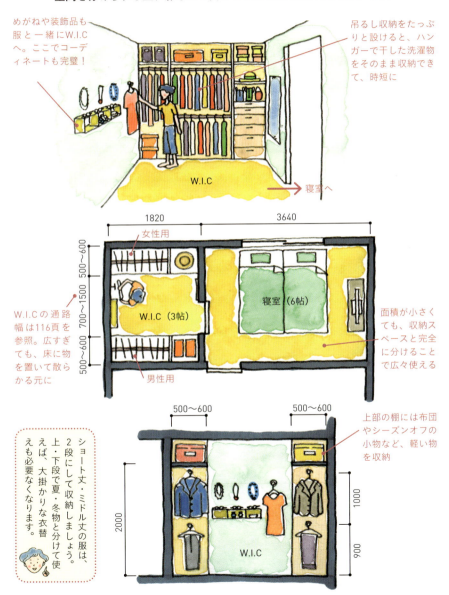

間取りでスッキリ

収納力で選ぶなら壁面収納

備えつけの壁面収納なら、後から並べた家具より安定感がある上、壁と一体化するので圧迫感もなく、すっきりと収納できます。

COLUMN

DIY① 収納づくりの流れ

敷居が高そうに感じるDIYですが、道具と素材さえそろえれば、手順はそれほど難しくありません。板の寸法を決めてホームセンターでカットしてもらいましょう。板面が仕上げられているランバーコア合板が家具向き。表面にくる断面には木口テープなどを貼りましょう。積層合板を使えば、そのままでも美しい断面です。ここでは、組み立ての流れを紹介します。

1. 印をつける

ネジの位置が等間隔になるように印をつける。

2. 下穴をあける

木割れを防ぐため、ドライバードリルを使ってネジの下穴を開ける。

3. やすりをかける

完成後に角になる部分は面取りし、表面にざらつきがあればやすりをかける。

4. ボンドを塗る

ネジだけでは接合部分が浮くことがあるので、木工用接着剤を塗る。

5. ネジを打つ

ドライバードリルを使い、ネジを垂直に打ち込む。ネジは板厚の2.5～3倍の長さの物を選ぶ。

6. 塗装する

組立が完成したら、木目に沿って塗料を塗り、十分に乾燥させたら完成！

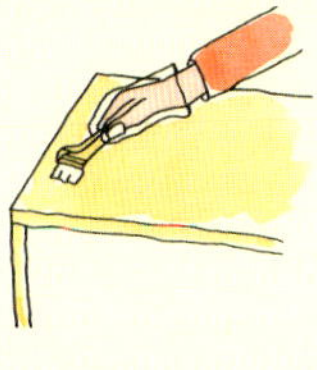

つくった収納を壁に固定するときは、必ず下地が入っている部分に、150㎜程度の間隔でビス留めする。木下地は木工用ビス、鉄骨下地は軽量鉄骨用ビスを使用。下地は、針を刺して位置を確認する『下地探し』という簡易的な道具で、探すことができる。

寝室・クローゼット②

奥の物が取り出せない押入れ

一般的な押入れは、奥行きが850mm程度と深いため、
奥のほうにしまったものが取り出せなくなることも……

みんなのおうちには押入れってある? 前に実家に帰ったとき、押入れの奥に入れた物が取り出しにくくて、探し物が見つからないって母がボヤいてたんだ。

押入れって奥行きが意外とあるから、布団以外の物は収納しづらいよね。

とくに天袋は、2段の脚立を使ったくらいじゃ、取り出しにくさは解消しないから、そのうち何が入っているのか思い出せなくなりそう。

湿気も溜まりやすいし。雛人形とかカビちゃったら悲惨よね。

容量がある収納場所なのに、上手に活用しないともったいないよね。

基礎知識1

押入れの基本寸法

日本家屋の長さの単位は、尺(303㎜) が基準。
押入れも 1間(1820㎜) × 3尺(910㎜) でつくられることが多く、
物のサイズにあわせているわけではないので、現代では使いにくいのです。

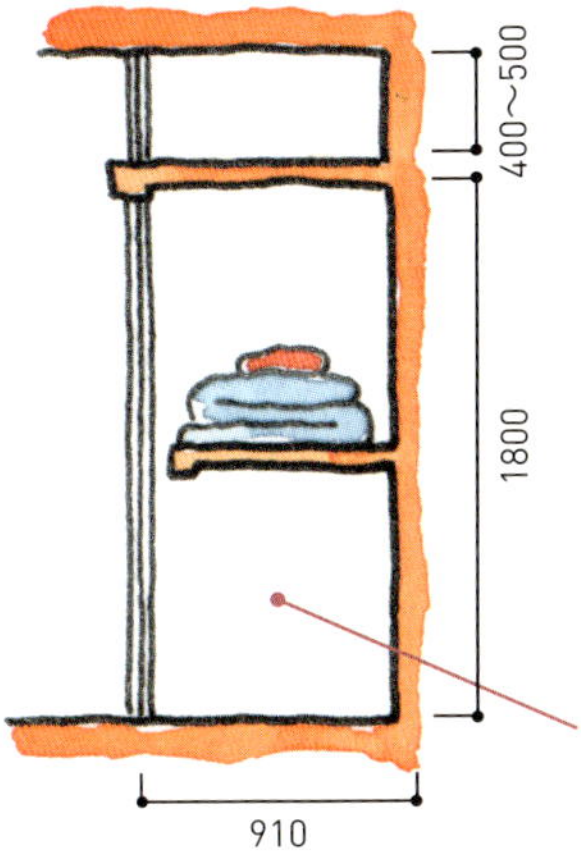

引き出しなどの収納を入れて使用する場合、奥行きの深いものを選ばないと、襖との間にできた半端な空間に、季節の家電などの重たいものを詰め込み、余計に使いづらくしてしまいがち

基礎知識2

布団のサイズ

昔の布団は今よりひと回り小さく、押入れに入れやすいサイズでした。

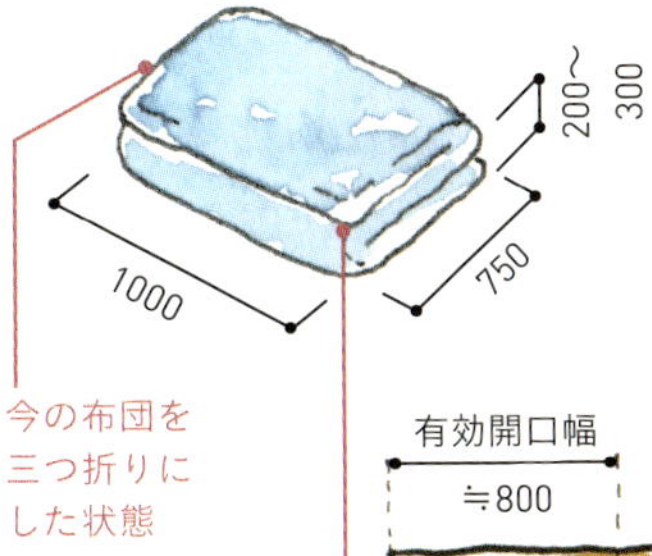

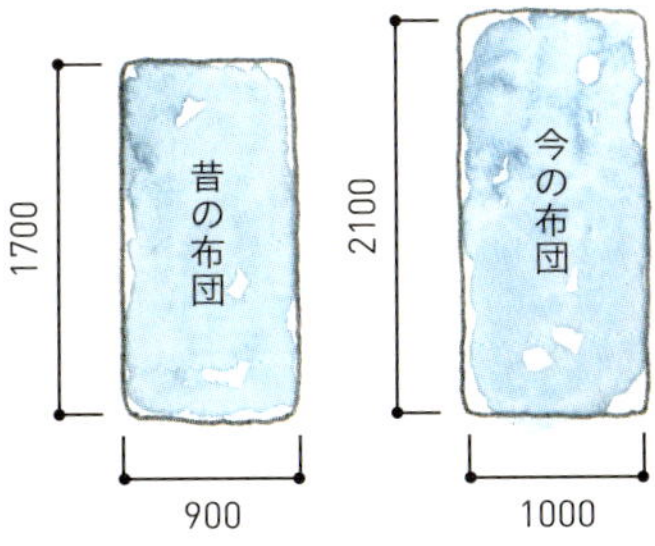

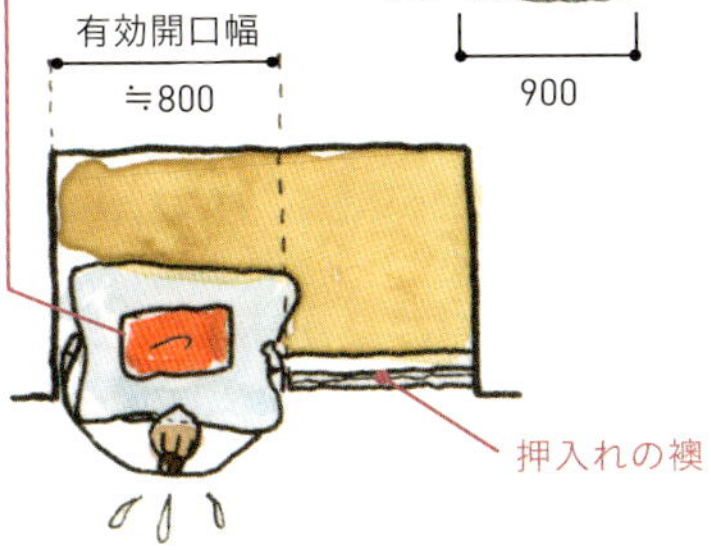

今の布団は押入れの開口幅より大きいので、入れるときはV字に折ってからじゃないと入らないよね。

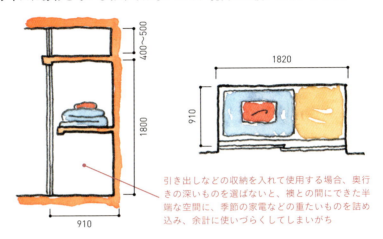

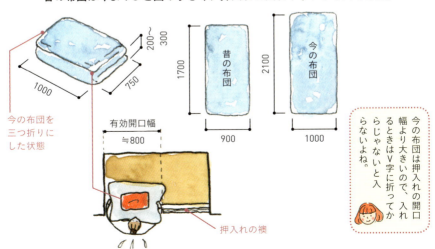

基礎知識3

押入れの収納方法

広いスペースなので、空間は区切って考えて。
手前と奥を分けて、収納場所の優先順位を決めましょう。

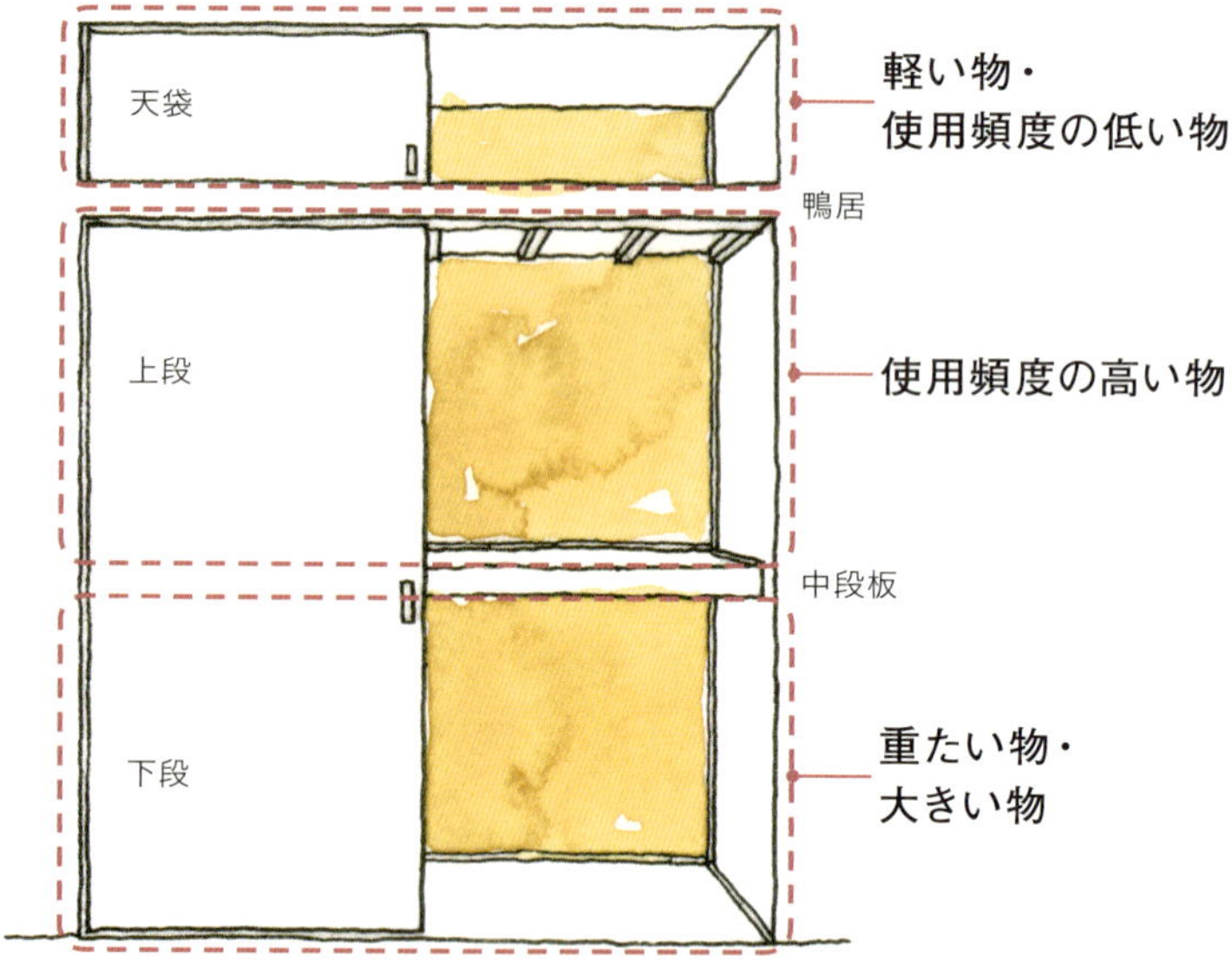

↓ さらに有効活用を考える

便利グッズでスッキリ

ワゴンや棚で使いやすく

奥行きや高さ、しまう物の性質によって、それぞれに適したグッズを選び、
押入れの使いやすさをぐんとアップさせましょう。

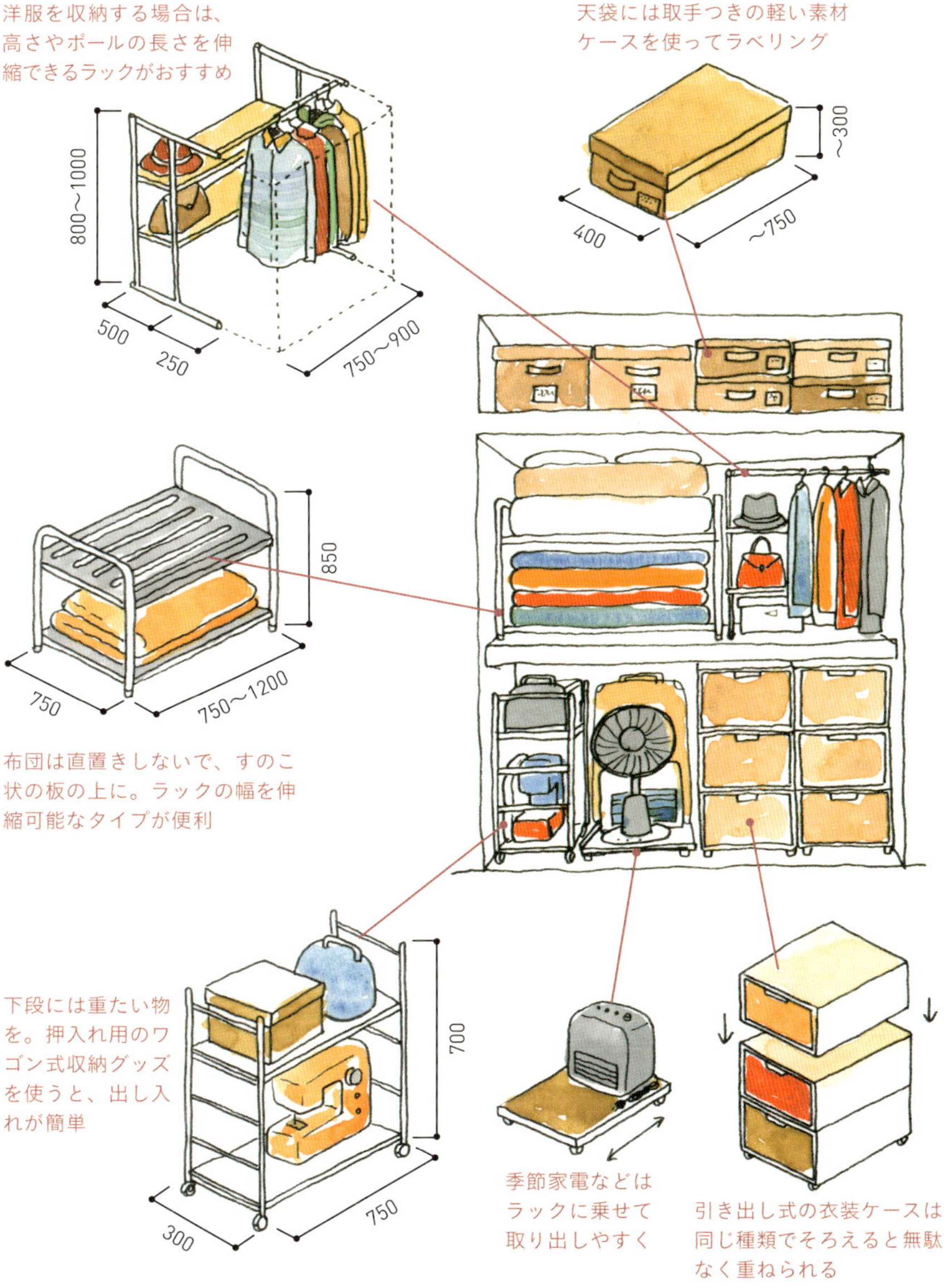
洋服を収納する場合は、高さやポールの長さを伸縮できるラックがおすすめ
800〜1000
500
250
750〜900
天袋には取手つきの軽い素材ケースを使ってラベリング
〜300
400
〜750
850
750
750〜1200
布団は直置きしないで、すのこ状の板の上に。ラックの幅を伸縮可能なタイプが便利
下段には重たい物を。押入れ用のワゴン式収納グッズを使うと、出し入れが簡単
700
300
750
季節家電などはラックに乗せて取り出しやすく
引き出し式の衣装ケースは同じ種類でそろえると無駄なく重ねられる

DIYでスッキリ

襖を外してデスクワークスペースに

布団などの収納を別に確保できるのならば、使いづらい押入れを
無理に使い続ける必要はないのです。

中段の奥に壁面突っ張りアイテムを使って2×4材を自立させ、有孔ボードを設置すれば、道具や材料を引っ掛けて収納できる作業スペースが完成。

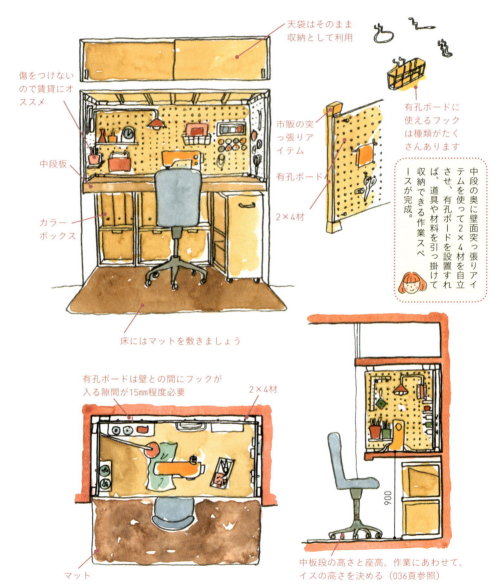

DIYでスッキリ

中段板を撤去してクローゼットに

中段板を外せば、クローゼットに生まれ変わり。もとの奥行きに高さがプラスされ、かさばる衣服も重たい荷物もラクラク収納できます。

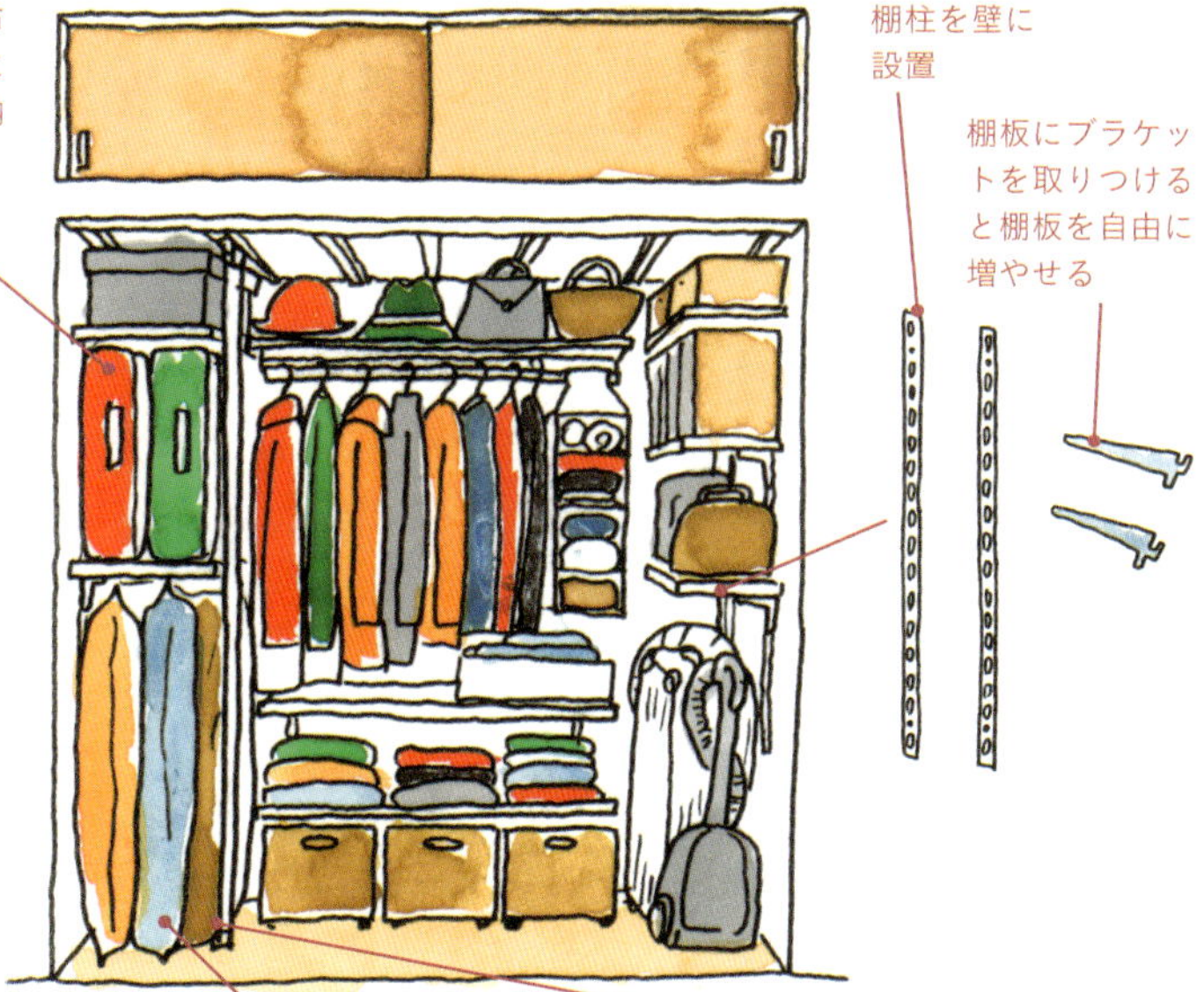
季節外の毛布や掛布団は専用の収納袋に入れて、立てて収納
棚柱を壁に設置
棚板にブラケットを取りつけると棚板を自由に増やせる
棚柱を設置することで、洋服や小物などが収納しやすくなります。
棚板にポールを設置すれば、丈のある洋服も吊るし収納でスッキリ
予備の敷布団は圧縮袋に入れて立てて収納
2×4材と市販の突っ張りアイテムを使って、布団が倒れないように自立柱をつくる

450
1050
250
850
300
350
最下部は引出し収納にして、小物を収納

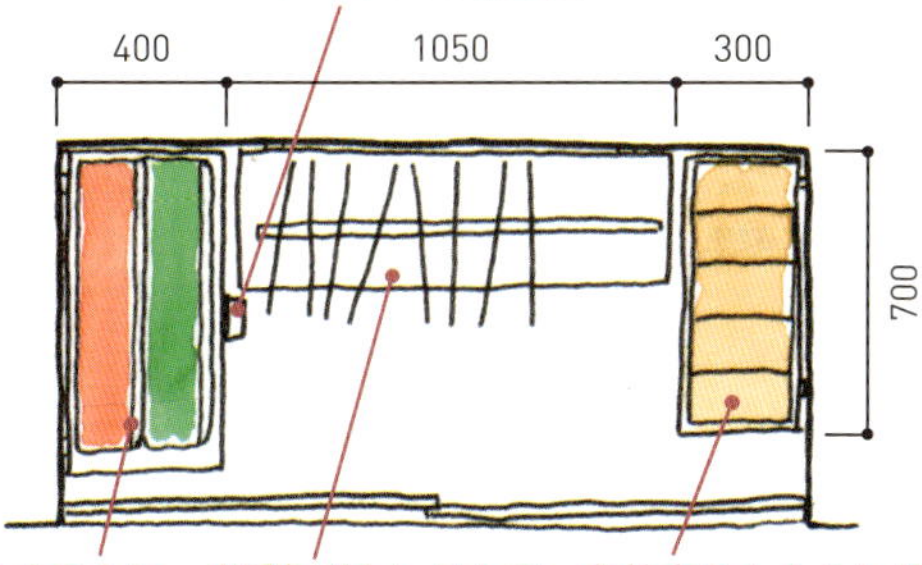
2×4材と突っ張りアイテムの自立柱
400
1050
300
700
布団も立てかけて収納すれば、空間を無駄なく使用できる
中段板がないことで、高さを利用し、丈の長いコートなどを収納できるように
収納内に入ることができるため、重たい物の出し入れでも、負担が少ない

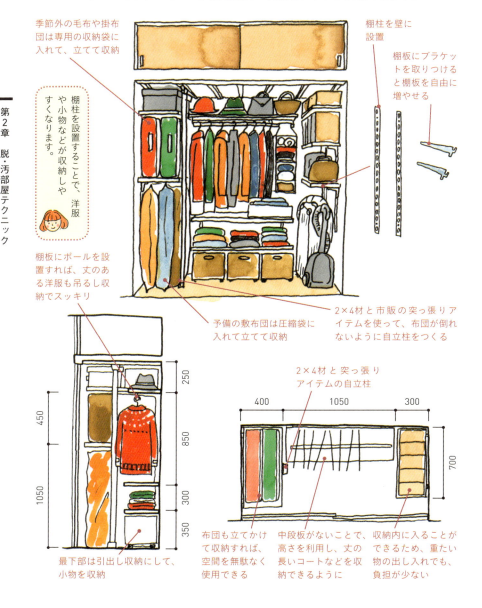

DIYでスッキリ

襖と中段板を撤去して半個室の書斎に

押入れ内を天井までひとつづきにして、本棚を設置。
3方向に囲まれた小さな空間は、書斎に変身します。

鴨居は残し、観葉植物を飾ったり、カーテンレールをつけたり、有効活用

照明を取りつける

既存の天袋の底板を取り去り、内側すべてを本棚に

ベンチと本棚2つをそれぞれ分けて、押入れのサイズにあわせて作成した後、組み立てる

本棚は18㎜厚の合板で2つに分けて作成し、ズレ防止のため、押入れの下地部分に、1つの本棚につき4か所をビスで固定する

土台のベンチは24㎜厚の合板で作成。飾り板で壁を増やしたり、マットを敷いたり、居心地のよい空間に

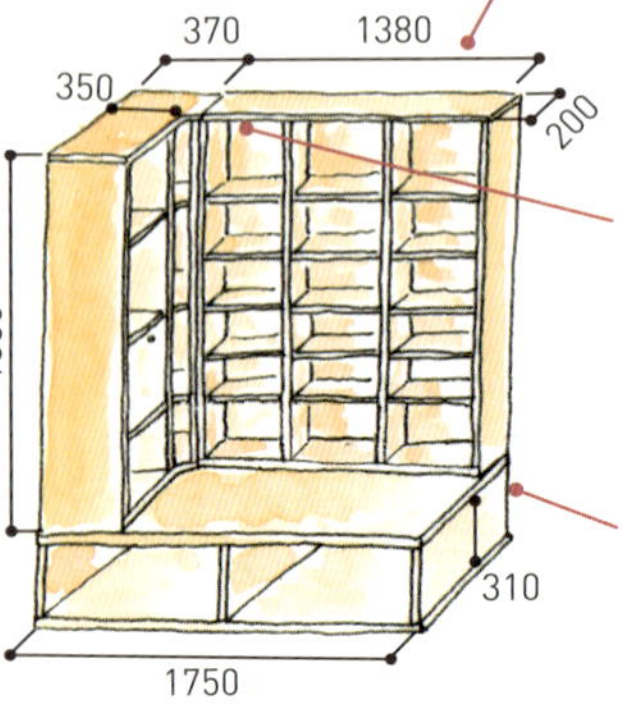

ベンチの下にはランバーコア（18㎜厚）をネジ留めして作った箱を引き出し式の収納に

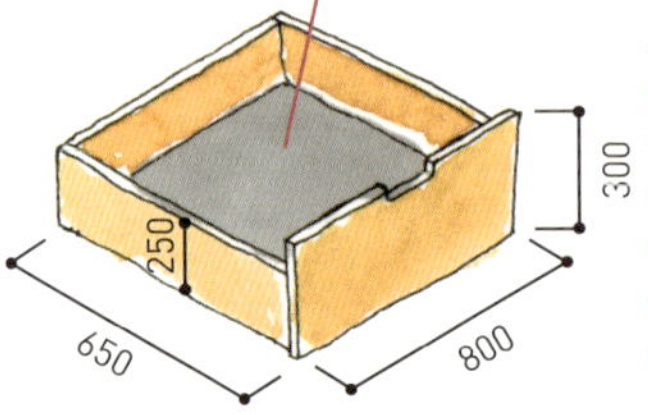

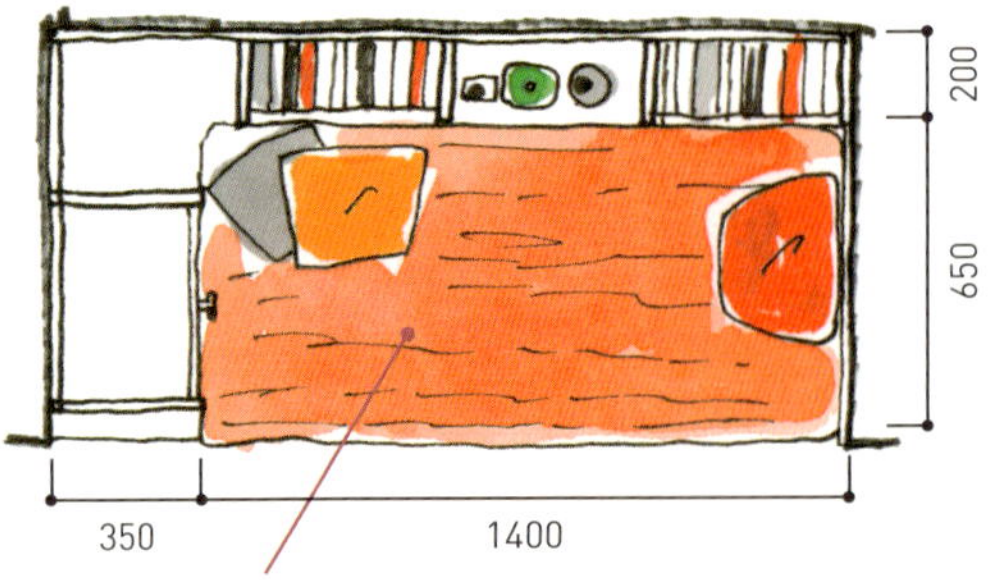

こもって読書に没頭するのにちょうどよい大きさ

文庫木など

大型の雑誌など。重い本は下のほうに収納する

間取りでスッキリ

万能な収納スペースをつくる

奥行きが必要な物と必要でない物、どちらも入るような収納とは？
同じスペースなら、ウォークインの万能収納に。

場所はとるが収納力のある ウォークイン収納

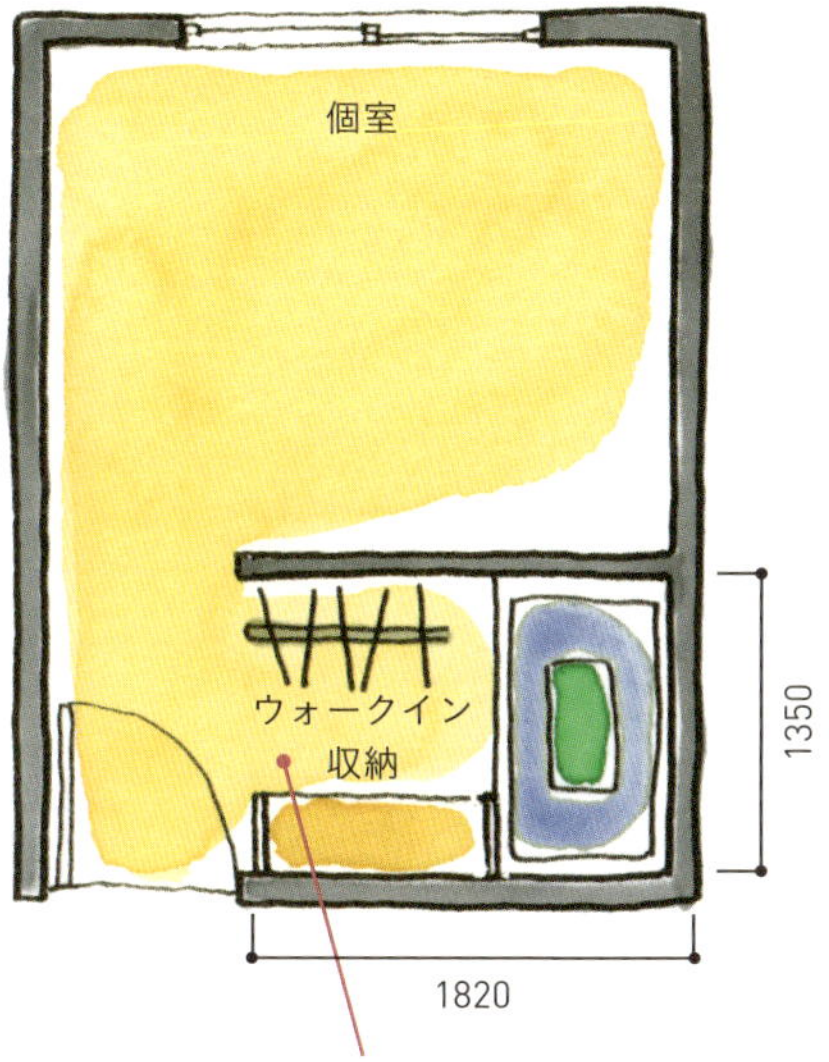

押入れの奥行きを400mm程度深くして、ウォークインにすれば、作業スペースは小さくてもOK。スペースが節約できる

一見コンパクトだが使いにくい 押入れ

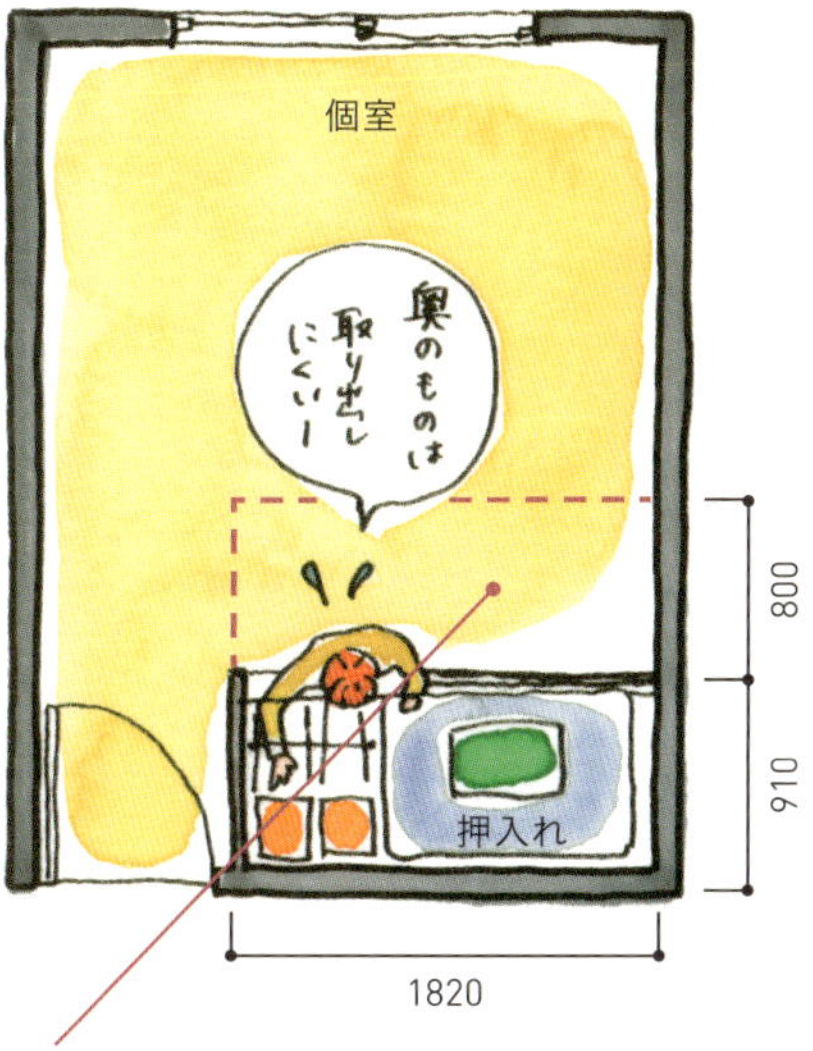

扉の前に人が作業するスペースが必要。ここには家具が配置できない

扉をなくして、壁で仕切れば、布団も入る万能な収納スペースに。壁面が増えることで、家具配置の選択肢も増えますよ。

ロールカーテンで目隠しすれば、扉も必要なし！

深い奥行きが必要な布団

浅い奥行きで本なども収納できる

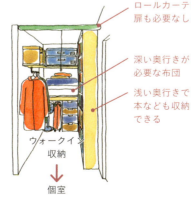

寝室・クローゼット
収納に入れたい物と寸法

朝の支度から洗濯物をクローゼットにしまうとき、そして寝る時間と、1日を通して何度も関わる寝室。服以外にも鞄や寝具など、かさばる物を収納するため、収納方法を一から見直してみましょう。

衣類

150
300
300
450
下着類

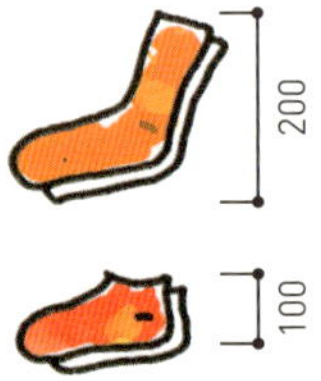
200
100
靴下

300
帽子

450
780
洋服・上着

鞄

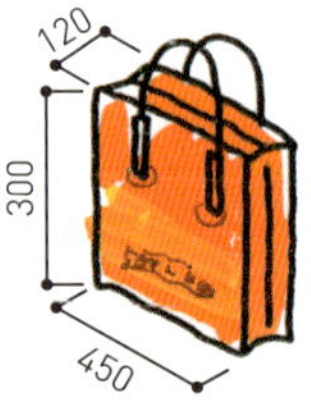
120
300
450
革鞄

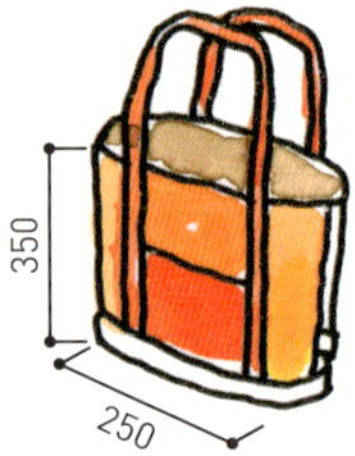
350
250
トートバッグ

200
ポシェット

770
520
290
スーツケース

寝具

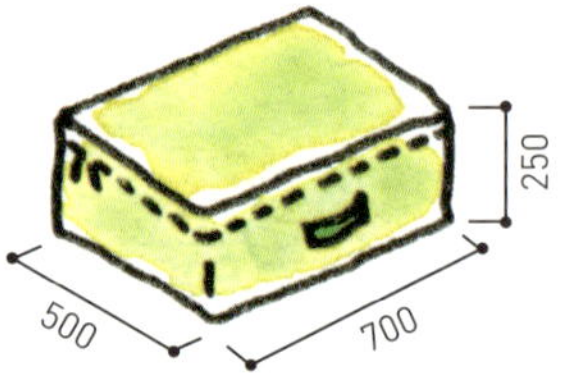
250
500
700
予備の布団類

その他の小物

防災グッズ（～410×70×400）
化粧品、ヘアブラシ（230）

180
260
HOUSE
本・雑誌

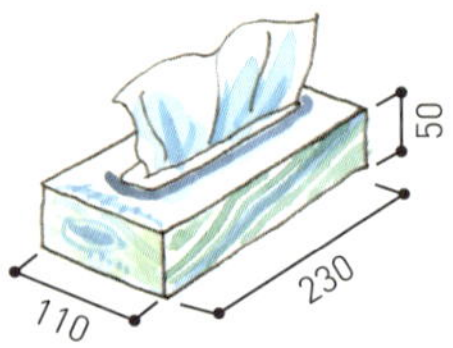
50
230
110
ティッシュペーパー

COLUMN

DIY②
道具について

電動工具は必須ではありませんが、あったら便利な道具です。ホームセンターで安価に手に入るものもあるので、購入を検討してみても。

メジャー

長いものを図るときに使う。目盛り部分を途中で固定できるものが便利。

サシガネ

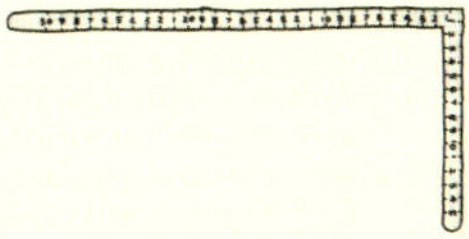

ネジの位置に印をつける、直角を計測するなど用途は多岐に。DIYには必需品。

ドライバードリル

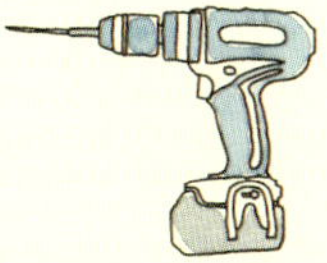

比較的柔らかい木材の穴あけやネジ締めに用いる電動工具。充電式が主流。

インパクトドライバー

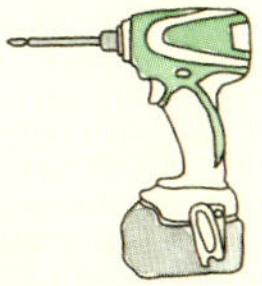

ドライバードリルよりパワーあり。固い木材や厚みのある材の加工に。

ジグソー

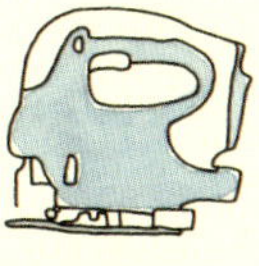

木材を切断する電動工具。刃はつけ替え式で、曲線や斜め切りもできる。

木工用接着剤

木材の固定はネジだけでは浮いてくることがあるため、接合部に塗る。

サンドペーパー

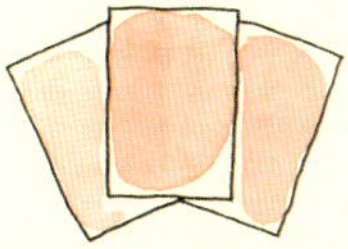

木材表面のざらつきをなくすために使用。木片に巻きつけると使いやすい。

クランプ

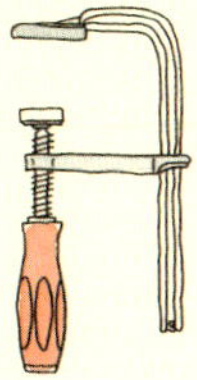

木材を切断するときに、作業台に固定することができる。

子供部屋

おもちゃや道具が散らかりっぱなし

片づかないのは子供のせいではありません。部屋のせいです。

我が家の小学生の三男坊の部屋は、いつもおもちゃが散乱していて、掃除が大変なの。次々におもちゃをひっぱり出して、片づけないのよ。

子供って片づけ方が分からないから、何度言っても部屋が片づかないのよね。

でも家事で忙しいときは、子供が自分で片づけてくれると楽よね。

それにはやっぱり、子供が片づけやすい収納が必要なのよ。遊びの延長で片づけができれば、自分自身も気持ちいいと思うんだけど。

子供が片づけやすい収納って、どんなことに気をつければいいの？

基礎知識1

写真や絵でラベリング

片づいた子供部屋にするために、子供が使いやすく片づけやすい
収納の基本を知りましょう。まずは、出し入れの迷いをなくす工夫を。

箱や棚に、入れる物の写真や絵を貼ることで、子供でも迷わず片づけられる
同じもので分類する習慣が身につけば、自然と片づけ上手に
戻す場所を間違えて、棚に収まらなくなったり、戻すのが難しくなったりするのを防ぐ

基礎知識2

グループごとにまとめる

おままごとセットや乗り物セットなど、遊びの内容や
使うシーンにより、グループ分けしてまとめましょう。

幼稚園グッズがひとまとめにあれば、子供が自分で準備できるようになりそう。

幼稚園グッズ

外遊びグッズ

基礎知識3

手の届く高さに収納

子供の背や力では、頭より上にある場所へ物を片づけるのは大変です。
目の高さを基準に、重さも考慮して、しまう場所を決めましょう。

軽い物
目の高さ
絵本やぬいぐるみなど
子供は大人より視野が狭いので、立ったときの目の高さ程度までの収納にすること
棚の一番下はキャスターつきの収納にすると、重たいものでも片づけやすくなります。
木製の積み木など
重い物

基礎知識4

楽しみながら片づけられる仕組み

遊びをやめて片づけなければいけないと思うと、テンションが下がって
やる気が湧きません。遊びの延長にして、気分よく片づけられる工夫を。

箱にブルドーザーの絵を描き、子供に細かなおもちゃをかき集めさせるなど、子供の好みにあったしかけをつくる

ブルドーザーBOX

これなら、子供が自分から楽しんで、お片づけできそうだね。
遊び終わったら、おやすみなさい！片づけも遊び感覚で

ぬいぐるみのお布団

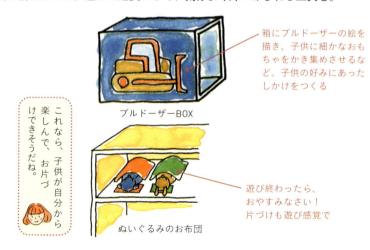

基礎知識5

処分のタイミング

おもちゃの処分は、子供自身がいらないと判断するのを待ちましょう。
進学など、思いきれるタイミングを見て、気持ちを確認します。

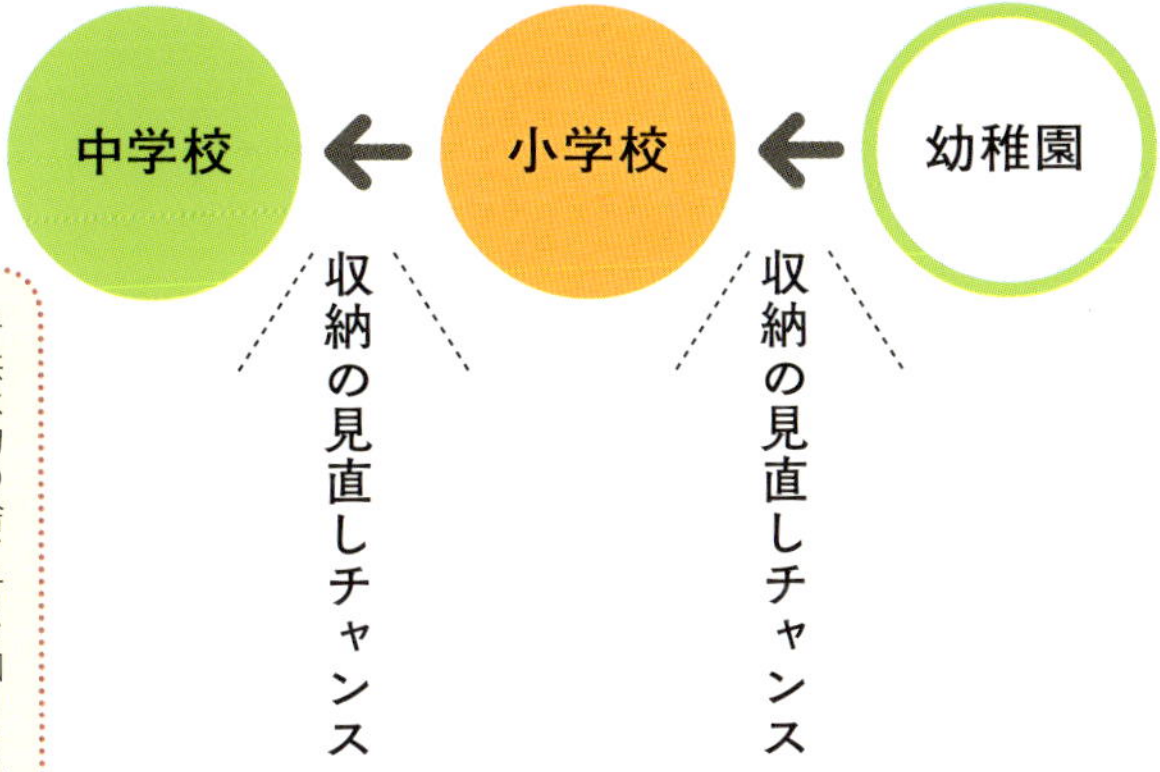

幼稚園
収納の見直しチャンス
小学校
収納の見直しチャンス
中学校

子供は物の捨て方を知りません。3年毎に「これ、もう遊ばないよね」と聞いてみるなど、根気よく時期を待ちましょう。

間取りでスッキリ

成長とともに変化する壁面収納

壁面収納なら、年々増えていく服やおもちゃを、たっぷりと収納できます。物の把握もしやすく、子供が大きくなっても使えます。

小さい時期はおもちゃを下段、大きくなったら服を下段、というように成長にあわせて位置を入れ替え、フレキシブルに使えるのでおすすめです。

目の高さより上の棚は子供には使いこなせない。そのため、季節の物や外出着など普段使わない衣服や、見て楽しめる物をしまうとよい
いつも使う物、子供に自分で支度させたい物は、簡単に手に取れるように下段へ

子供部屋 収納に入れたい物と寸法

「うまく片づけられた」と達成感が得られる収納があれば、子供も片づけが楽しくなるかも。片づけることが継続しやすい収納を目指しましょう。

遊び道具

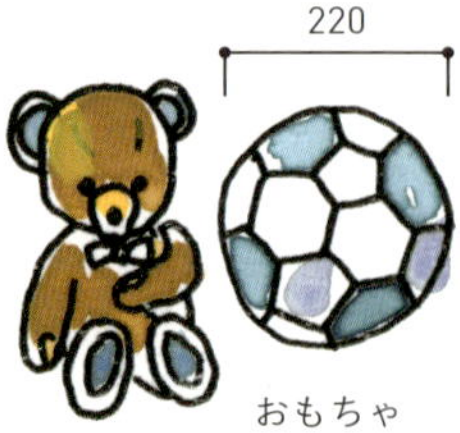
220

おもちゃ

730
290

ラケット

バット（850）
グローブ（250）

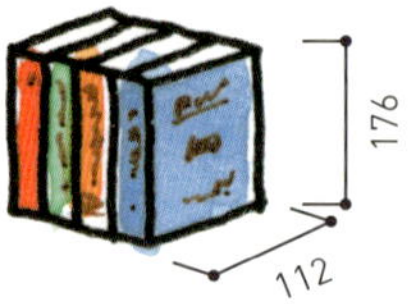
176
112

漫画本

勉強道具

250

ノート、教科書

CDコンポ
（350×250×200）
楽器
（ピアニカ420×100×45）

身につける物

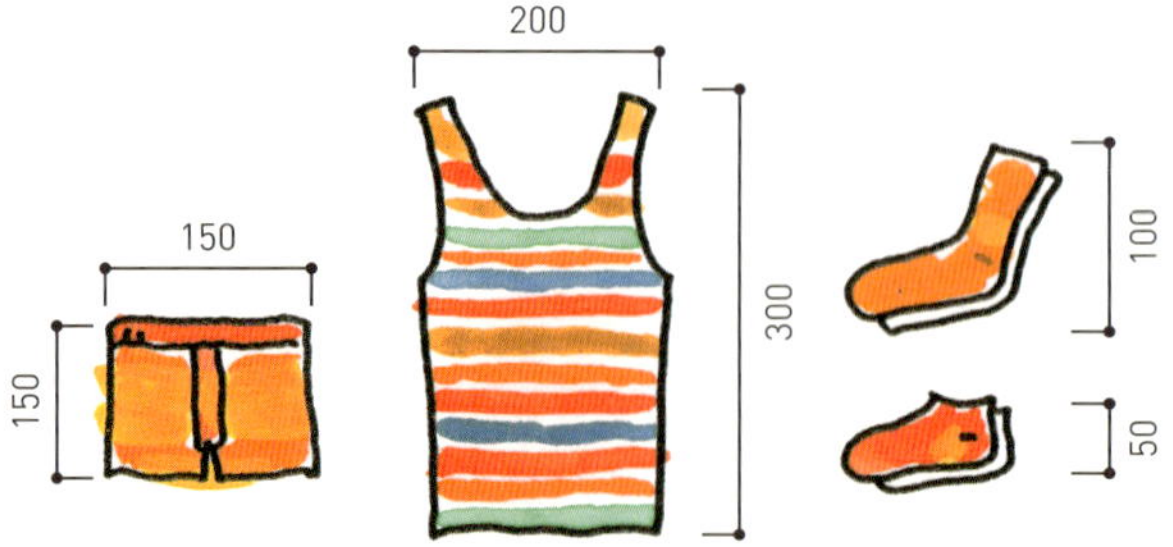
200
150
150
300
100
50

衣類

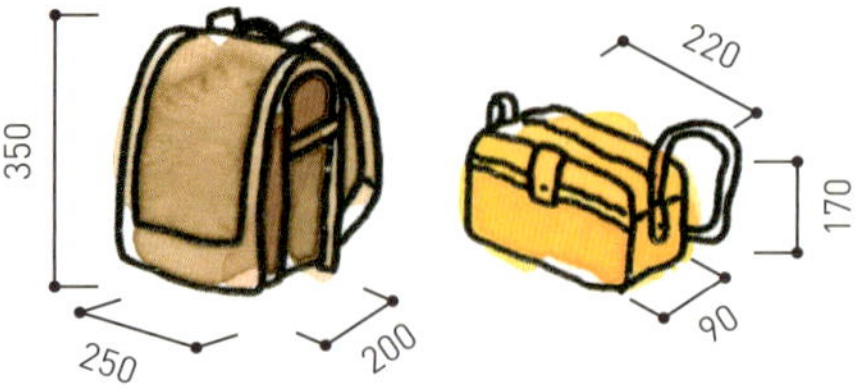
350
250
200
220
170
90

鞄類、帽子、制服ほか、学校の持ち物など

ガレージ・バルコニー・庭①

外で使う道具をガレージで収納する

アウトドアグッズは、かさばる上に汚れていることが多いので、家の中での保管はできるだけ避けたいもの。

うちの夫はサーフィンが趣味なんだけど、サーフボードって大きくて、家の中には入れられない。でも雨ざらしにもできなくて、置き場所に困るんだよね。

うちも、今はまだ、将来の子供部屋を物置代わりにしてるけど、そろそろちゃんと考えないと……。

キャンプ道具やガーデニンググッズも、家の中に入れたくなかったり、大きすぎて入らなかったりすることが多いよね。

そういう物を収納するのにガレージは絶好の場所よ。車が入るとほかに余裕がなさそうだけど、意外と空いたスペースがあるのよね。うまく利用しない手はないわ。

DIYでスッキリ

ガレージにプラスα

車1台用につくったガレージは、車の乗り降りに必要な、
最低限の幅や奥行きしか用意されていないことが多いですが、
壁面や上部をうまく使えば、収納スペースを増やせます。

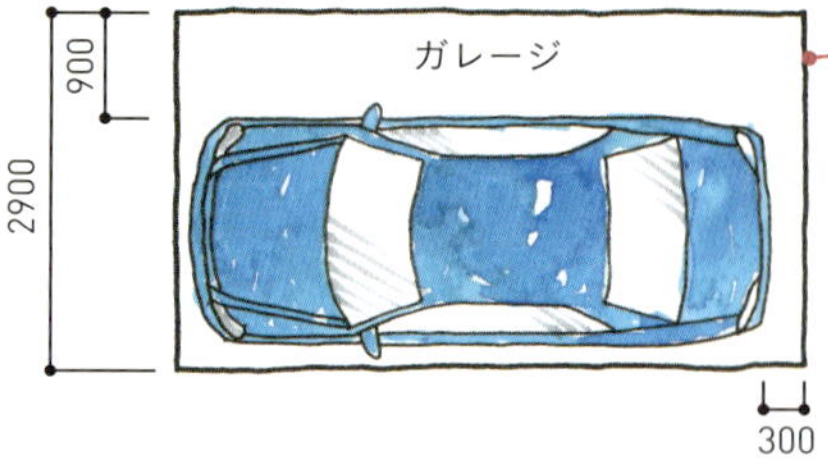

壁面にDIYで収納をつくる。ただし、自分でできるのは木造の場合のみ。軽量鉄骨下地やコンクリート製壁の場合は、専門家に相談を

壁面にパイプを設置

多少湿っている物も、そのまま吊るしておけて便利

ポールは、下地のピッチにあわせてパイプの長さを決め、カット。必ず下地のある部分に、長ビスで固定する

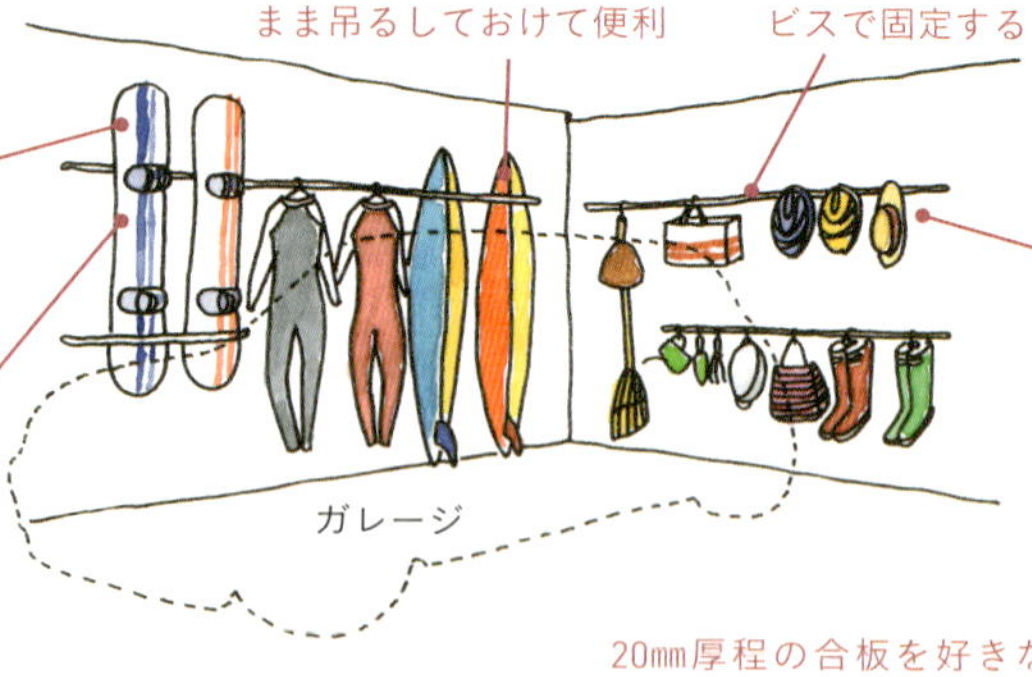

趣味の道具や掃除道具、ガーデニンググッズなど、壁面に収納できる物は多い

長い物の収納には、固定用のゴムバンドと組み合わせるなど工夫して

細々した物も、フックを利用して引っ掛け収納に

天井近くに棚を設置

20mm厚程の合板を好きな幅でカットし、下地のある部分にL形ブラケットで固定。ブラケットの固定は必ず長ビスで

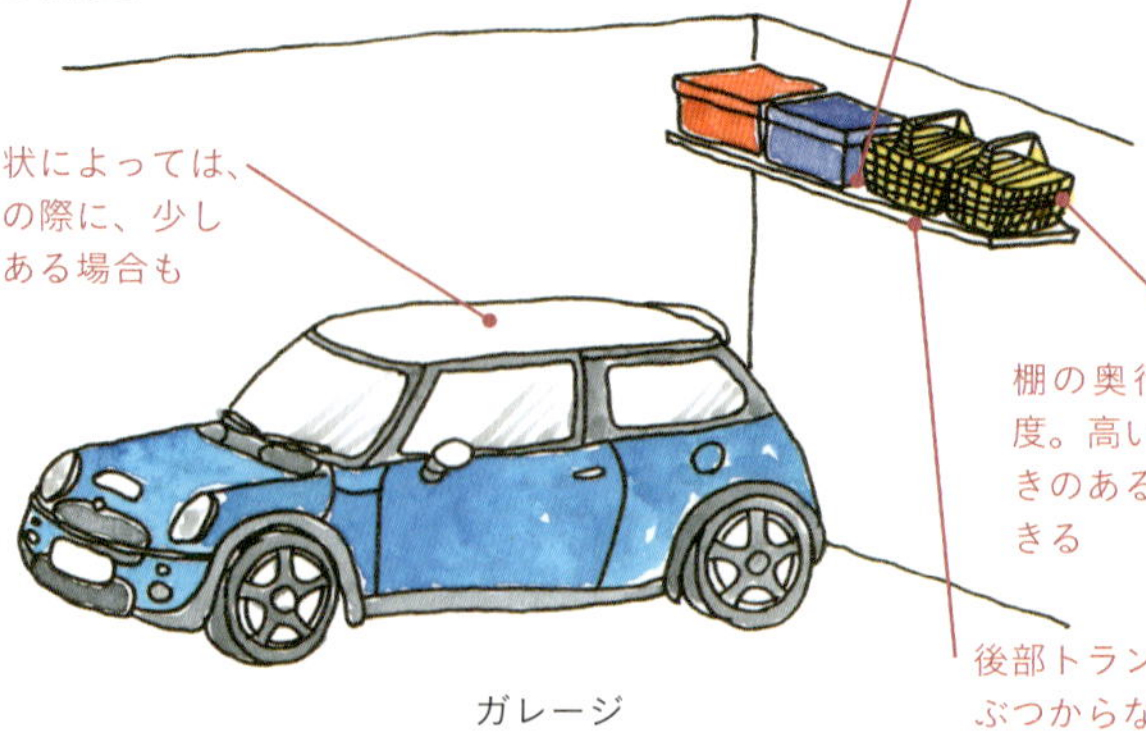

スペースや車の形状によっては、収納物の出し入れの際に、少し車を動かす必要がある場合も

棚の奥行きは500mm程度。高い場所なら奥行きのあるものも収納できる

後部トランクを開けてもぶつからない高さに

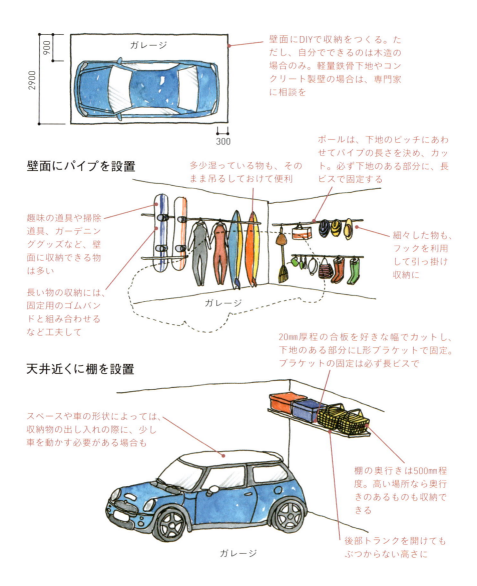

間取りでスッキリ

ガレージは車の後ろにプラスα

ガレージを新設する場合は、車の背面のスペースに少しゆとりをもたせると、収納量がぐんと増えます。さらに余裕があれば、駐輪スペースを兼ねると、自転車も雨に濡らさず保管できます。

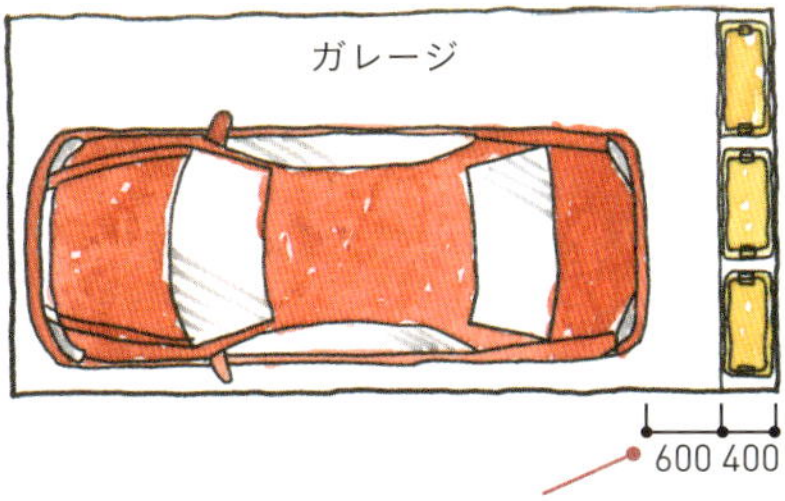
ガレージ
600
400
荷物の出し入れの際に車を前に出せれば、300まで車とのスペースを縮められる

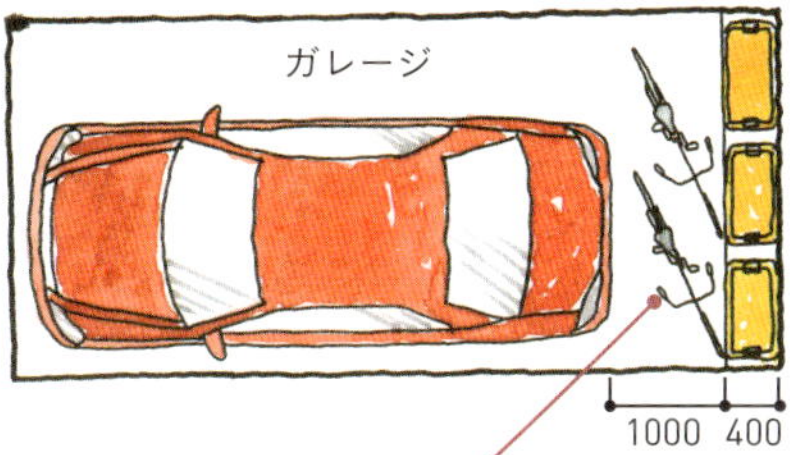
ガレージ
1000
400
さらに1mの空きがあれば自転車を置ける。雨風を気にせず、カバーもしないでよいため、日々の利用が快適

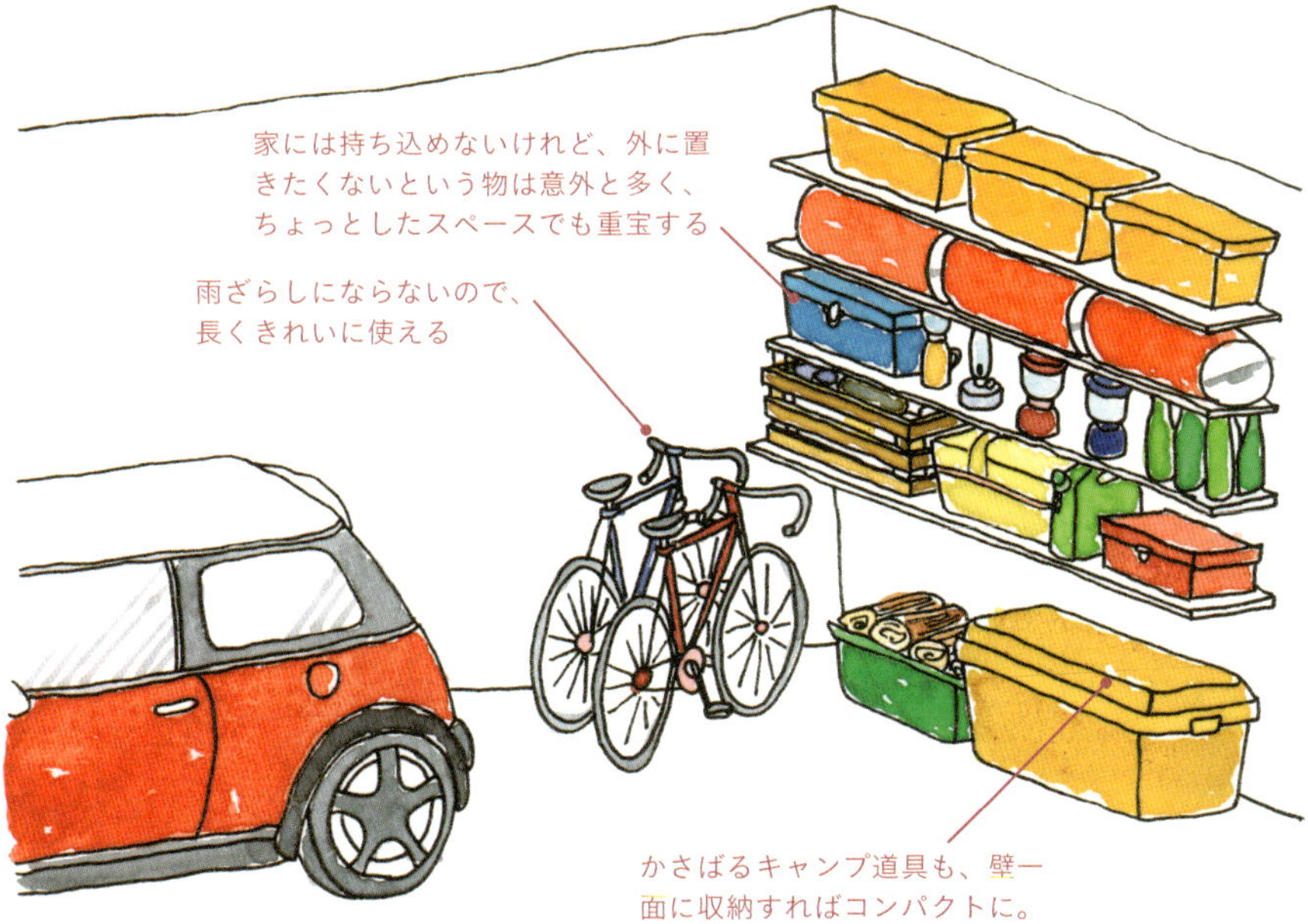
家には持ち込めないけれど、外に置きたくないという物は意外と多く、ちょっとしたスペースでも重宝する
雨ざらしにならないので、長くきれいに使える
かさばるキャンプ道具も、壁一面に収納すればコンパクトに。車への詰め込みも楽チン
ガレージ

ガレージ・バルコニー・庭②

ガーデニンググッズの収納に困る

大きな物置で庭を潰すのはもったいない。
でも、素敵な庭づくりに必須のガーデニンググッズは、どこに置く？

先週末、夫の妹のマンションに遊びに行ったの。ベランダで野菜を育てているのだけど、スコップや肥料などの収納場所に困っていたわ。

賃貸はとくに、屋外に収納がないことが多いから、ガーデニンググッズの収納って難しいよね。

マンションのバルコニーは、避難用の通路をふさがないように、隣の家との境壁付近に物は置けないし、大きな収納を置くのは難しいみたい。

持ち家でも、大きな物置をいくつも置いている家があるけれど、庭が狭くなるよね。

外で使う物を入れておける、ちょうどいい収納はないかな……。

DIYでスッキリ

ベンチ × 収納

収納を兼ねた木製ベンチをDIYしましょう。
雨に濡れてもいいように、塗料を塗ると長持ちします。

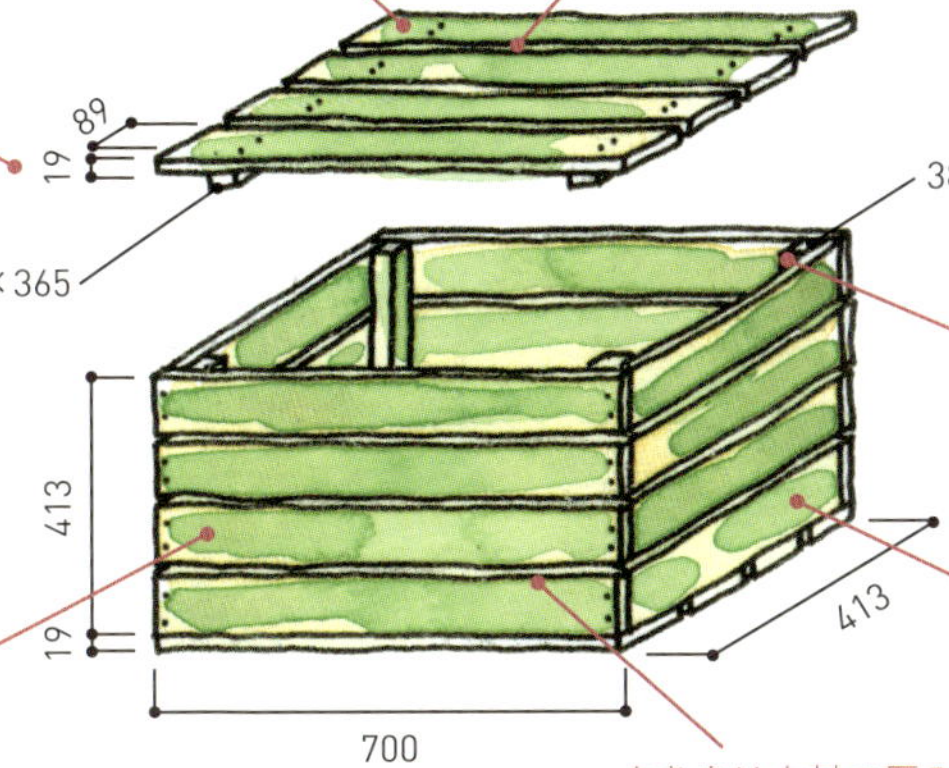
座面をただ箱にかぶせただけの簡単なつくり。1×4（ワンバイフォー）材を使って好きなサイズでつくれる
座面と底面は、内側に配置した板に、700㎜にカットした板を19㎜間隔で、すのこ状に取りつける
19㎜厚の板を使用
89
19
19×44.5×365
38×38の角材
底面の四隅に38×38×413㎜の角材を立て、側面の板を19㎜間隔で釘打ち
413
19
413
左右の板は、375㎜にカット
前後の板は、700㎜にカット
700
すきまは木材の厚みを利用して、19㎜間隔にあける

用途はいろいろ

木製ベンチは庭仕事の合間も大活躍
高さを低くして、ベンチとおそろいのプランターボックスにするのもおすすめ。自分好みに色を塗ってもよい

バルコニーに置いてもOK。作業台にもなる
洗濯カゴの一時置き場としても使える

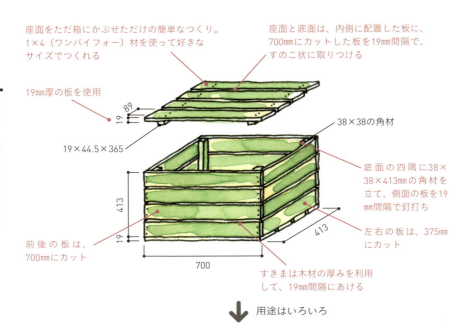

家を建てるときは屋外収納も計画しよう

家を新築する際には、外と一体になった収納をつくりましょう。
子供が成長したり、畑をつくったり、後から必要になることが多いです。

風に当たりながら庭を眺めたり読書をしたり、子供やペットのひなたぼっこや、野菜などの天日干しにも利用できる
ウッドデッキは、屋根があっても、雨風や日に当たり、少しずつ傷みが出る。イペやウリンなどのハードウッドでつくり、2〜3年を目安に塗装をし直すと長く使える
土つき野菜用のブラシや、収穫用のハサミなどを、引っ掛けておく
収穫した野菜や、ガーデニンググッズの土を洗い流すための流し台
3m角程度のスペースがあれば、テーブルセットを置いて、外でご飯も食べられる
人目を避けたい所には木を植えて。目隠しになりすぎても、日当たりや防犯上よくないため、育ったら剪定を

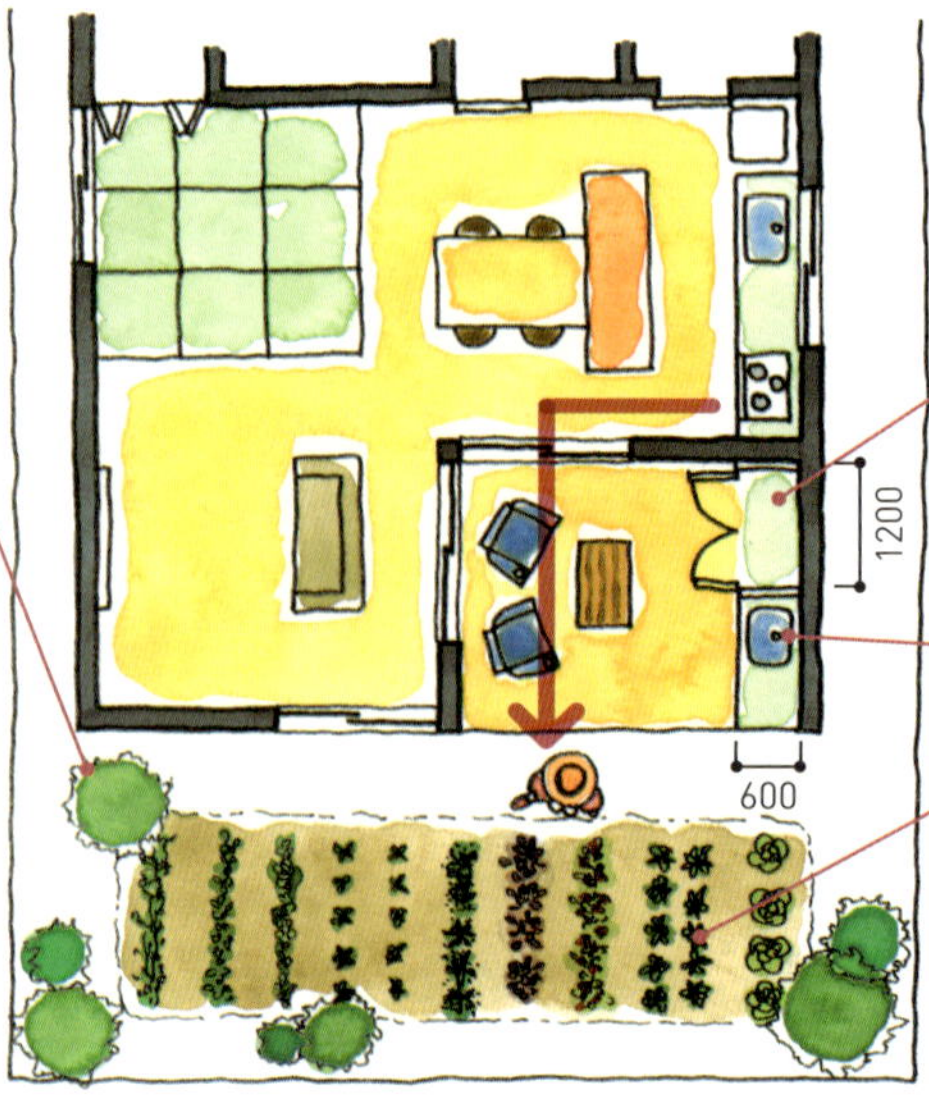
実のなる木を植えれば、収穫も楽しめる。柚子や柿の木など、日本の気候にあった木が育てやすい
ガーデニンググッズやアウトドアグッズを収納
1200
流し台
600
ネギや大葉などを育てれば、料理をしていてちょっと必要になったとき、キッチンから屋外収納を通り、さっと収穫できる

既製品の物置ではない、家の雰囲気にあった収納ができます。流しがあるのも便利！

ガレージ・バルコニー・庭 収納に入れたい物と寸法

外で使うレジャーグッズや物干しグッズ、ガーデニンググッズは、家の中では保管しにくいですが、雨ざらしというわけにはいきません。必要以上の汚れを防ぐ、適切な収納を確保しましょう。

レジャーグッズ

キャンプ用品
（テント650×200、
寝袋400×200、
ランタン250×140）

自転車
（1850×600×1200）

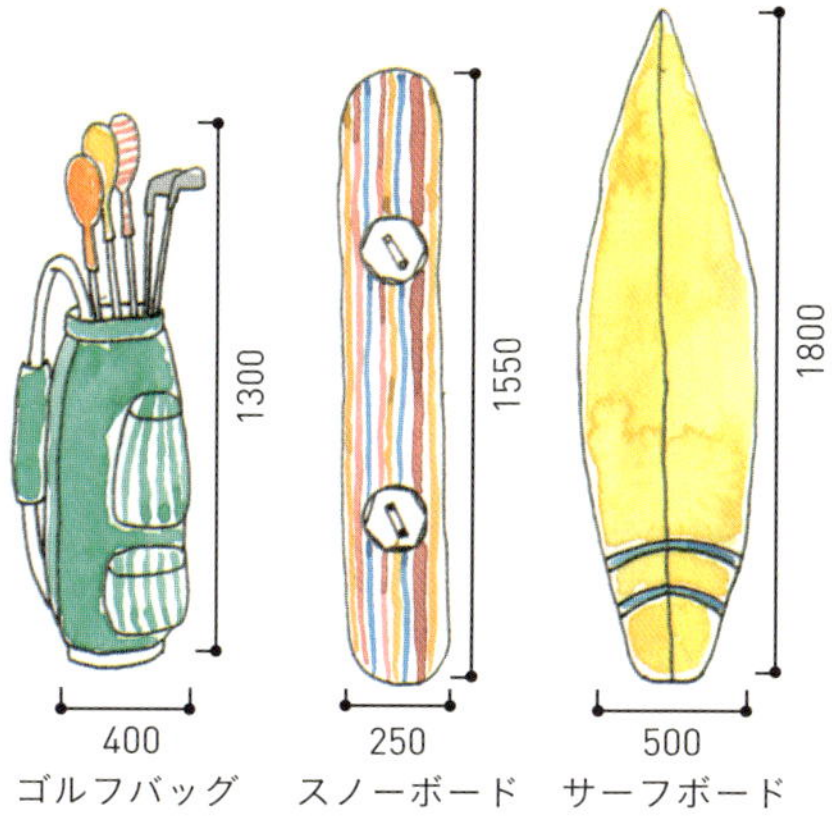
1300
400
ゴルフバッグ
1550
250
スノーボード
1800
500
サーフボード

物干しグッズ

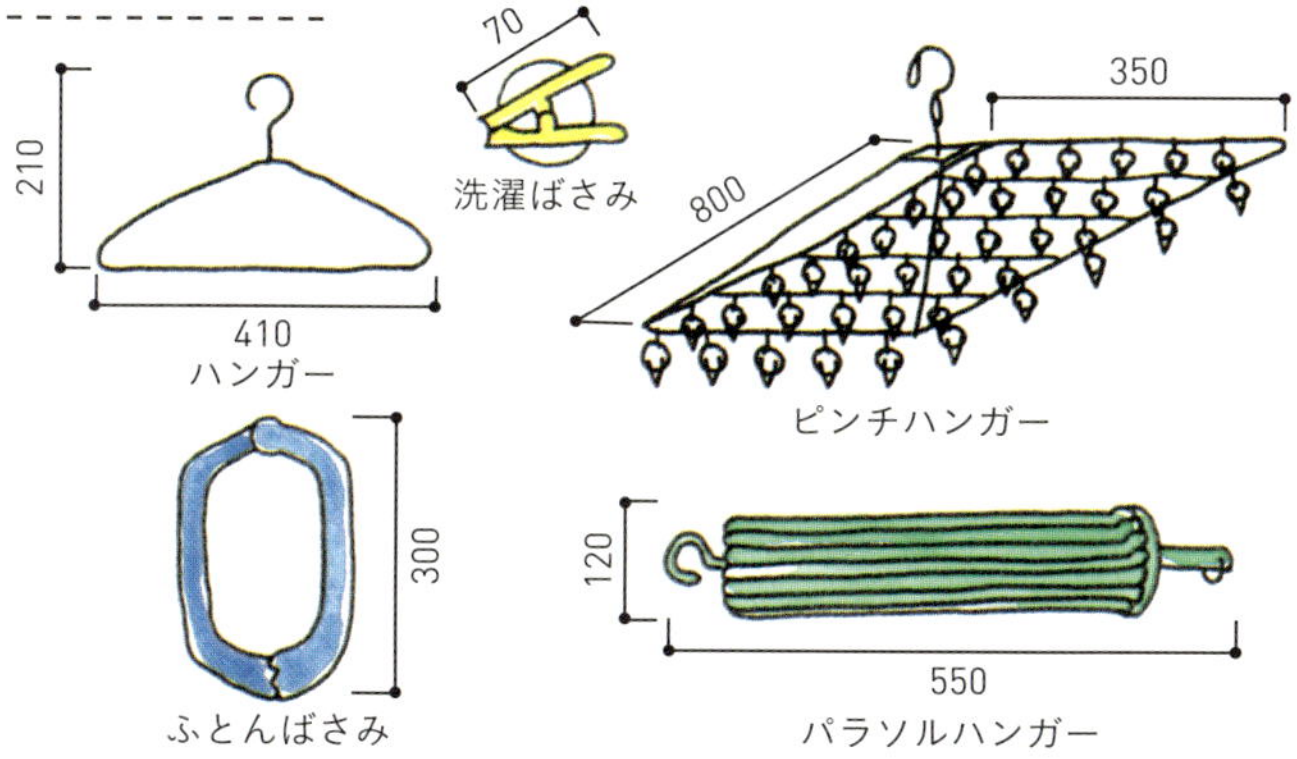
210
410
ハンガー
70
洗濯ばさみ
800
350
ピンチハンガー
300
ふとんばさみ
120
550
パラソルハンガー

ガーデニンググッズ

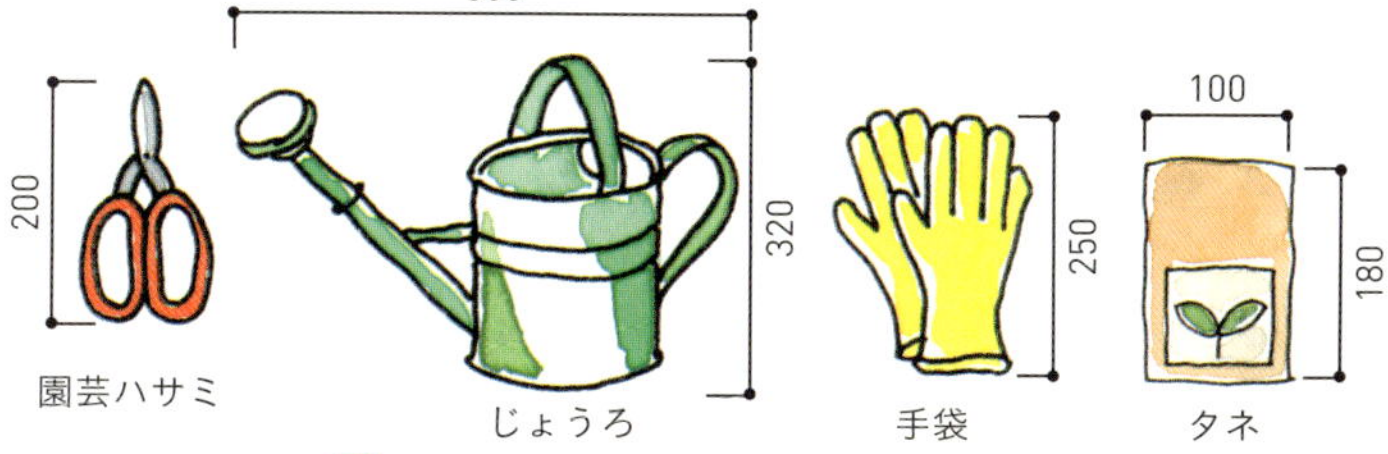
200
園芸ハサミ
500
320
じょうろ
250
手袋
100
180
タネ

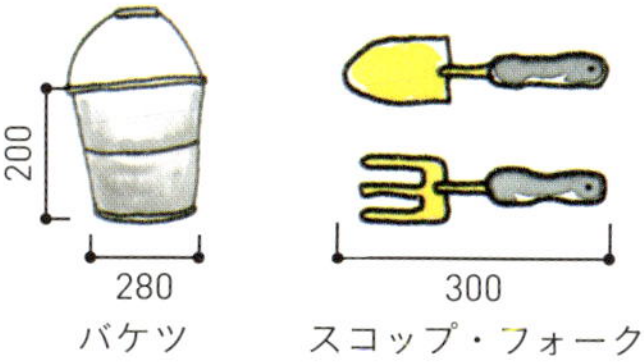
200
280
バケツ
300
スコップ・フォーク

プランター（180×650）
植木鉢（240×300）

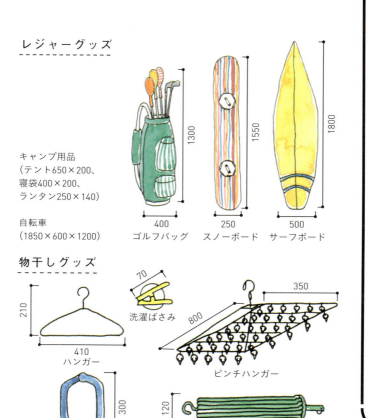

3章

上質収納テクニック

しまうだけが片づけではありません。洗濯物を干したり、コレクションを飾ったり、家を使うときにこそ、収納術が試されます。少しの工夫で、美しく片づく家をつくりましょう。

見せる収納を上手に使いこなしたい

すべてしまいこんだ殺風景な部屋は、案外落ち着かないもの。
大切な物こそ、見せる収納で、しまい込まずに使いましょう。

物を使おうとして、どこにしまったか忘れて、いろいろな収納を探しまわることってない？

普段あまり開けない収納に入れておくと、すっかり忘れちゃうよね。

扉つきの収納は中身が見えないから、物がサッと取り出せないよね。扉を閉めると部屋はスッキリするけど、なんだか殺風景だし。

そんなときは見せる収納を活用すれば、自分らしさを出しつつ、インテリアのアクセントにもなるよ。

〈見せる収納〉と〈見せない収納〉をバランスよく取り入れるのが、片づけやすさのポイントね！

基礎知識1

「見せる収納」と「見せない収納」を組み合わせる

すべてしまい込むのではなく、「見せる収納」も取り入れましょう。
まずは、見せる・見せない、それぞれの長所と短所を理解しましょう。

見せる収納

メリット

- お気に入りをディスプレイして、自分らしさが表現できる
- 収納が散らかっていることにすぐ気づけて、片づけられる
- 使いたい物がどこにあるか、ひと目でわかる

デメリット

- 整理のルールがないと、部屋が散らかって見える

見せない収納

メリット

- 形がばらばらで、ごちゃついて見える物も扉で隠せる
- 散らかっていても、扉を閉めればスッキリ

デメリット

- 中が散らかりやすい
- どこに何があるかわかりづらい

基礎知識2

どんな物を「見せる」?「見せない」?

「見せる収納」と「見せない収納」、二つの収納が
どのような物に適しているのか、知っておくことが重要です。

見せる収納

本、CD、レコードなど

↓

形のそろっている物
デザインのよい物

見せない収納

爪切り、体温計、文房具など

↓

細々している物や
生活感の出やすい物

簡単アイデアでスッキリ

キッチンの見せる・見せない収納

何を見せて、何を隠すかを決めるとき、使いやすさを考えることが重要です。
見せたくないものも、よく使うものであれば、かごなどを使って美しく見せます。

見せる収納
- お気に入りの食器
- よく使う調味料
  など

＋

見せない収納
- 形がそろっていない調理道具
- 買い置きの食材　など

調味料類を美しく見せるには、容器をそろえるのがポイント。買ったままの容器では統一感がなく、ごちゃついて見えてしまいます。

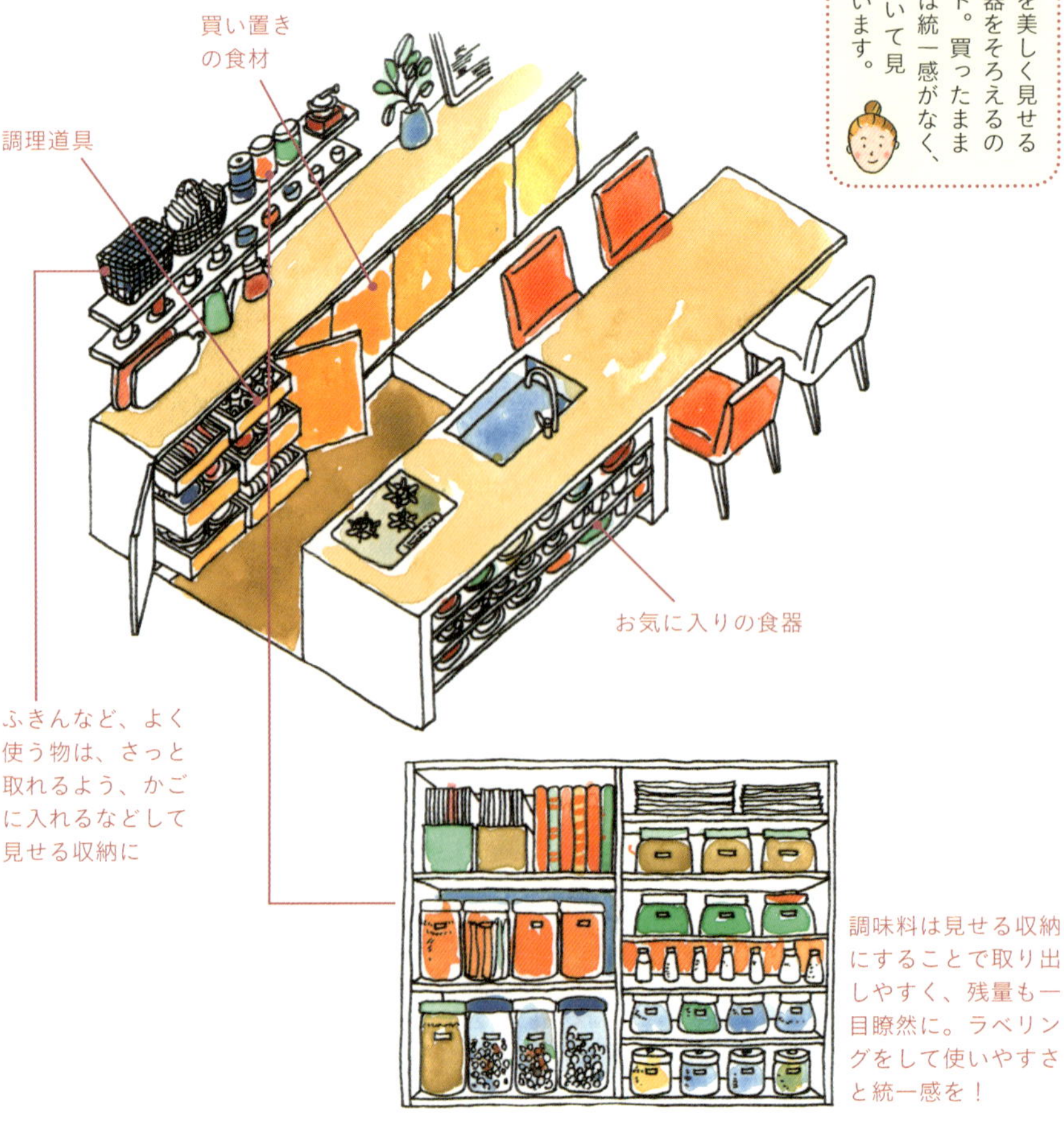
買い置きの食材
調理道具
ふきんなど、よく使う物は、さっと取れるよう、かごに入れるなどして見せる収納に
お気に入りの食器
調味料は見せる収納にすることで取り出しやすく、残量も一目瞭然に。ラベリングをして使いやすさと統一感を！

DIYでスッキリ

美しくアレンジできる棚をつくろう！

**物によって見せるもの、見せないものがあります。
ただ整然と分別するのではなく、「見せる」と「見せない」が
組み合わさった、オリジナルの棚に収納しませんか？**

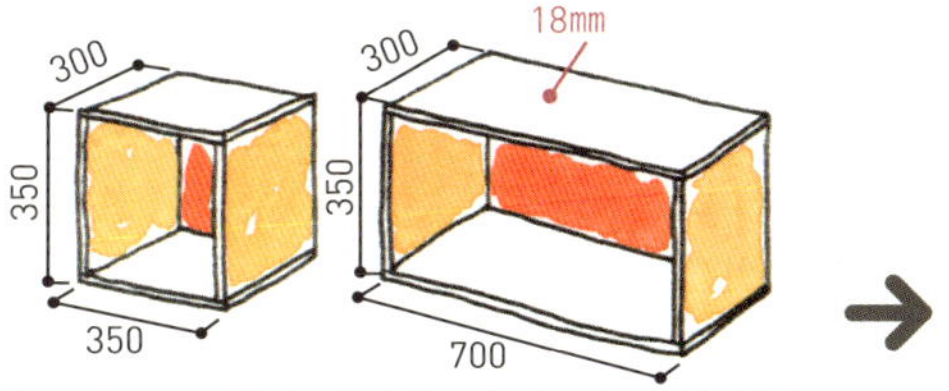
ランバーコア合板
18mm
300
350
350
300
350
700

ランバーコア合板で正方形の箱と、正方形2個分の長方形の箱の2種類をつくる。合版どうしはビス留め

それぞれの箱はボルトで結合する。背の高い棚にしたい場合は上部を突っ張り金具や粘着シートで固定するなど、転倒防止の対策を忘れずに

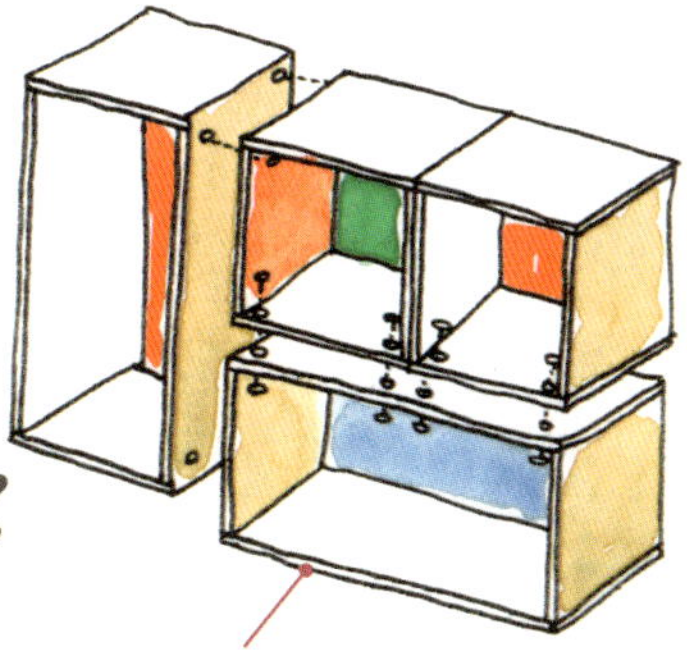

木口テープを貼ると美しく仕上がる

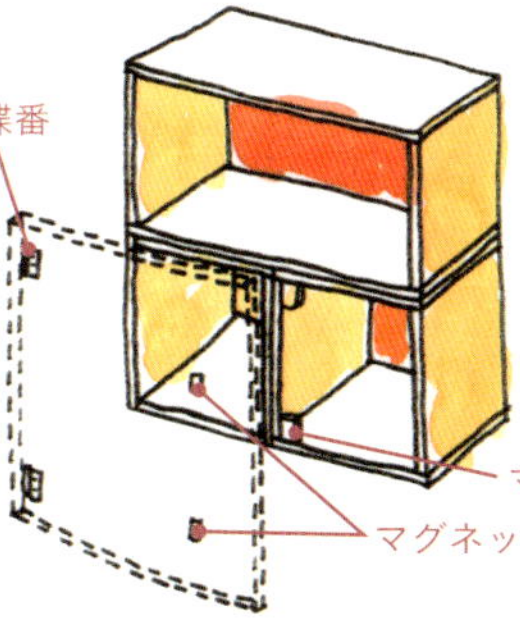
旗蝶番
マグネットキャッチ
マグネット

見せたくない部分には扉を。おおまかに、大胆に取りつければOK。多少ズレているほうがかえっておしゃれ

サイズも組み合わせも自由なので、部屋の広さにあったお気に入りの棚に

重たい本は下に収納する

扉には好きな色を塗って部屋のアクセントに。黒板塗料を塗ってチョークでメモ書きすればカフェのよう

間取りでスッキリ

使う状態で飾る！

趣味の道具をインテリアの一部にしたり、
使う場所に収納をしつらえたりすることで、そこは特別な空間になります。
きれいに並べるだけが収納のセオリーではありません。

本を飾って図書館スペースに

階段下のちょっとしたスペースで、自分専用の図書館を。本棚をつくるなら、読むための空間も一緒に考えたい
リビングなどで読むのとはまた違った気分。照明や、飲み物を置くスペースがあれば、より快適に

テントもインテリアの一部に

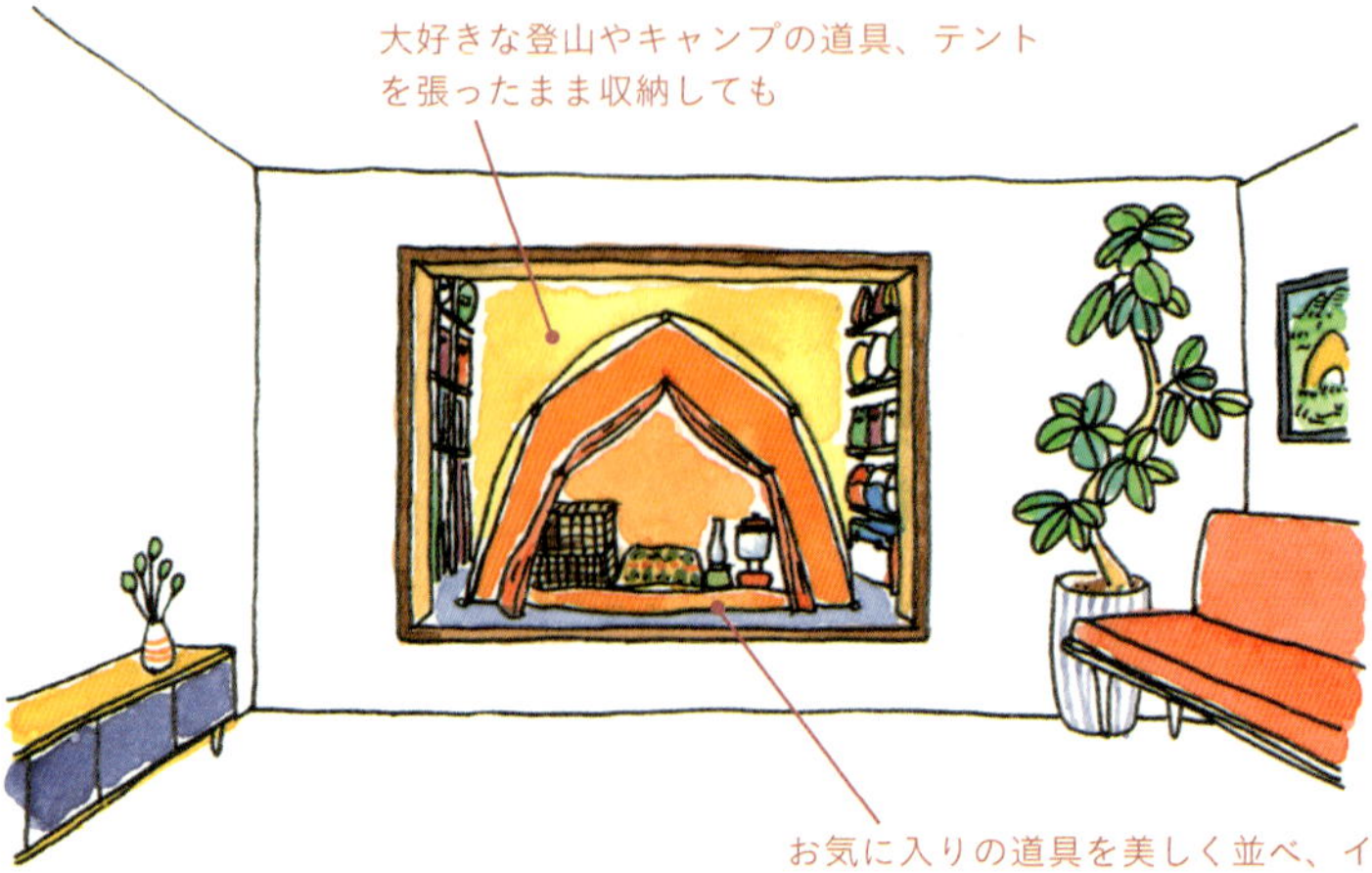
大好きな登山やキャンプの道具、テントを張ったまま収納しても
お気に入りの道具を美しく並べ、インテリアの一部にするのは、見せる収納の醍醐味

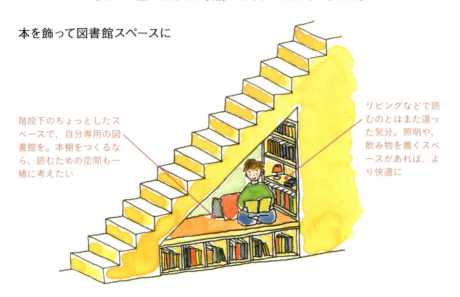

COLUMN

パーティーを片づけのきっかけに

いつ誰が来ても「どうぞ、あがって！」と言えるような、“美しい家”にしておきたい、誰もがそう思うはずです。でも、なかなか現実はうまくいきません。お客様を前に慌てて散らかった物を隠す、なんてことも多々ありますよね。

もちろん普段から散らからない工夫をするのは大切です。家族みんなが協力して片づける仕組みにしておかないと「片づけ担当」ばかりが疲れてしまいます。片づける仕組みのひとつとして、ライフスタイルにあった「片づけのきっかけ」をつくってみませんか。

☑ 季節を取り入れたパーティーはいかが？

私の場合は、それがパーティーでした。我が家では、定期的に人を招いてパーティーをして、家族の片づけ意識をアップさせています。

イベントごとに親しい友人を招いて行うパーティーでは、季節の設えをして、お料理にもテーマや旬を取り入れます。過ごしやすい気候のときはテラスでバーベキュー、子供がメインのパーティーでは、みんなで飾りや料理の一部をつくるワークショップ形式にすることも。

メンバーやテーマにあった居心地のいい空間をつくりたいので、家のレイアウトは普段から簡単に変えられるようにしています。なるべく家具は置かず、物は増やさないように。スッキリと片づいていると、季節の設えがぐっと強調され、パーティーのとき以外でも季節を感じられる家になります。

☑ 季節を感じられる美しい家に

“美しい家”とは、単に整理整頓の行き届いた家ではなく、お客様をきちんと“もてなせる家”だと私は思います。小さな季節の変化を感じ暮らしに取り入れることができる日本人ならではの感性で、おもてなしをしながら、自分も家族も、お客様も気持ちのいい家になるとよいですね。

室内干しをするスペースがない

雨や花粉や外出のときの洗濯物。どうしてもこれだけは乾かしたい、というものが干せる場所はありますか？

この前、洗濯物を外に干して外出したら、天気予報が外れて雨が降ったの。おかげで洗濯物はびしょびしょ……。

私も外干しして出かけると、天気が気になってスマホでよく調べるなあ。

ゲリラ豪雨とかいつ降るかわからないものね。夏は湿度が高いから、なるべく外に干したいけど、部屋干しのほうが安全かも。

賃貸に住んでたときは、部屋干しスペースがなくて、カーテンレールに無理やり引っ掛けたりしてたなあ。

掛けられる場所が少なくて家のあちこちに干していると、取り込むのも一苦労。干し場所が確保できればいいのだけれど。

便利グッズでスッキリ

突っ張り棒＋扇風機で室内干し

洗濯機の上やアイロン台のそばなど、デッドスペースに突っ張り棒を取りつけて、室内干しスペースをつくりましょう。

壁を傷つけないから、賃貸でも安心です。

洗濯物の重みに耐えられる強力な突っ張り棒を選ぶ

扇風機や除湿機を使って乾かす。物干し場には「風」が不可欠

洗った物を、その場ですぐ干せるから、家事の手間も減る

濡れたタオルなど、ちょっとした物を掛けておくのにも便利

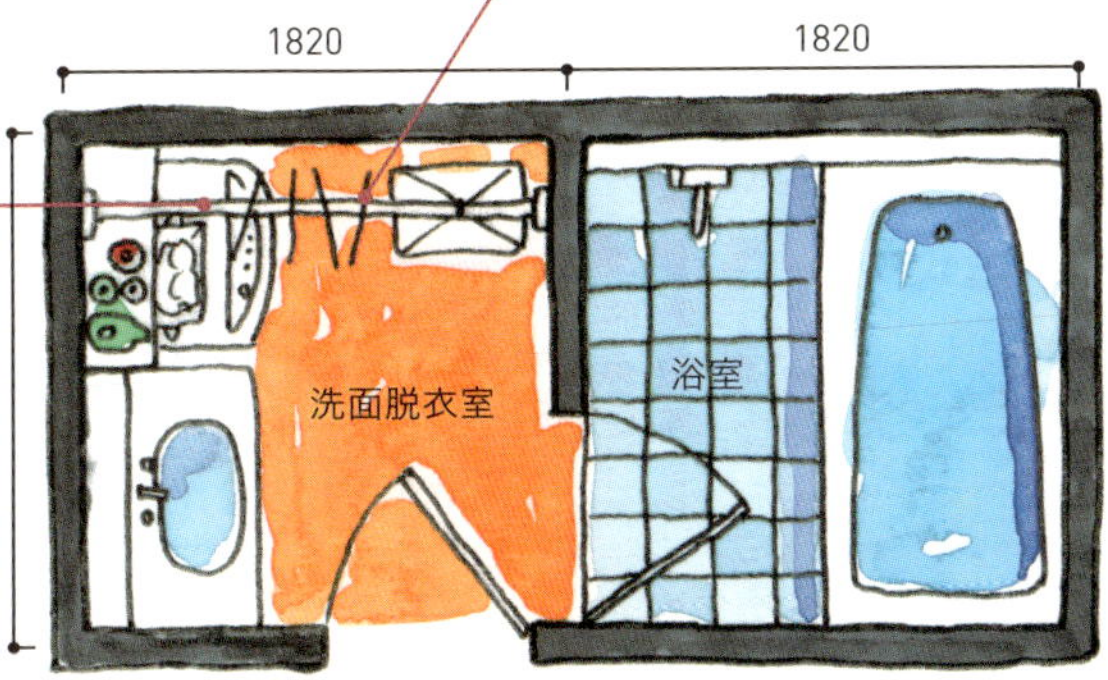

突っ張り棒は洗濯物を干しても通路をふさがない位置に設置する

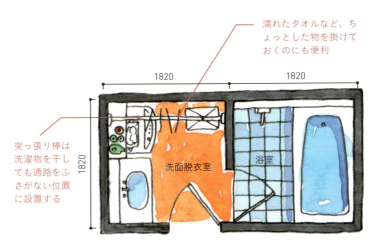

窓を出窓にして物干しコーナーに

窓をつくるときに奥行きのある出窓を用意しておけば、
ちょうどよい物干しスペースになります。

出窓は、3つの条件（①〜③）を満たすサイズでつくれば、床面積に入りません。

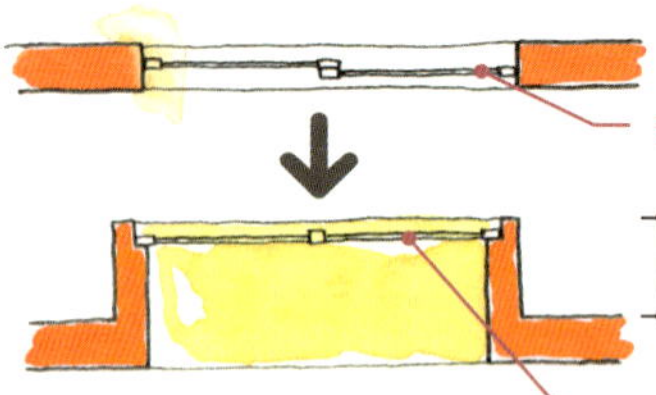

普通の窓
~500
出窓
床面積から除外される条件①
周辺の外壁面からの水平距離は500mm未満に

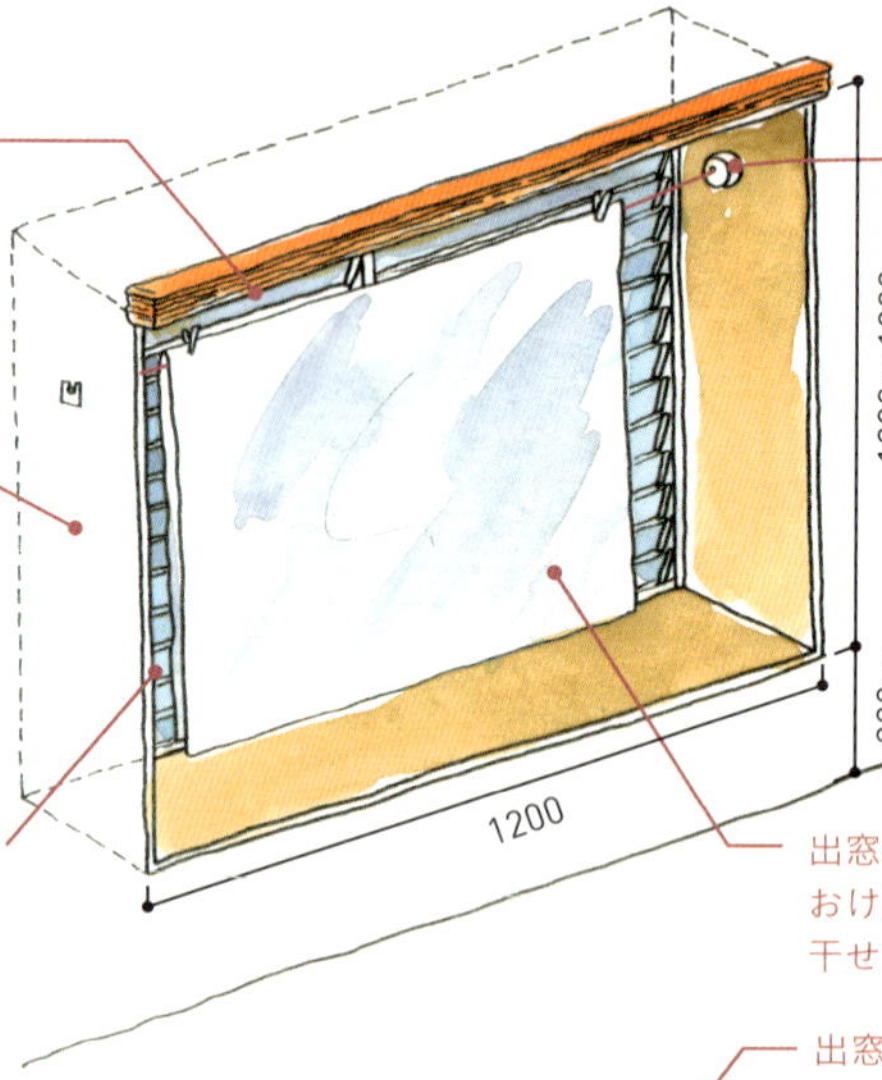

ブラインド
収納式物干しワイヤーロープ
1200〜1800
床面積から除外される条件③
出窓部分の見付面積の1/2以上が窓であること
床面積から除外される条件②
床面から300mm以上の位置に
300〜
ルーバー窓
1200
出窓の幅を大きくしておけば、シーツなども干せて便利

来客時には、ブラインドをさっと下ろすだけで洗濯物を隠せます。

出窓を有効に使うため、ブラインドは壁づけタイプに
光
風
すりガラスのルーバー窓にしておけば、光と風は通して、外からの視線は通さない。大型のルーバー窓のため、防犯対策も忘れずに
出窓の室内側にブラインドを取りつけておけば、来客時にも気にならない

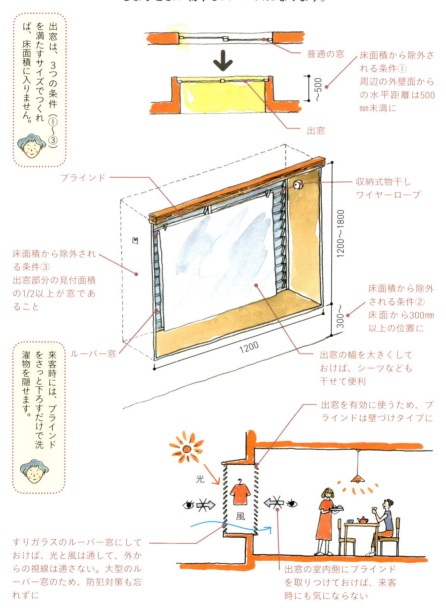

間取りでスッキリ

出窓を二重窓にして物干しコーナーに

出窓の室内側に内窓をつければ、外気の侵入を防げます。
換気口を取りつければ、さらに乾きやすくなります。

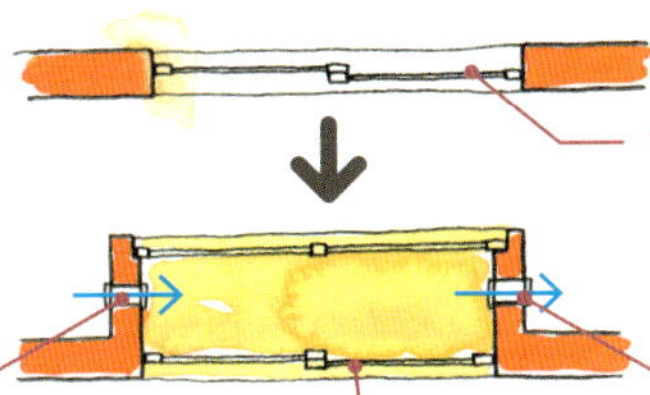

普通の窓
吸気口
内窓
排気口（ファンつき）

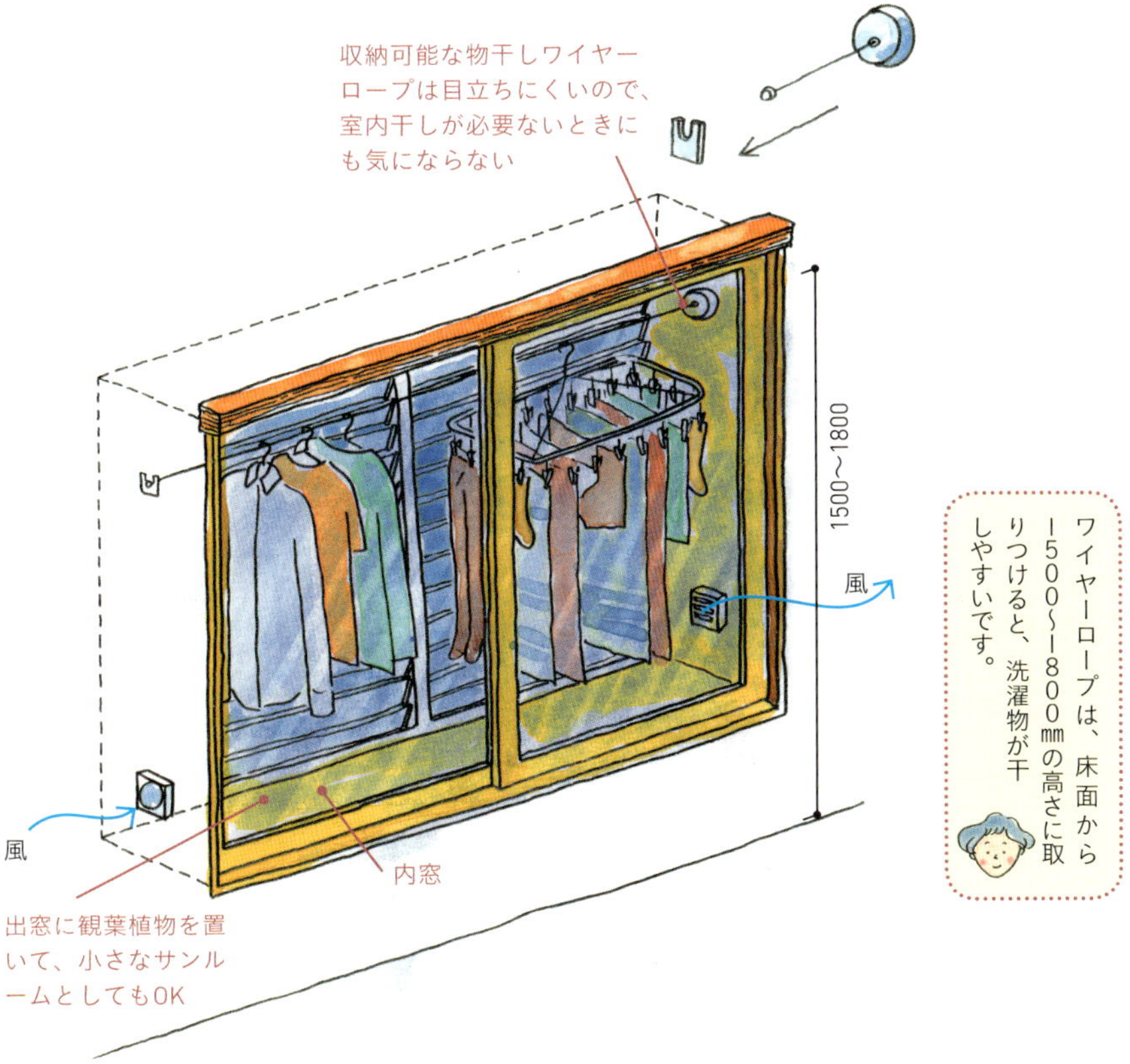

収納可能な物干しワイヤーロープは目立ちにくいので、室内干しが必要ないときにも気にならない
1500〜1800
風
風
内窓
出窓に観葉植物を置いて、小さなサンルームとしてもOK
ワイヤーロープは、床面から1500〜1800㎜の高さに取りつけると、洗濯物が干しやすいです。

間取りでスッキリ

日当りのいい場所にサンルームを

サンルームは、花粉の季節など外に洗濯物を干したくないときにも便利。
アイロンがけや、ちょっとしたくつろぎの空間としてもおすすめ。

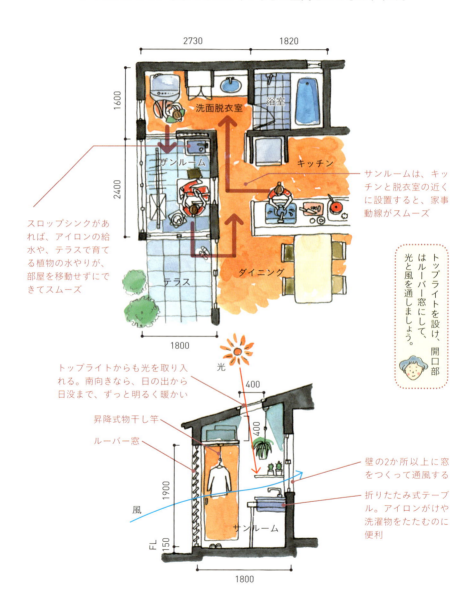

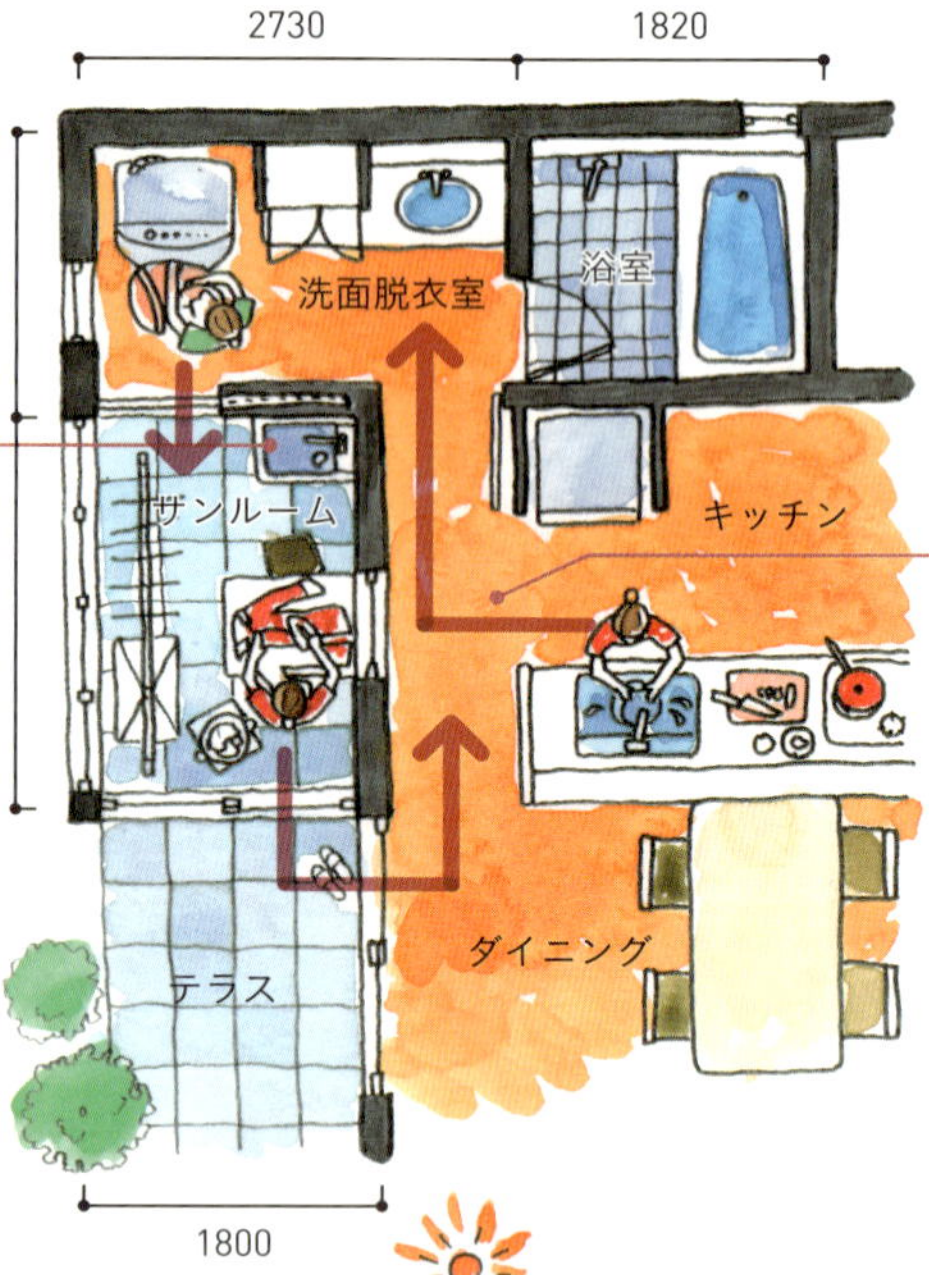

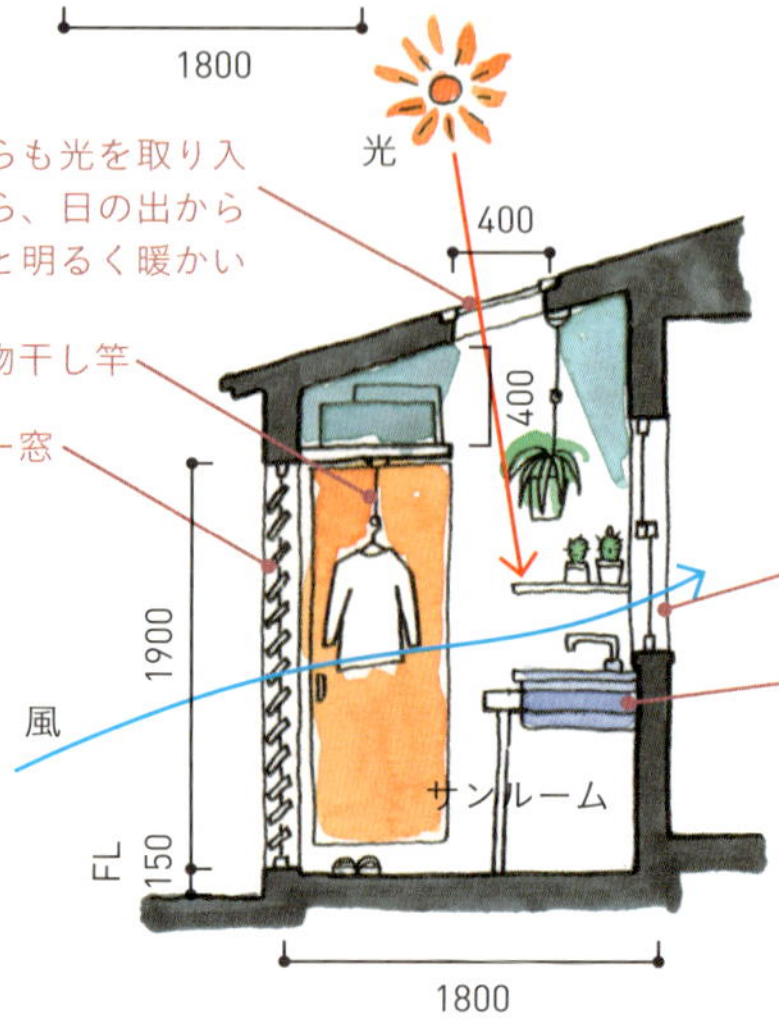

トップライトを設け、開口部はルーバー窓にして、光と風を通しましょう。

洗濯物を干しているとき

キャスターつきのワゴンは、アイロン道具を入れておき、洗濯カゴ置き場兼、イスとしても使えます。

ルーバー窓と室内窓を開けておけば通風できるので、洗濯物もよく乾く
折りたたみ式テーブル。使わないときは壁面に収納できる
キャスターつきワゴンがあると便利

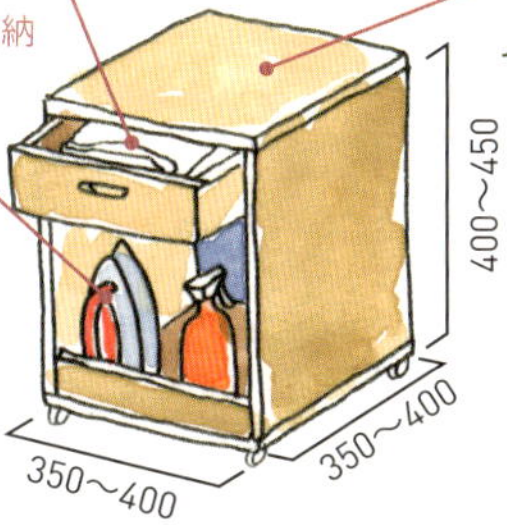
引出しには折りたたみ式アイロンマット
アイロンや霧吹きを収納
400～450
350～400
350～400

洗濯物を干していないとき

夏はもちろん冬でも、日が出ているときは暖かく快適。強すぎる日差しが気になる場合は、ブラインドをつけてもOK
昇降式物干し竿をしまえば、視界をさえぎらず快適
室内窓があるので、キッチン側からお茶のサーブも可能
折りたたみ式テーブルを組み立てれば、くつろぎスペースに
物干し竿に植物を吊るせばインテリアにもなる

サンルームは、来客時にお茶を楽しむのもいいね。

洗濯物を陰干ししたいときの、ベランダサンルーム

ベランダに棚やカーテンを設置して、少しの雨ならしのげる、ベランダサンルームをつくりましょう。外からの人目も気になりません。

ベランダにちょっとした棚があれば、植物を育てるのも快適です。
壁面突っ張りアイテムで自立柱にした2×4材に、突っ張り棒を渡せば、シャワーカーテンをつけられる
市販の壁面突っ張りアイテムを使って、ベランダに棚を設置！
手摺壁
ベランダ
棚板はランバーコア合板（18mm厚）を、L形ブラケットで自立柱にネジ留め。小さな観葉植物を飾るには、棚の奥行きは200mm程度でOK
集合住宅の場合は、避難通路を塞がない所に設置する
シャワーカーテンがあれば、小雨でも洗濯物が干せる。ただし、強風であおられると、突っ張り棒ごと飛ぶ危険性があるため、そばで見ていられるとき以外はしまっておく必要がある

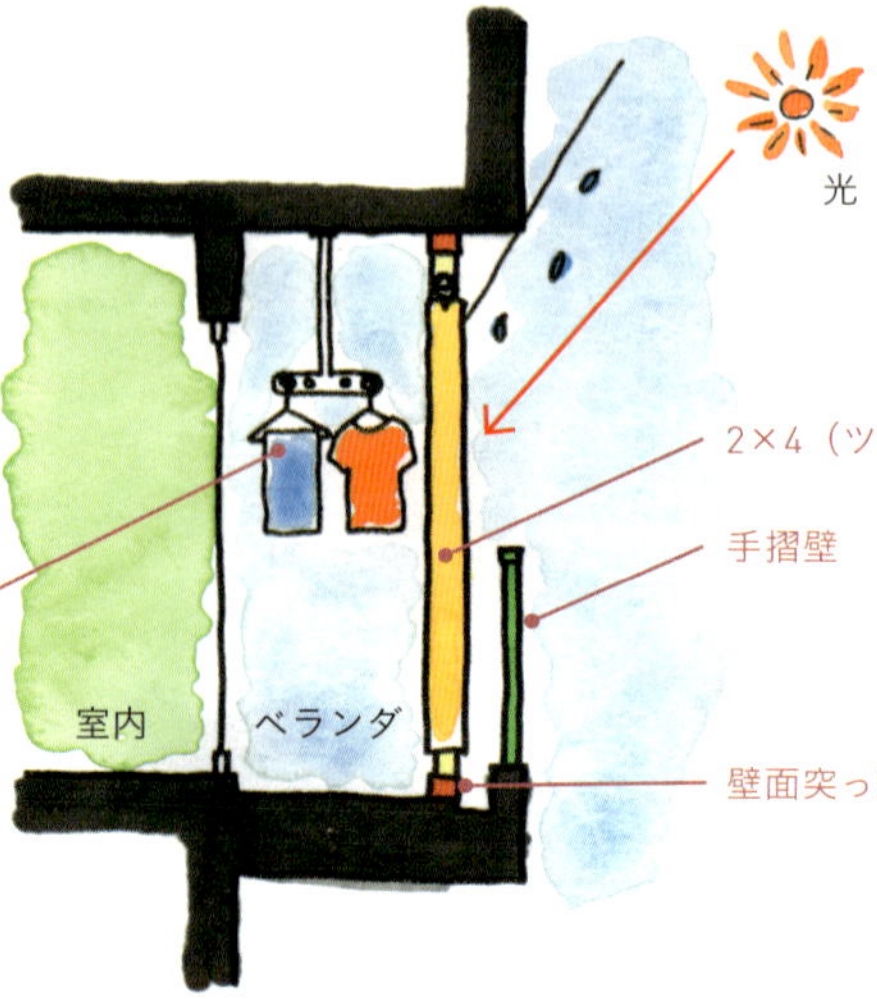
光
2×4（ツーバイフォー）材
手摺壁
室内
ベランダ
カーテンを設置すれば、人目や強すぎる日差しから、洗濯物を隠せる
壁面突っ張りアイテム

COLUMN

使っている洗剤は何種類？
数を減らして収納をコンパクトに

世の中には、用途によって様々な洗剤が市販されています。私も以前は用途別に存在するのだから、その通りに使わなくてはという固定観念にとらわれ、たくさんの種類の洗剤を持っていました。子供が生まれたら子供用のボディソープ、シャンプー、衣類用洗剤など買い揃え、そのほか、洗濯などの専用洗剤はストックを含めて全部で 37本に。当然収納場所からは溢れてしまいました。

そんなとき、とある本に出会い、「洗剤１本化」を知りました。「洗剤１本化」とは専用洗剤をやめてすべての洗剤をひとつにしてしまうこと。洗剤の断捨離です。これはいい！と我が家も早速試してみました。

１本化とはいかないまでも、洗剤の数を絞ることに成功

基本、汚れを落とすには石鹸でいいそうです。天然素材の液体石鹸1本あれば、衣類や食器、部屋の掃除のほか、体や顔、髪、手も洗えるとのこと。肌にも環境にも優しければ言うことなしですね。

でも、これがなかなかハードルが高かったのです。髪はきしみが気になり食器はうっすら油が残り、仕上がりに納得できませんでした。

結果、現在我が家では体、顔、手、衣類、部屋を石鹸に１本化、髪と食器は専用洗剤に、ということで落ち着きました。洗剤の種類が少ないとストックの管理がラクになり、収納場所がコンパクトに。うっかり二度買いすることもありません。まずは少しでもストックを減らす気持ちで始めてみてはいかがでしょうか。

汚れた物はその都度洗う

ちなみに汚れは、時間が経ってしまうと石鹸では落としにくくなります。汚れたらその都度、早めに洗うのが鉄則です。昔の人たちには当たり前だったそのことを、私は専用洗剤まかせのときにはあまり意識していませんでした。慣れればそんなに苦ではないし、当たり前だと気づけたことに、ちょっと目が覚める思いでした。

季節の飾りを飾る場所がない

和室や床の間のない現代の家で、雛人形や季節の花を飾るには、
部屋とのミスマッチが気になります。

友達に小学生の娘がいて、春には雛人形を飾るのを手伝うんだけど、雛飾りってリビングから浮いて見えちゃうよね。

確かに、以前の日本の住宅には床の間があったから、季節の飾りもうまく飾れたけど、今は和室がない家も多いよね。

リビングに専用の棚を設置して飾ると、部屋も狭くなっちゃうし、洋室とミスマッチなんだよね。上手に飾るには、どうしたらいいのかな。

小さくていいから、飾る場所を考えたいね。

雛人形以外にも、行事ごとに小物や季節の花を生けて飾ったら素敵よね。

基礎知識

日本の家にはハレの場があった

日本の古い家には、客人を迎える座敷がありました。
座敷の「床の間」には、季節にあわせた掛け軸や花などをしつらえていました。

和室自体が少なくなっている現代。美しく魅せる場を日常的につくっておくと、家族がほっとする、居心地のよい空間に

床の間の形式のひとつ、置床《おきどこ》。板を床に置くもので、可動式やつくりつけのものがある。上質な板が1枚あれば、小さな家やマンションにも床の間的な場所をつくりだせる

簡単アイデアでスッキリ

本棚を使って飾り棚にしよう

リビングに雛人形を飾るなら、既存の家具を利用するという方法も。

飾り棚

リビングの一角に大きな七段飾りを飾ると、現代のリビングと違和感が出て、部屋も狭くなってしまう

→

色紙や布でアクセントを加えると、飾りが映える

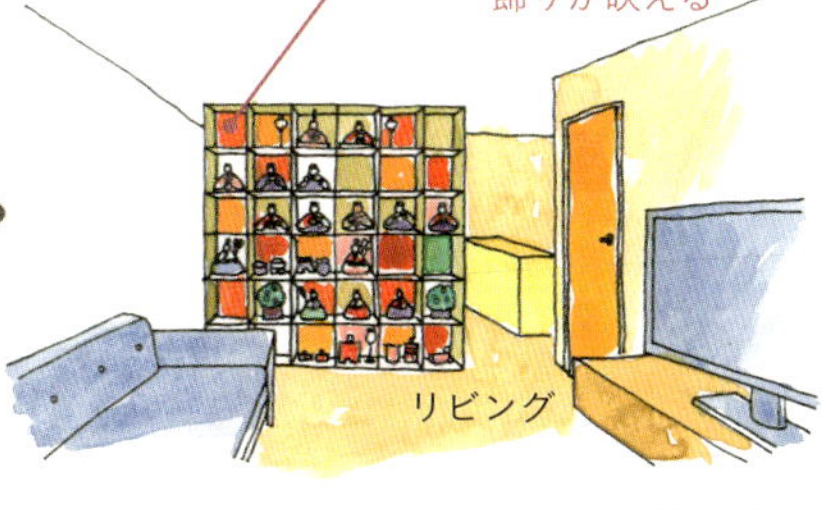

普段利用している棚に並べて飾れば、リビングにも溶け込み、ついでに棚の整理もできて一石二鳥

DIYでスッキリ

収納ケースを兼ねた飾り棚

収納期間が長い季節の飾り。段飾りの雛人形だとしたら、大きな収納スペースが必要です。

この際、飾り棚を兼ねた収納ケースをつくるのはいかがですか？

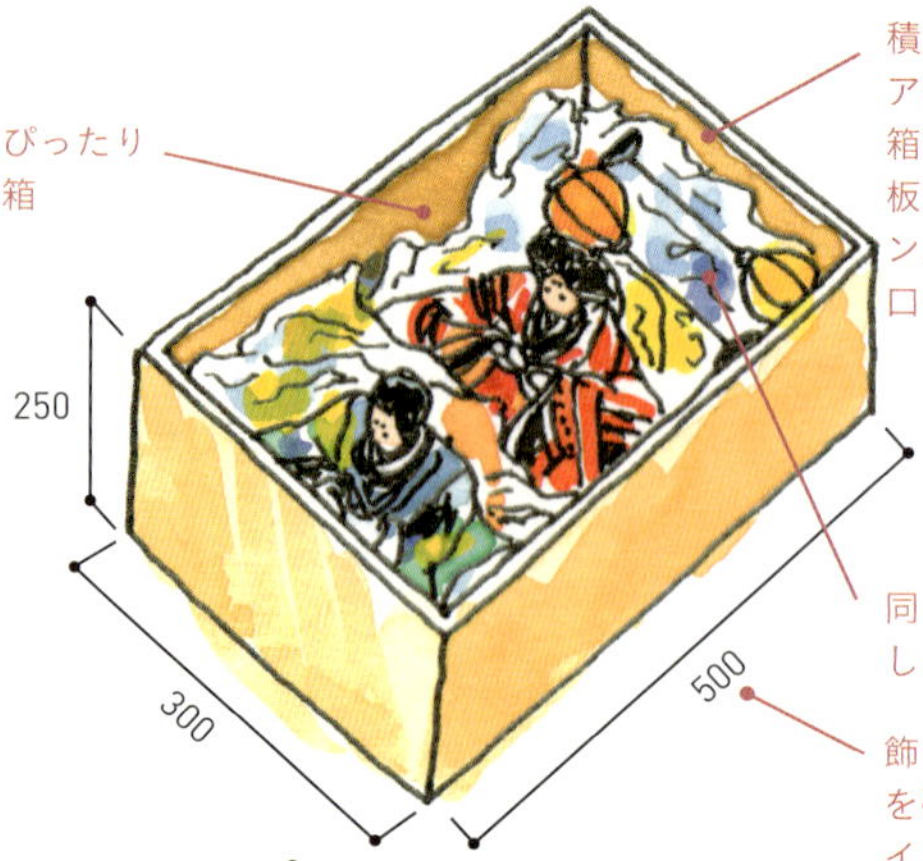

普段は人形がぴったりおさまる収納箱
積層合板またはランバーコア合板（15㎜厚）を使って箱を必要分だけつくる。合板どうしはネジ留めし、ランバーコア合板の場合は木口テープを貼って仕上げる
250
300
500
同じ段に飾る物はまとめてしまう
飾る時としまう時のサイズを確認して、つくる箱のサイズを決める

飾ってみると……

互い違いに置けば現代的なアレンジに
それぞれの箱は設置するときにボルトで固定できるように穴を開けておく
250
少なくとも2/3以上は重ねる。上部に重すぎるものは置かないように
リビングにあわせたサイズやデザインでつくれば、飾ったときに違和感なくリビングに溶け込む

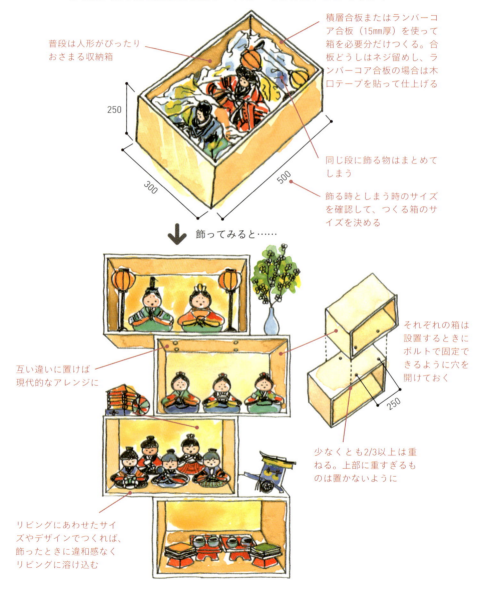

間取りでスッキリ

現代風の床の間をつくる

小さな住まいでも場所をとらず、洋風インテリアにもあう。
床の間代わりのスペースをつくりましょう。ポイントは3つです。
この棚にあわせて季節の飾りを選べば、収納もかさばりません。

飾り棚をつくる

・メインの壁に設置
・棚は上下2枚

背景を用意

・壁面には余白を
・必要に応じて背景をつくる

照明で演出

・飾りを引き立てるスポットライト

これらをふまえて雛人形を飾ると……

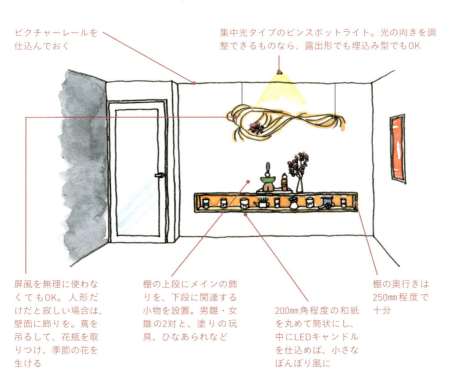

ピクチャーレールを仕込んでおく

集中光タイプのピンスポットライト。光の向きを調整できるものなら、露出形でも埋込み型でもOK

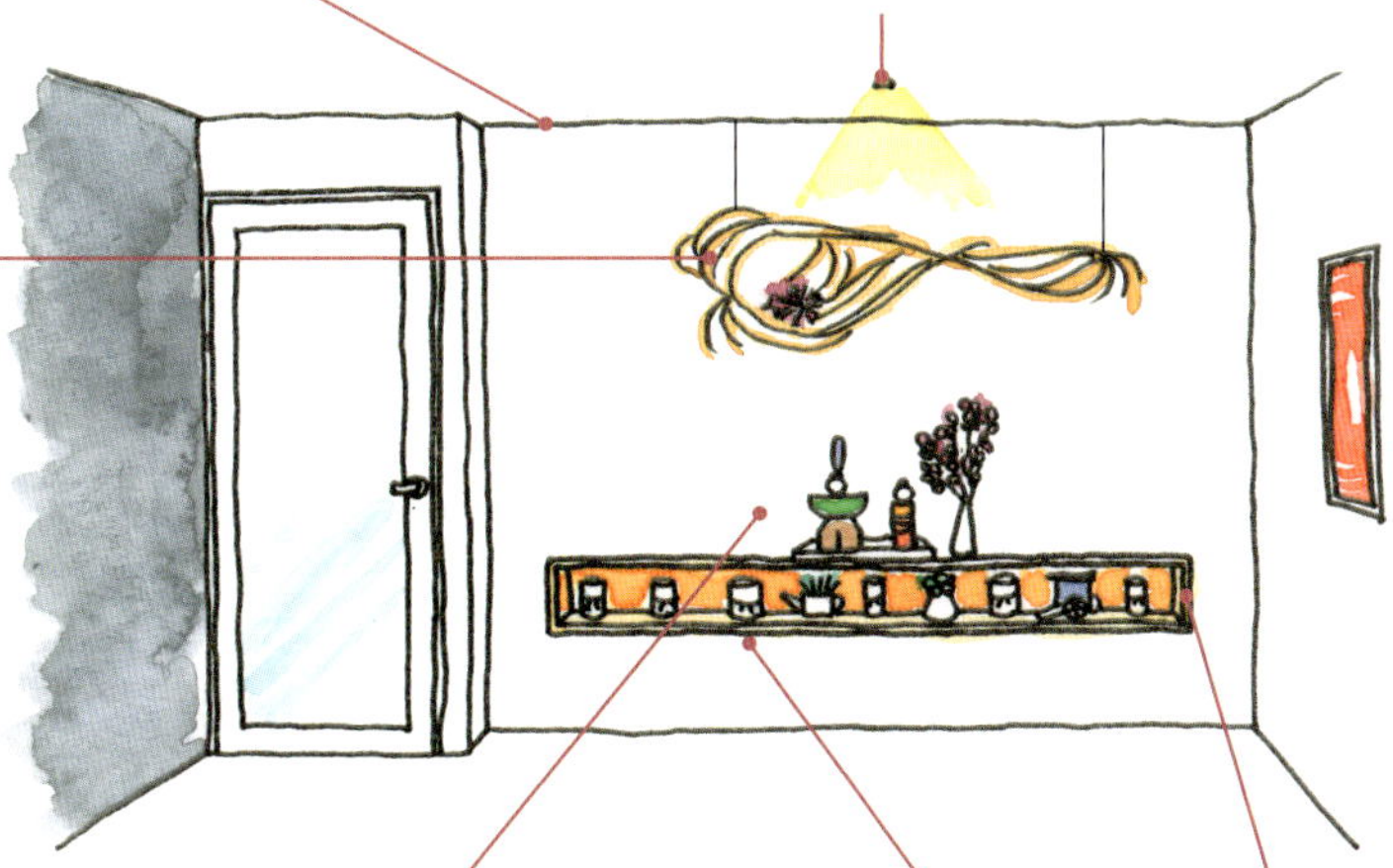

屏風を無理に使わなくてもOK。人形だけだと寂しい場合は、壁面に飾りを。蔦を吊るして、花瓶を取りつけ、季節の花を生ける

棚の上段にメインの飾りを、下段に関連する小物を設置。男雛・女雛の2対と、塗りの玩具、ひなあられなど

200㎜角程度の和紙を丸めて筒状にし、中にLEDキャンドルを仕込めば、小さなぼんぼり風に

棚の奥行きは250㎜程度で十分

趣味のコレクションを飾る場所がない

集めている本人はいいけれど……。ふと目に入る所に
点在しているから気が散るし、掃除だって大変！

ママ友から、リビングのいたる所に夫の趣味のフィギュアがあって、どうにかできないかって相談されたの。掃除しづらいから減らしてとお願いしても、なかなか聞き入れてくれないみたいで。

趣味の物の収納って難しいよね。専用の棚はどうかしら。

家が狭くなるから、コレクション用のガラスケースは買いたくないって。

そういえば私も、子供のミニカーが増えていく一方で。出しておくと散らかるから、箱の中にしまいこんでいるけど……。

お気に入りのコレクションなのだから、邪魔にならず飾っておけたらいいわね。

DIYでスッキリ

廊下にコレクションウォールを

居住空間に大きなガラスケースがあったら落ち着かないし、コレクションが点在していては掃除も大変。それなら廊下に、奥行きの浅い棚を設置してみてはいかがでしょうか。

市販の突っ張りアイテムを使用すれば、壁面棚も簡単につくれる

棚板にも2×4材を使用。自立柱にL形ブラケットで固定する

2×4（ツーバイフォー）材の上下に専用パーツを取りつけ、自立柱とする

2×4材だけを使って柱と棚板をつくるので、DIY初心者でも簡単です。

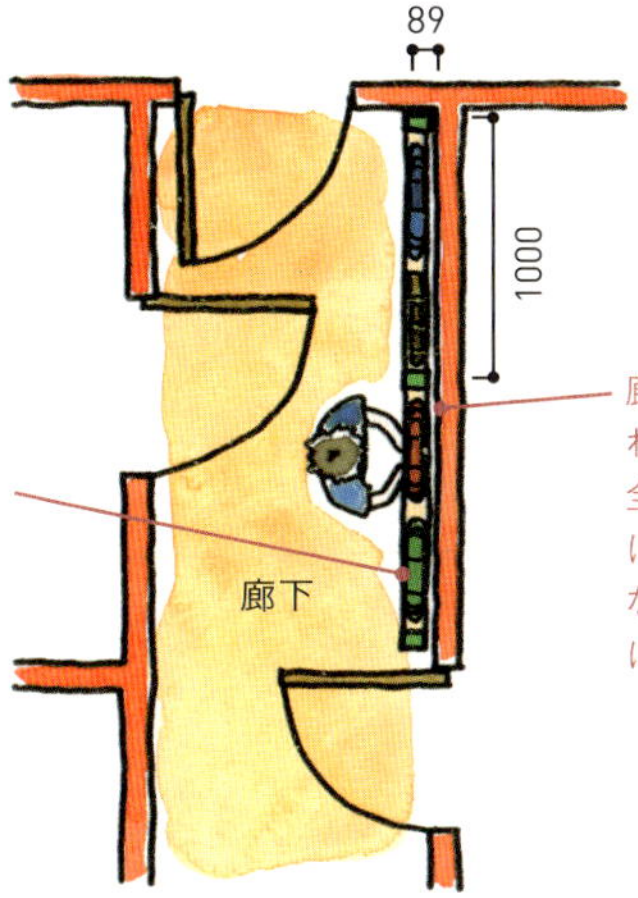

廊下の長さや天井高にあわせて、棚数は自由。安全のため、自立柱の間隔は1m程度にして、大きな物や割れ物は下のほうに飾る

2×4材なら棚の奥行き89mmと浅いから、小さめのコレクションの置き場所にちょうどいい

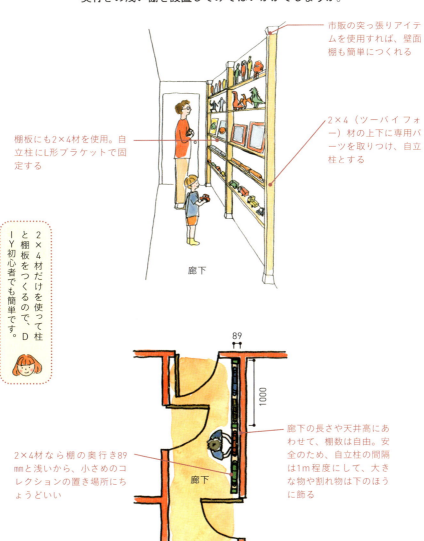

ペットと快適に暮らしたい

心癒されるペットとの暮らし。ケージやトイレは不可欠ですが、
部屋の快適さも諦めたくありません。

子供がもう少し大きくなったら、ペットを飼いたいと思ってるんだ。よしこは犬を飼っているけれど、やっぱりたくさんのスペースが必要なの？

うちはケージをリビングに置いてるけど、かなり圧迫感があるよ。

フードやトイレグッズのストックも、結構場所をとるんじゃない？ 猫を飼うなら、爪を研いだり、登って遊べるような場所も必要だよね。

そうだね。あと、リビングだとにおいも気になるよ。

人もペットも快適に過ごせるように、飼い方が工夫できないかしら。

基礎知識1

必要なスペース

ペットを飼うには、「寝床」「トイレ」「食事場所」「遊び場」の4つのスペースが不可欠。

お互いの快適さのために、人とペットは遠すぎず近すぎずが理想的。

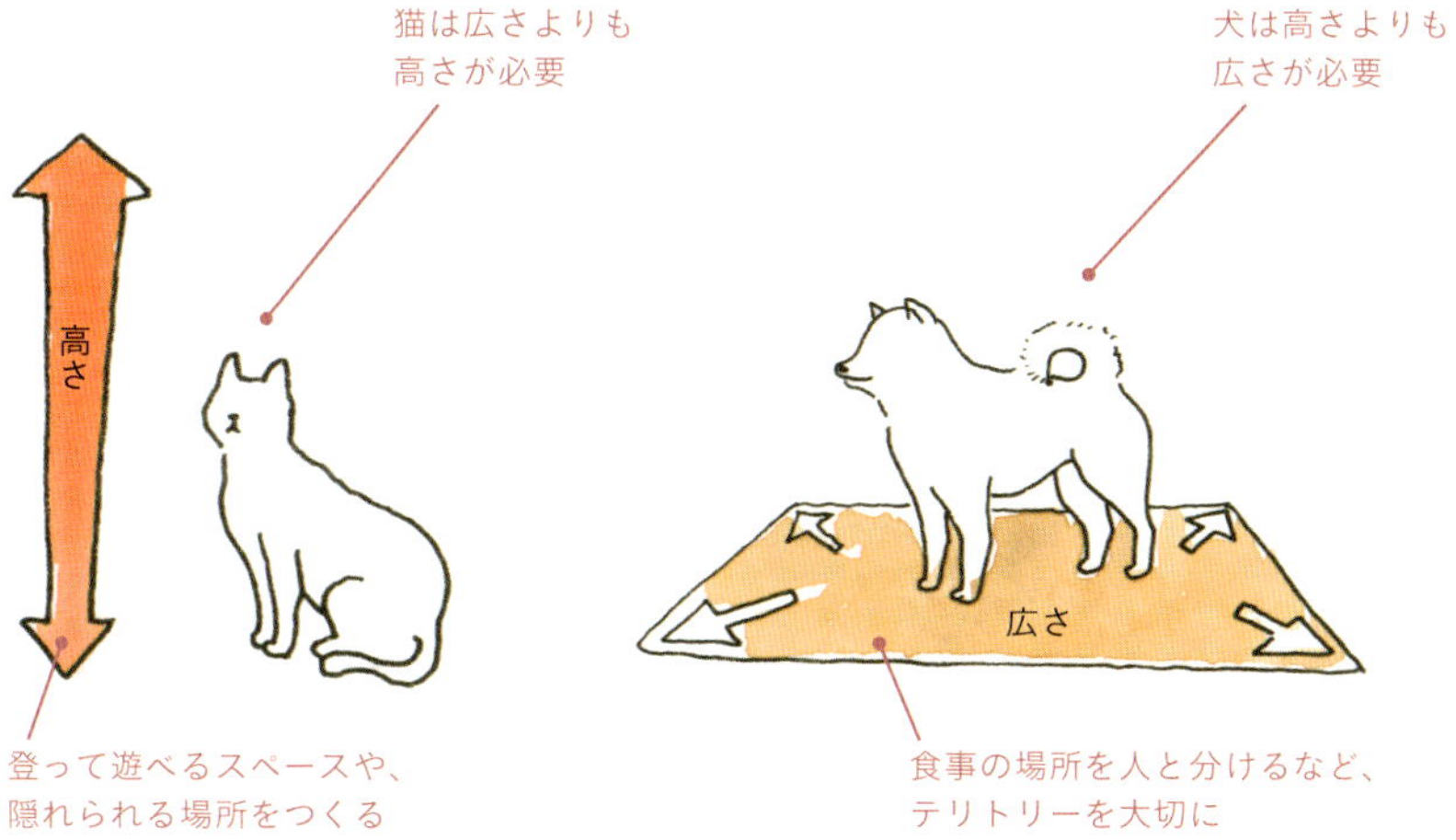
猫は広さよりも
高さが必要
犬は高さよりも
広さが必要
高さ
広さ
登って遊べるスペースや、
隠れられる場所をつくる
食事の場所を人と分けるなど、
テリトリーを大切に

基礎知識2

収納するものは1か所に

必要な物はペットによってさまざまですが、
大切なのは「使う場所の近くに、1か所にまとめる」ということです。

・フード（1〜2か月分をストック）
・トイレ用品（ペットシーツ、猫砂など）
・ケア用品（ブラシ、爪切り、歯ブラシなど）
・掃除道具（ほうき、ちりとり、コロコロなど）
・お散歩グッズ（リード、ビニール袋、水入れ、
キャリーケースなど）

DOG
CAT

DIYでスッキリ

押入れを活用　～犬編～

空間を有効活用し、落ち着きのあるすみかをつくりましょう。
吊り戸棚に掃除用品を入れれば、お世話がぐっと楽になります。

掃除用品やストック類は天袋に
押入れは襖をはずし、DIYで中段板を撤去しておく
フェンスには、ペット用のゲートを活用。または、すのこやラティスをカットして、平蝶番とネジで取りつければ、開閉部を好きな位置に作成できる
壁紙は汚れやにおいに強いクロスを。ペット専用の商品もある
上部に、収納を増やすことも可能。ただし棚の落下防止はもちろん、中の物が落ちないよう、マグネットキャッチなどで閉められる扉も必須
床材はタイルやコルクなど、傷や汚れに強いものを。その上に、ペット用のタイルマットを敷き詰めれば、歩行感もよく、汚れた部分だけ取り替えられる

DIYでスッキリ

押入れを活用　～猫編～

押入れの中段板と天袋の底板を取り去り、高さを出して、
棚柱で板をランダムに配置すれば、キャットウォークのできあがり。

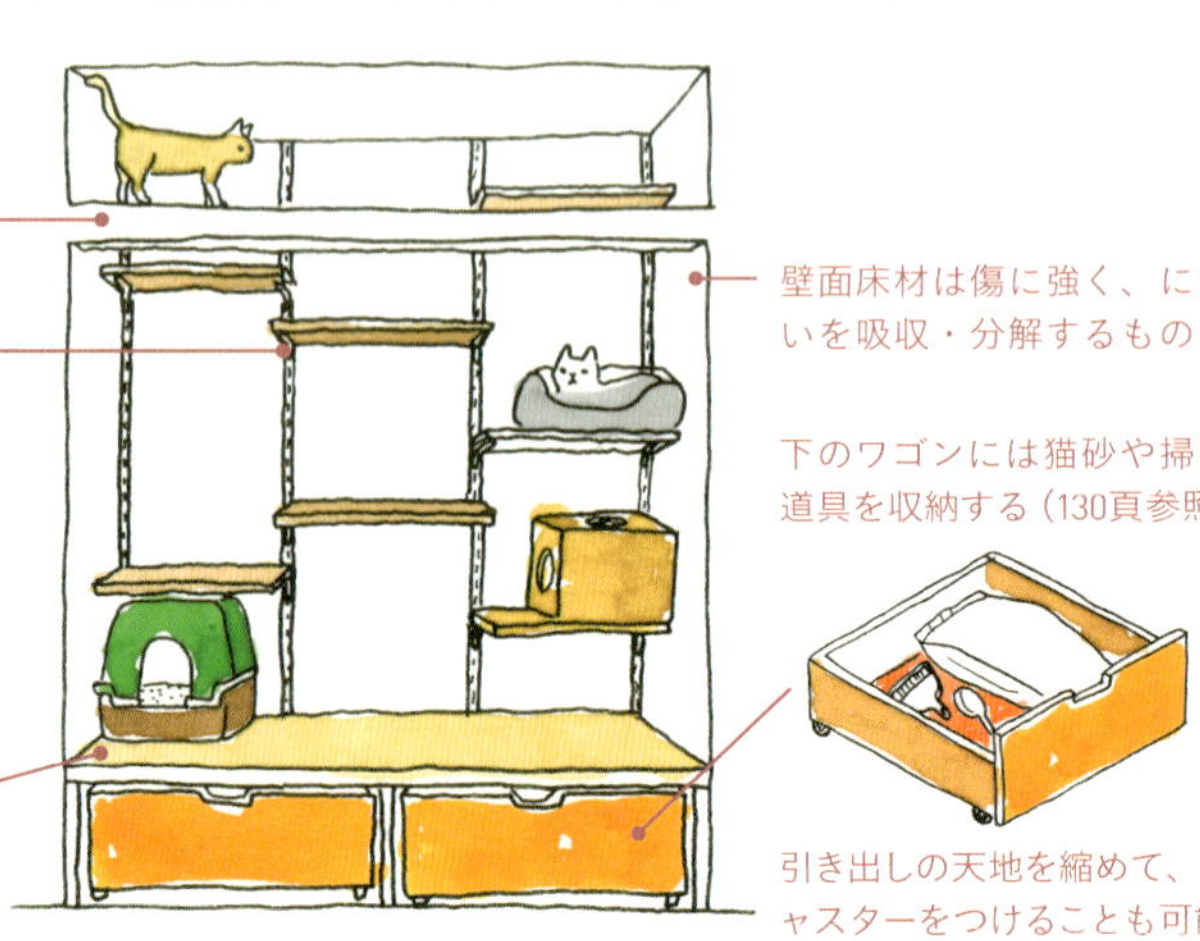

鴨居を残せばキャットウォークに
棚柱を取りつけ、ブラケットで可動式の棚板（ランバーコア合板18㎜厚）を設置
下部は24㎜厚の合板で固定式の棚をつくり、ワゴンを収納する
壁面床材は傷に強く、においを吸収・分解するものを
下のワゴンには猫砂や掃除道具を収納する（130頁参照）
引き出しの天地を縮めて、キャスターをつけることも可能

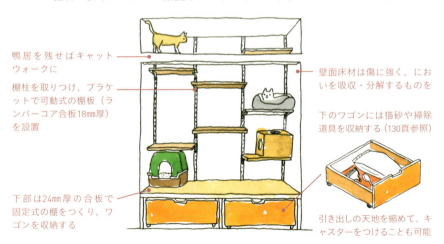

間取りでスッキリ

階段下を活用　～犬編～

階段下を、犬のすみかにする方法も。
壁面に収まるため、室内にケージを置くような悪目立ち感はありません。

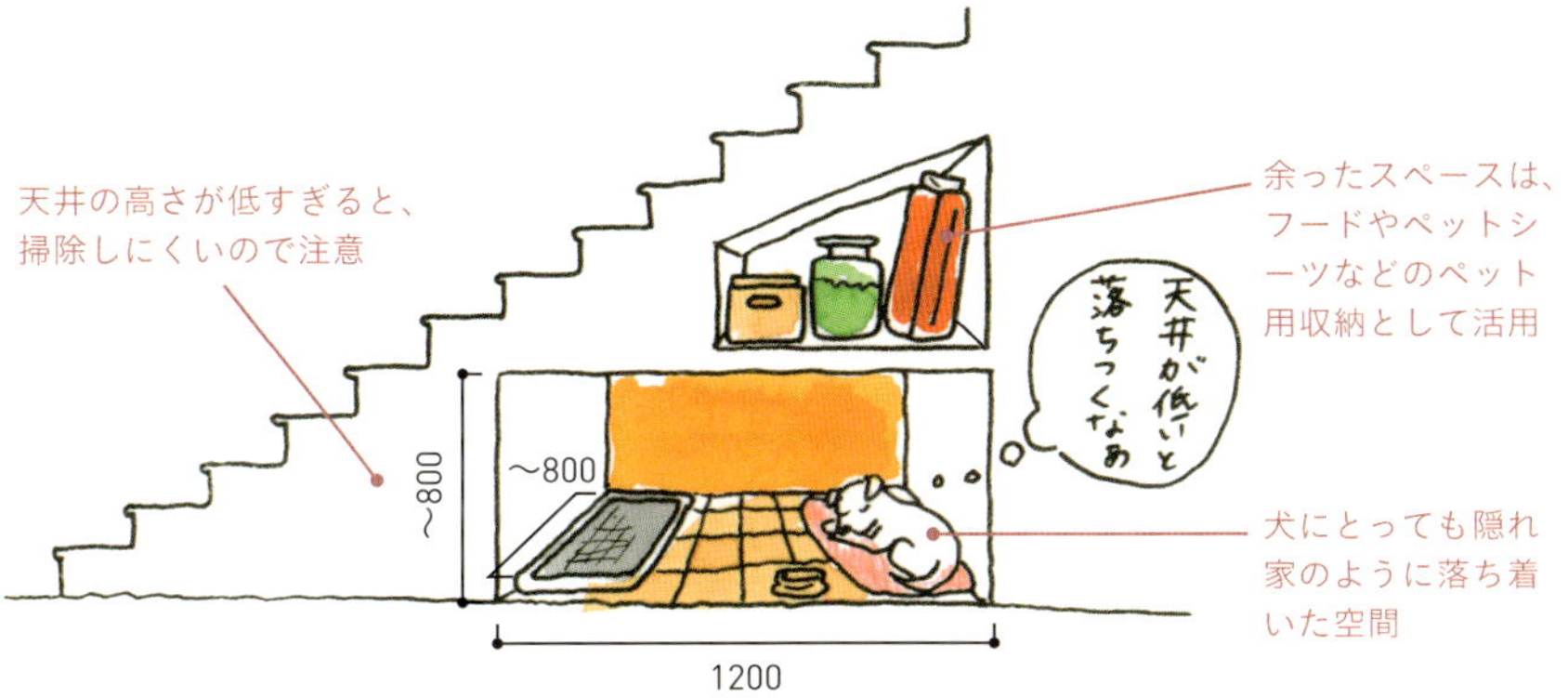

天井の高さが低すぎると、掃除しにくいので注意
余ったスペースは、フードやペットシーツなどのペット用収納として活用
天井が低いと落ちつくなあ
～800
～800
1200
犬にとっても隠れ家のように落ち着いた空間

間取りでスッキリ

テレビの壁裏を活用　～猫編～

人もペットもくつろぎたいリビング。
壁にテレビを掛けその裏をトイレスペースにしましょう。

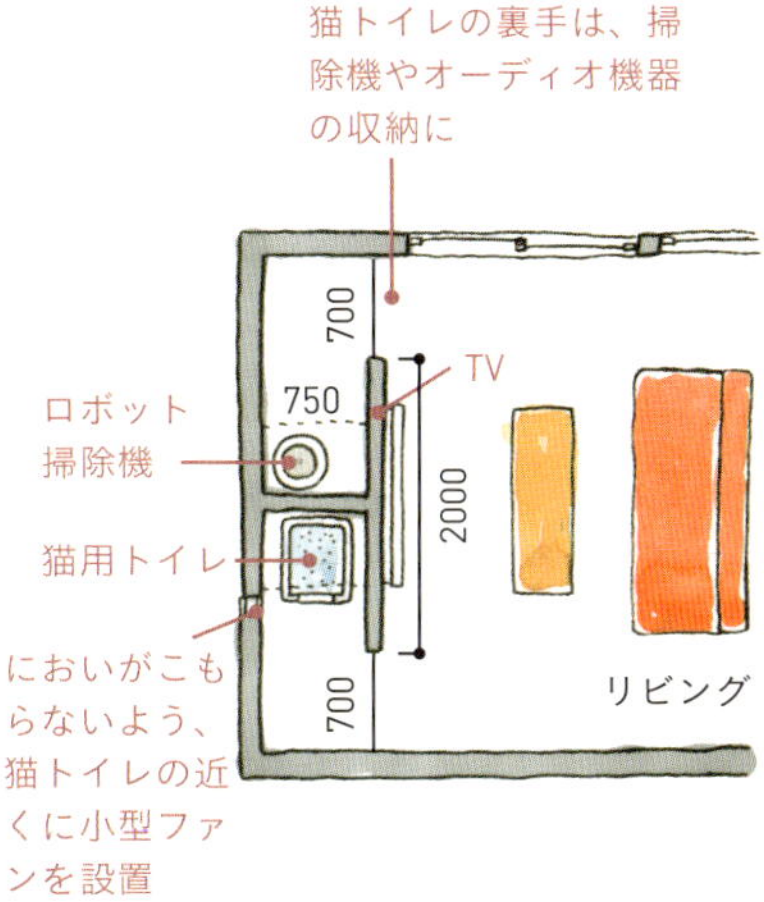

猫トイレの裏手は、掃除機やオーディオ機器の収納に
700
750
TV
2000
700
ロボット掃除機
猫用トイレ
においがこもらないよう、猫トイレの近くに小型ファンを設置
リビング

上のスペースには猫砂や掃除道具などを収納
集中できるなあ
リビング
猫用トイレ
目につく場所ではないので、インテリアに影響が少なく、猫砂が少々床に落ちても気にならない。猫も人の視線を感じず用が足せる

設計者主婦が教える
片づく収納アイデア

2019年 1月1日　初版第1刷発行

著者　伊藤茉莉子　工藤絵美子　三木嘉子

発行者　澤井聖一

発行所　株式会社エクスナレッジ
〒106-0032
東京都港区六本木7-2-26
http://www.xknowledge.co.jp/

問い合わせ先

編集　Tel.03-3403-1381
Fax 03-3403-1345
info@xknowledge.co.jp

販売　Tel.03-3403-1321
Fax 03-3403-1829